财政部“十三五”规划教材
高等学校经济管理类课程“十三五”系列教材

Organizational Behavior

组织行为学

徐碧琳 ◎主编

中国财经出版传媒集团
经济科学出版社
Economic Science Press

图书在版编目（CIP）数据

组织行为学／徐碧琳主编．—北京：经济科学出版社，2020.1

（财政部“十三五”规划教材　高等学校经济管理类课程“十三五”系列教材）

ISBN 978－7－5218－1278－7

Ⅰ.①组…　Ⅱ.①徐…　Ⅲ.①组织行为学－高等学校－教材　Ⅳ.①C936

中国版本图书馆 CIP 数据核字（2020）第 022194 号

责任编辑：齐伟娜　初少磊
责任校对：李　建
责任印制：李　鹏

组织行为学

徐碧琳　主编

经济科学出版社出版、发行　新华书店经销

社址：北京市海淀区阜成路甲 28 号　邮编：100142

总编部电话：010－88191217　发行部电话：010－88191540

网址：www. esp. com. cn

电子邮箱：esp@ esp. com. cn

天猫网店：经济科学出版社旗舰店

网址：http://jjkxcbs. tmall. com

北京季蜂印刷有限公司印装

787×1092　16 开　12.75 印张　200000 字

2020 年 4 月第 1 版　2020 年 4 月第 1 次印刷

ISBN 978－7－5218－1278－7　定价：38.00 元

（图书出现印装问题，本社负责调换。电话：010－88191510）

前言

管理是人类社会发展的永恒主题，是推动人类社会发展进步的重要力量之一。组织行为学是在管理科学发展的基础上产生和发展起来的。组织行为学是研究组织成员个体及群体在工作中的心理活动和行为规律性的科学。组织行为学采用系统分析方法、实验法、模拟仿真、案例分析等方法，综合运用心理学、社会学、人类学、生理学、生物学、经济学和政治学等知识，研究一定组织中人的心理和行为的规律性，帮助提高各级领导者和管理者对人的行为的预测和引导能力，以便更有效地实现组织预定的目标。本书以组织成员个体和团体为研究对象，系统地阐述了组织行为学的理论知识，为管理者预测、协调和塑造员工的工作行为提供理论与技术支持。

本书适用于人力资源管理、工商管理等专业的本科教学，也可以为管理学硕士研究生提供教学参考。同时，本书也可为组织中各级管理者的管理实践行为提供指导。

本书由个体心理与行为、群体行为、组织系统三个部分组成。全书共分为十二章。

组织行为学理论发展迅速，编者基于最新的理论成果，参考大量管理实践案例，力求理论与实践并重。本书具体特色表现在以下四个方面。

第一，紧扣前沿，与时俱进。本书在现有的组织行为学理论体系基础上，吸收该领域最新研究成果，在内容编排方面，既注重组织行为学的基础理论知识，又突出理论前沿内容与热点问题相结合，帮助学生把握组织行为学领域的未来发展趋势。

第二，结构严谨，形式新颖。每章之前均设有“学习目标”，帮助学生提前了解该章的重点和难点；在正文之前设置引导案例，引起读者学习的兴趣；章末设置案例讨论与思考题，帮助学生理解与掌握本章的理论知识点，引导学生独立思考问题、拓宽视野。

第三，语言精练，注重应用。为了突出教学特色，本书在编写过程中适当精编理论知识，辅助以案例展示，将抽象的理论知识具体化，便于提升学生运用理论解决实际管理问题的能力。

第四，专业术语，中英对照。对于重要的专业术语与知名学者，本书提供了相应的英文对照，学生可以根据英文专业词汇搜索相关英文文献，有助于学生拓展知识边界，提高阅读英文文献的能力。

本书由天津财经大学商学院博士生导师徐碧琳教授主编。徐碧琳教授负责本书大纲的制定和全书统稿工作，并编写第一章、第二章、第三章、第四章和第十章。天津财经大学商学院企业管理系苏磊老师编写第五章、第六章、第七章、第八章、第九章、第十一章与

第十二章。天津财经大学商学院企业管理系硕士研究生陈薇参与了第八章与第九章的编写工作；王新艳参与了第十一章与第十二章的编写工作；冯荣、徐炜炜、常思文等也为本书做了许多工作。

在本书的编写过程中，参考、引用和借鉴了许多中外学者的观点和成果，在书中尽可能详细地标明了出处，并对这些学者表示诚挚的谢意。

编　者

2019 年 3 月

目 录

第一章

组织行为学导论

本章主要介绍了组织行为学（organizational behavior）的基本概念、组织行为学的研究对象和研究方法，以及组织行为学理论的历史演进与理论基础等内容，通过本章的学习能够深刻理解有关组织行为学的基本理论框架。

【学习目标】

1. 掌握组织行为学的基本概念。
2. 了解组织行为学研究对象与方法。
3. 理解组织行为学的理论基础。
4. 理解组织行为学所面临的机遇与挑战。

【引导案例】

团队管理者的困惑

刘军是一家家具制造有限公司财务部科长、会计师，2012 年 7 月毕业于某著名大学会计系，专业为财务管理。自任职以来，刘军一直默默地投身于工作，并通过自己的努力通过了初、中级会计职称和注册会计师的考试，顺利拿到了相关证书，是财务部公认的财务精英，但是他不擅于与同事交流。刘军希望有一天自己能够晋升财务经理的职位，并为此每天努力工作，甚至经常不取报酬地自愿加班，在财务工作方面很出色。当公司财务部经理职位空缺的时候，令刘军意想不到的事情发生了——他未能晋升为财务部经理。相反，升职为财务部经理的是一位资历与技术都稍微逊色于他，但沟通能力与团队意识比他强的同龄同事。刘军极度失望，并为此一直闷闷不乐，无法专心工作。后来他把自己的苦恼告诉了一位同行的前辈，并希望前辈可以帮帮他。前辈告诉他："如果想在事业上有所发展，不仅要有深厚的专业知识，还应该有较强的人际交往沟通能力，你的专业知识能力肯定没有问题，你应该改变一下自己的性格，与同事打成一片，因为你是团队中的一员，你的成功离不开团队，此外，还应该正确应对工作中的困难与压力。"

赵超是一家房地产开发有限公司工程部经理，毕业于北京某大学土木工程专业，大学期间偶尔学过一些管理知识。任职一年以来，一直困扰不断。主修土木工程专业的他似乎不擅于激励团队。虽然公司员工的薪酬与当地公司员工的薪酬相比高出很多，但是团队员工的工作积极性并不高，还经常有各种抱怨。此外，更加令他烦恼的是团队成员之间经常闹矛盾。赵超不知道应该如何激励团队成员以及处理他们之间的关系。

第一节 组织行为的相关概念

一、组织

1. 组织的概念

组织（organization）是由两个或两个以上的个体为了实现共同目标而分工协作形成的集合体（徐碧琳，2017）。如以盈利为目的的营利性组织（个人独资企业、合伙企业、公司制企业）和以增加公共利益为目的的非营利性组织（慈善机构、政府机构、研究协会等）。

2. 组织的特征

基于组织行为学，一个组织应具有以下四方面组织特征（characteristics of organization）。

（1）组织目标。任何一个组织都是为一定的目标而组建起来的，即使组织内个体的愿望和理想有差异，但存在一个所有个体皆认可的目标，即组织目标。有了组织共同目标之后，组织内成员才能凝聚起来，组织的力量才会显现。

组织目标具有引导作用，是组织进行战略决策的重要基础。营利性组织的目标是为经济社会创造财富；非营利性组织的目标是为社会提供公共产品或服务。

组织目标能够促使组织成员的行为符合组织期望，通过所有成员的共同协作，配置并使用组织的各类资源，最终实现组织的使命。

（2）资源。一个正常运行的组织需要相应的资源支持，如财力资源、人力资源、物力资源、信息、时间等。组织需要将各种资源投入经营过程中，通过各种资源的密切配合，最终形成产品或服务，达成组织目标。

（3）组织结构。在动态复杂环境下，人力资源是组织最为重要的资源，可以说是第一资源。人力资源具有能动性与创造性特征，能驱动组织的其他资源，从而达到集体共同期望的状况。组织是由个体构成的系统，专业化分工以及协调是完成组织目标的必要保障。

组织结构是指组织依据组织目标，科学合理地划分部门与管理层级，明确各部门的责任、义务、权力与利益，为每个工作岗位配备员工，落实每一岗位的责权利；同时，明确职权、沟通与协商机制，以保障组织正常运行。

（4）组织互动。组织是一个互动系统，互动体现着组织的协作关系。组织互动包括两个层面的互动：第一个层面是组织内部互动，包括个体成员之间的互动、个体成员与组织之间的互动、组织部门之间的互动；第二个层面是组织外部互动，包括组织与组织之间的互动、组织与社会的互动。

3. 组织的分类

按不同的分类标准可以对组织进行不同的分类。

（1）正式组织和非正式组织。以形成方式为标准，组织由正式组织和非正式组织构成。正式组织是指为了实现既定的目标，通过高效的协调方式以及一系列规章制度来明确个体间责权利关系的组织，具有较强的稳定性、程序性，如学校、医院、企业等。

非正式组织是在组织成员当中形成的非正式的社会关系，其往往以类似的情感等心理因素为纽带，在个体互动过程中自发形成，没有特定的组织结构、组织目标，具有不稳定性。其产生的直接原因包括暂时利益的一致、情趣爱好的一致、经历背景的相似、地理位置的一致、亲属关系等，如羽毛球协会、校友会、计算机兴趣协会等。

（2）营利组织与非营利组织。按照是否以营利为目的，组织可以划分为营利组织和非营利组织。企业属于营利组织，而政府、学会、基金会等属于非营利组织。

二、个体行为与群体行为

1. 行为的概念

约翰·华生（John Watson，1930）认为，行为（behavior）首先是一种可观察到的有机体对外部环境的反应。这种有机体反应的本质是人和动物对于外界环境的适应表现。

不同学科对行为有不同的具体界定。基于组织行为学视角，行为是指个体表现出来的与心理活动紧密相连的，对外部管理环境作出反应的行为动作或活动。

2. 个体行为及其特征

个体行为（individual behavior）是指由于背景、情感、认知能力的不同，个体表现出符合或者有悖于组织规范的行为。个体是组织的基本单元和细胞，直接影响组织整体工作的绩效。

个体行为存在着共性和特殊性。对共性的研究是组织决策的重要依据；对特殊性的研究，如对人的能力、气质、知觉与态度，乃至价值观等差异的研究，有助于更好地运用激励机制，合理运用人力资源和开发人员的潜质，提高组织的效率。

个体行为的特征可以概括为以下五个方面。

（1）自发性。自发性是指个体行为反应既要符合环境的要求又要满足本身的需要，是个体自主发起并表现出的行为。

（2）差异性。差异性是指在相同的时间、地点、环境下，个体行为是有差异的。

（3）动态性。动态性是指个体行为会随着时间、地点的变化而不断发展变化。

（4）可控性。可控性是指个体行为可以通过各种管理政策进行引导与控制。

（5）社会性。社会性是指行为离不开外在的环境刺激，个体行为实质是人的心理机制与客观环境相互作用的结果与表现。

3. 群体行为及其特征

群体行为（group behavior）是指群体成员在合作过程中通过相互影响、相互作用而表现出的系统性行为。组织、群体和个体相互关联，其中群体处于二者之间。群体行为的特征可以概括为以下五个方面。

（1）群体成员有共同的利益诉求和愿景。群体成员为了共同利益和目标而加入群体中，通过群体活动实现预期需要与目标。

（2）群体成员按既定的行为标准展开活动。群体成员在共同达成的规范和行为模式框架内展开互动行为。

（3）群体成员拥有共同的认同感。群体成员努力工作，实现组织目标，达成组织绩效；同时，当群体成员的需要得到满足后，会对组织产生认同感与归属感。

（4）群体成员相互依赖、相互影响。群体成员在科学合理的分工下，相互协作，完成工作目标。

（5）群体成员具有组织性。群体成员完成的组织工作与目标通常是在组织规划与指导下达成的。

三、组织行为

1. 组织行为的概念

组织行为（organizational behavior）是指以组织为视角，组织中的个体、群体以及组织对内源性或外源性的刺激所作出的反应。需要指出的是，组织行为强调人作为组织成员在组织中所表现出来的行为。

2. 组织行为的特征

不同组织具有不同的组织行为特征，但就其共性而言，主要体现在以下三个方面。

（1）目标性。每个组织都有其自身特定的目标，组织行为正是围绕着这个目标而进行的。一个组织就是一个利益共同体，组织成员首先要认同组织目标，从而为组织目标的实现努力。因此，组织行为具有明确且具体的目标。

（2）秩序性。任何组织都有其特定的秩序，而且是围绕特定目标设计的秩序。组织的正式结构保证了组织内部分工有序、职责分明，个体和群体按照一定的秩序行动。因此，组织行为也具有显著的秩序特征。

（3）高效性。组织运营需要追求高效率。组织行为以组织整体功能的科学高效为基础，对组织成员可以通过内在激励和外在激励等来提高其工作效率，进而提高组织效率。因此，组织行为从根本上来说是理性的、追求高效率的。

除了以上三个主要特征外，组织行为还具有因果性、可预测性、差异性等特征。

3. 组织行为的分类

根据组织行为与组织目标的一致性，可以将组织行为分为积极组织行为和消极组织行为。

（1）积极组织行为（positive organizational behavior）是指组织成员所表现出的一系列有利于组织目标的行为，如主动担责、主动变革、工作重塑等。作为积极组织行为的一种特殊形式——组织公民行为是指组织中的个体自愿从事而非组织要求的行为，有利于促进组织目标的实现。例如，主动帮助同事；在艰苦的工作环境下从不抱怨，依然保持积极的工作情绪和高质量的工作产出等。

积极组织行为的提升可以提高组织效率。管理者必须注重激励与保护积极组织行为，使其持续发生，这有利于组织绩效的提高。

（2）消极组织行为（negative organizational behavior）也称为工作场所偏差行为（deviant workplace behavior），是指组织成员有意违反重要的组织规则，从而威胁组织或其他成员利益的主动行为。例如，故意早退、蓄意拖延工作时间、浪费公共资源、虚报工作时间、偷窃组织财务、散播谣言等。

严重的消极组织行为会在组织中造成一系列连锁反应，使工作团队在整体上产生负面情绪，这些负面情绪又会破坏团队协作，降低群体绩效，进而对组织绩效产生负面影响。管理理论与实践证明，用科学的规章制度来降低消极组织行为的发生，是一条有效的组织行为管理路径。

第二节　组织行为学的内涵

一、组织行为学的定义

组织行为学是研究组织中人的行为与心理规律的一门学科。众多学者从不同角度对其进行定义，比较著名的有：史蒂芬·P. 罗宾斯和蒂莫西·A. 贾奇（Steven P. Robbins and Timothy A. Judge，2016）认为，组织行为学是一个研究领域，主要研究个体、群体和结构给组织内部行为带来的作用，通过对组织行为学的研究将其落实到如何提高组织绩效上；弗雷德·鲁森斯（F. Luthans，2009）认为，组织行为学是一门研究个体与群体在组织中的行为知识并加以应用的学科，它致力于寻找人的更有效的行为方式；里基·W. 格里芬（Ricky W. Griffin，2010）认为，组织行为学是探讨组织环境中的人类行为、组织和人类行为的相互关系以及组织本身的学科。

上述学者的共同之处在于，他们概括了组织行为学研究的本质内容。但组织行为学不仅需要研究表象即组织中个体与群体的外在行为，更需要进一步揭示行为背后的心理机制与行为的规律性。

综上概述，组织行为学主要探讨在组织内以及组织和环境相互影响的过程中，个体的心理活动以及行为如何变化。

二、组织行为学的研究对象

1. 组织行为学的研究对象

组织行为学通过引入心理学、人文学、社会学等知识，探讨组织内部的个体在相互作用过程中表现出来的心理活动和行为现象。它并不是研究所有人类的心理活动和行为表现，而是局限于组织系统内部。个体的心理活动与行为活动具有较强的相关性，故将其纳入一个整体综合研究。心理活动是形成行为活动的基础，而行为活动又是心理活动的外在表现。也就是说，组织行为学的研究对象主要包括组织中个体、群体、组织以及三者之间的联系。通过对组织成员行为以及心理的研究，充分激发组织成员的积极性、创新性、责任感，促使个人目标趋同于组织目标，促进组织效能的提升。

2. 组织行为学的研究范围

根据人类在组织系统内部的行为活动和心理活动，可以将组织行为学大致分为以下三个层面：一是组织内个体的行为活动和心理活动；二是团队的行为活动与心理活动；三是组织的行为活动和心理活动。

3. 组织行为学研究框架

根据组织行为发生层面的不同，可把组织行为分为两种：个体与群体层面的组织行为；组织层面的组织行为。

个体与群体层面的组织行为是指组织中的个体行为与群体行为。个体行为包括人格、态度、价值观、激励、工作满意度、组织公民行为、工作压力等内容；群体行为包括群体动力、团队建设、人际沟通、冲突管理、领导行为等内容。

组织层面的组织行为是指所有组织成员作为一个系统进行活动时所表现出来的整体性行为，如组织结构、组织变革与发展、组织文化和组织学习等（见图 1－1）。

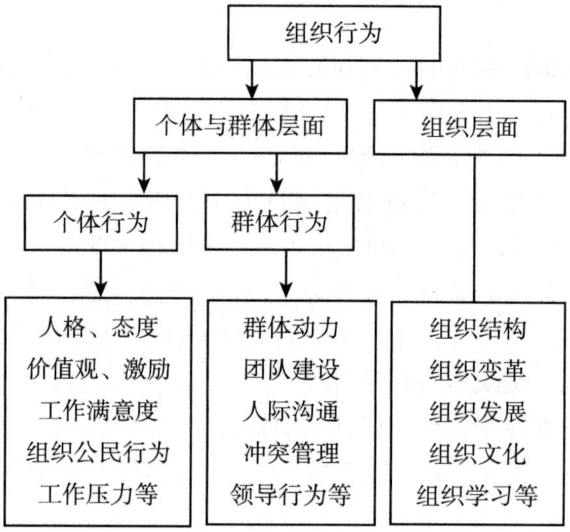

图 1－1　组织行为的分类框架

三、组织行为学的研究方法

不同学科有不同的研究对象和不同的研究方法。组织行为学的主要研究方法有以下五种。

1. 案例研究法

案例研究法是指以一个或多个案例为研究背景，综合地收集与案例相关的资料或数据信息，具体分析、解剖，促使人们进入特定的组织情景和组织过程，用以探讨某一现象在组织环境下的状况与特性，并通过建立真实的组织感受寻求解决组织问题的方法。

这种研究方法一般借助多元方法来收集相关信息，可以采取深度访谈、直接观察、档案调阅及量化研究等方式。其中，深度访谈主要由非结构访谈和半结构访谈组成。非结构访谈指没有准备与访谈相关的具体内容，只有一个大致的访谈框架，在访谈过程中根据实际情况灵活地安排访谈内容，被采访者可畅所欲言；半结构访谈是指研究者对访谈结构具有一定的控制作用，但同时也允许受访者积极参与。直接观察主要由参与观察与非参与观察构成。参与观察是指观察者不仅可能前往被观察者的活动场所查看其行为活动，还可能与其进行直接沟通交流；非参与观察主要指观察者往往以旁观者的身份而非直接参与的方式进行观察。档案调阅指调研人员收集以及阅读与研究相关的文件、数据等，在征得被采访对象同意的前提下，可以调取相关的私人信息作为资料。

2. 现场调查法

现场调查法又称为实地调查法，是指研究者秉持着客观的态度，采用科学的研究方法，在一定的范围内通过实地调研的方式考察研究对象、收集所需的数据信息，并且采用合适的统计方法分析数据间的内在联系，从而增强结论的科学性。现场调查法在组织行为学中的应用，主要是现场观察、记录研究对象的行为，而后依据某种分类标准将行为特征进行归类分析，发现行为的一般规律。

现场调查一方面可以获知既有的事实，另一方面可以通过进一步的理论分析形成研究假设，运用行之有效的方法将假设与实际相结合得出新的推论。

现场调查方法有两种：现场观察法和现场访谈法。

（1）现场观察法。现场观察法是指调查人员凭借自己的眼睛或借助摄像器材，在调查现场直接记录正在发生的行为或状况的一种有效的收集资料的办法。如果被调查对象是在不知晓的情况下接受调查的，获得的信息比较真实；如果被调查对象是在知晓的情况下接受调查的，获得的信息可能具有一定的“粉饰性”。

（2）现场访谈法。现场访谈法是指针对所调查的内容预先设计访谈提纲，以当面、电话或面对面形式询问被调查者，以获得所需的调查数据或资料。这是一种最常用的组织行为研究的现场调查方法，也可以说是一种发现行为心理机制的现场调查方法。现场访谈法包括直接访谈法、堵截访谈法、电话访谈法、计算机辅助电话调查法（CATI）。

3. 实验法

实验法是指研究者有目的地在严格控制的环境中或创设一定条件的环境诱使被研究者产生某种心理和行为现象，从而进行针对性研究的方法。作为一种实验，它必须有两个基本要素：一是研究者掌握一些自变量（如价值观、态度、性格感知和激励等）；二是能够观察或测量结果，即因变量，同时使所有其他因素保持原状。实验法比案例研究法和现场调查法能更好地控制自变量和因变量的条件，使之更明确地反映两种变量之间的因果关系。

实验法按试验场所性质的不同，可分为实验室实验和现场实验两种。

（1）实验室实验。实验室实验是在室内进行的，而且进行研究时会对某些实验因素加以人为的控制。这种方法适用于微观的、探究因果关系的研究，所以实验对象人数不宜太多，常为几十人。

例如，德国心理学家科勒在 1913 ~ 1917 年进行的经典实验：将香蕉挂在黑猩猩触碰不到的笼子顶端，同时在笼子内放置一个箱子，当饥饿的黑猩猩发现通过借助箱子能够取得香蕉后，会借助箱子的外力取下香蕉。当情境变为黑猩猩需要通过叠箱子才能取得香蕉时，黑猩猩也很顺利地取下了香蕉。

与箱子问题类似，棒子问题要求黑猩猩将一根或几根棒子作为工具，用以够到笼外的香蕉。实验者观察发现，黑猩猩处于对香蕉的可望而不可即的问题情境中，当其不能凭借单一短棒解决问题时，会想到通过连接短棒来达到目的。

（2）现场实验。现场实验是指把实验室实验的方法应用到不断变化着的现实生活中去。这比实验室实验更接近现实生活，但不如实验室实验那样容易控制自变量与因变量相互的因果关系。因为现实生活中影响工作效率这个因变量的自变量太多，所以不容易确切说明它们之间的因果关系。

4. 心理测验法

心理测验法指利用标准化的心理测验量表、精密的测量仪器和各种图表，测量被测试者的有关能力、能力倾向、兴趣爱好、个性性格、成就需要等心理品质和行为特征的研究方法，如智力测验、能力测验、个性测验等。其优点是方法科学、严谨，有一定的准确性；缺点是复杂、烦琐，难以大面积推广。

在组织行为学的研究中，心理测验法往往可以为组织中人员的选拔、安置和提升等提供证据。采用心理测验法研究行为可以解决两类问题：（1）可以采用心理测验法来研究个体行为某一层面的个体差异；（2）可以采用心理测验法来研究被试者两种或多种行为之间的关联。

在运用心理测验法时，应当注意使测验的可信度和有效性维持在一个合理的范围内。所谓测验的可信度，是指测量的可靠性或稳定性，即对人的行为先后数次测量的一致性。有效性是指测验得到的是不是所要测验的心理行为机理和行为特征，也就是测验结果是否体现测验所预期效果的程度。

5. 模型法

同其他学科的研究方法一样，组织行为学也可以通过建立模型的方法来反映各要素之间的关系。同物理模型不同，组织行为学的模型往往是动态、描述性和抽象性的。例如，勒温所提出的一般行为模式就是一个典型的组织行为动态模型：

$$B = \int(P, E)$$

其中，B 表示行为；P 表示内部力场；E 表示外部力场。

上述方法各有千秋，可以单独使用其中的某种方法，也可同时使用其中的几种方法以实现优势互补。然而，研究方法的选取需要结合实际的研究内容。例如，在个体层面，由于个体之间背景、价值观、能力等方面具有差异性，面对相同的外部刺激会产生不同的行为特征和心理特征；在群体层面，鉴于群体成员在目标、归属感等方面有一定的差异，故对相同的研究方法可能产生不同的反应；在组织层面，组织环境、领导风格、领导能力、组织目标等方面的差异性都会影响研究方法的选取。综上所述，应结合具体情况具体分析研究方法的选取问题，从而保障研究的科学性。

第三节　组织行为学研究的理论基础

组织行为学研究的理论基础包括心理学、成功心理学、社会心理学、社会学、政治学、人类学等。

一、个体组织行为研究的理论基础

1. 心理学

心理学（psychology）一词来源于希腊文，意思是关于灵魂的科学。19 世纪前期，教育学家赫尔巴特第一次将心理学概括为一门科学。心理学主要研究人类和动物的心理现象、精神功能以及在二者支配下的行为活动。心理学不仅具有理论性，还具有较强的实践性。

心理学通过对心理现象进行描述说明来探讨其发展的内在逻辑，是一门对人的行为进行测量和解释，有时还包括对行为进行改变的科学。其中，咨询心理学家、人格理论家、工业和组织心理学家所作出的研究贡献都为组织行为学的发展奠定了理论基础。传统的工业和组织心理学家主要探讨影响员工工作有效性的因素。心理学的研究成果为组织行为学诠释个体行为心理机制与行为规律提供了理论研究基础。

2. 成功心理学

20 世纪 60 年代，成功心理学（successful psychology）在美国诞生。在工业经济向知识经济转型的背景下，员工的工作性质发生了较大的转变，不再是传统意义上机械地完成工作任务，而是凭借个人的才华和实力创造性地完成工作任务。员工通过参加正规的教育培训增强自身职业素养。随着智能化、信息化社会的到来，知识经济在现代经济发展中扮演着十分重要的角色，其中最主要的是人的创造性价值，因而再次引发越来越多关于"人"的研究。学者们开始重新定义管理，探讨在经济转型的背景下怎样实现成功，成功心理学便产生于这样的现实背景下。

克里夫顿（Clifton，2013）认为成功心理学是关于发挥人的最佳效能的科学，它致力于发现和促进那些能使个体和社会成功的因素，关注对成功的生活与职业的贡献。

然而，西方很多学者在成功心理学发展的前期误认为成功心理学属于心理学，忽视了两者存在不同的作用机理。二者最大的区别在于：成功心理学主要研究成功的心理是如何产生的，而心理学主要研究病态心理是如何产生与发展的。

成功心理学为组织行为学研究个体的梦想、价值观、兴趣、技能、需要、认同、自尊和人际关系、成功愿景等个体行为、领导行为、激励行为提供了理论支持。

二、群体组织行为研究的理论基础

1. 社会心理学

社会心理学（social psychology）研究个体和群体在社会相互作用中的心理和行为的发

生及变化规律。社会心理学在个体水平和社会群体水平上对人际关系进行探讨。1908 年英国心理学家麦克杜格（McDougall）和美国社会学家罗斯（Ross）关于社会心理学专著的出版，标志着社会心理学成为一门独立的学科。

美国社会心理学家 G. W. 奥尔波特（G. W. Allport，1954）认为，社会心理学试图了解和解释个体的思想、情感和行为怎样受他人的影响。他强调运用实证研究方法来探讨个体的社会行为是在什么条件下产生和发展的，并研究个体的心理是如何转变的。

社会学定义方面，C. A. 艾尔乌德（C. A. Ellwood，1925）的定义较有代表意义。他认为群体心理学是社会心理学存在的前提，社会心理学侧重研究社会的互动。

社会心理学为组织行为学中有关群体与团队行为、权力与冲突、信任建立及其测量、沟通行为等方面的研究提供了理论基础。

2. 社会学

社会学（sociology）是探讨社会行为与人类群体的科学。社会学在研究正式组织或者非正式组织中群体行为方面起着核心作用。其中，组织行为学多方面的理论研究与社会学存在密切的联系，如组织文化、组织沟通、组织结构等。社会学研究关注的是人与社会文化或环境的互动行为的规律。社会学对组织行为学研究的最大贡献在于其对组织中群体行为的研究，特别是正式和非正式组织、团队建设、团队信任、群体动力等组织中离不开社会关系的行为。

3. 人类学

人类学（anthropology）是研究人类的科学，主要包括体质人类学、文化人类学和考古学。文化人类学对组织行为学的研究贡献最大。由于人们所处的环境、背景、文化存在差异性，所以不同组织内人们的价值观、民族文化存在不同。

人的行为是文化性行为与生物性行为的结合，其中，文化性行为通过在社会化过程中累积形成，如价值观、风俗习惯等。鉴于不同国家存在不同的民族文化，所以每个国家的人民也会有不同的性格。在组织中则体现为，个体间因背景、环境、文化不同而存在不同的行为态度。因此，组织中的领导者需要结合员工的文化背景采取合适的领导风格。

4. 政治学

政治学（politics）是一门研究人类政治活动的学科。政治学对于组织行为学的贡献在于其研究个体、群体在政治环境中的表现，如权力的获得和使用、冲突与合作、组织政治和活动权力等。现在，很多学者认为，组织是一个充满政治的实体，如果想要准确地解释和预测组织中人的行为，就必须在研究和分析中引入政治学的观点。

第四节　组织行为学面临的机遇与挑战

管理者需要意识到组织行为学的重要性。现代社会中，组织在发展过程中面临很多挑战。例如，人口老龄化引发部分高龄员工仍然坚守在工作岗位；公司规模精简以及对临时雇员的大量使用瓦解了雇主与雇员之间维系忠诚的纽带；全球竞争要求员工更加灵活，并要学会适应迅速变革的环境。全球经济衰退已经将在非常时期与他人共事并管理他人所要面临的挑战提上了议事日程。

现代管理者在运用组织行为学概念时面对很多挑战和机遇。下面回顾一下管理者所面临的关键问题，组织行为学能在化解相关问题方面提供相关的理论指导。

一、全球化与文化多元化

1. 全球化

为了对当前组织中的行为有全面的了解，我们必须认清一个事实，即当前的组织是在国际化的经济体系中运作的。国家在经济上是不能孤立地存在的，一国的经济情况必然会对他国产生影响。这个全世界国与国之间相互影响的新趋势就是全球化，也就是在有关人类生活的文化、经济、政治、技术与环境等各方面，将全世界的人们相互连接起来的一种过程。

近年来广泛发展的全球化潮流是由以下三个主要因素推动的：第一，技术在许多方面加速了全球化。技术发展大幅降低了交通运输与通信成本，因此增加了国际贸易方面的机会；技术也协助一些公司跨越了无法避免的文化鸿沟。第二，限制贸易的法律在世界各地基本上都已放宽。第三，发展中国家试图通过促进出口扩大经济增长，并打开大门欢迎寻求投资机会的外国公司。

如果说国际贸易是全球化的重要驱动者，那么基本的执行者就应该是跨国公司。通用电气是跨国企业的优秀范例。通用电气虽然在超过100个不同国家设立分公司，但它们全都分享来自美国康涅狄格州费尔菲尔德市总部的资源，并遵守同样的战略——尽一切努力坚持为客户创造卓越的产品和服务。跨国公司的兴起导致许多人前往其他国家居住与工作，人们在外国工作时，会接触到不同的文化。当人们面对新的文化时，感到迷茫与困惑是很普遍的，这就是文化冲击现象。而人们在离开家乡很久之后再回去面对家乡文化时，也会经历文化冲击，这是一种重新调试的过程。一般情况下，文化冲击现象源于人们意识到他人的行为方式可能与自己想象的截然不同，而这是需要去习惯和适应的。

在全球化背景下，社会与政治变革的引导者——组织对商业活动模式进行变革，并且鼓励其成员进行全球化的思考。在全球化背景下，企业应拓宽经营视野，要放眼全球，着眼未来，使企业组织在更为广阔的全球性地域范围内经营。

基于组织行为学视角，在经济全球化过程中，为实现价值最大化，资本要素、生产要素、技术要素与人才要素在全球范围内流动。这种流动对组织行为学的发展是一种机遇与挑战。因为，企业组织的员工可能来自不同的管理背景。管理差异是每一家在全球市场上竞争的企业所面临的关键问题之一。价值观念、意识形态、团队精神、团队信任、组织文化等都处于跨国交流、碰撞、冲突与融合过程中。

组织行为学致力于运用系统研究来实现对行为的预测与管理。支撑组织行为学研究逻辑的正是这样一种理念：行为一般是可以预测的，人们的行为在相对稳定的组织环境中通常具有一致性。举例来说，当管理者当面称赞下属聪明时，在西方文化背景下，他对下属所作回复内容的心理预期是下属将表示感谢；但在中国，管理者则习惯于下属对此表示谦虚。如果抹去相应的情境，那么不仅无法预测下属的反应，而且下属所做的任何回答也都将失去判断价值。换一个角度，从某种意义上说，文化塑造了行为的规律性，行为的理性判断标准来自文化规范。人类学家威廉·A. 哈维兰（W. A. Haviland，2018）认为，文化是衡量行为是否正常的准绳。而组织行为学所要解决的问题就是：预测正常的行为，管理不正常的行为。

事实上，在经济全球化的今天，组织行为学面临的一大挑战是如何处理文化冲突并对其进行整合。不同形态的文化间必定存在相互对立、相互排斥的情况，如何对组织内的不同文化进行有效整理与衔接，使之相互渗透交互，并将其结合为一个有机整体，是组织行为学必须思考的一个问题。

2. 文化多元化

文化多元化（cultural diversity）是指在社会发展、经济转型过程中，在积极弘扬、继承、发展本民族文化的同时，需要有选择性地借鉴和吸收外来文化，形成以我为主、为我所用的文化氛围。文化多元化也可以理解为，来自不同国家的个体在跨文化背景下，分工协作共同完成一项工作过程中个体表现出的多元文化特性。

在跨文化背景下，组织行为学需要将员工的个体行为，如个体特质、价值观，员工的群体行为，如团队精神、领导行为、组织文化等问题嵌入跨文化背景下去思考、研究与管理。在经济全球化过程中，组织的构成在性别、种族、国籍等方面正变得越来越多样化。员工在工作时不可能完全放弃自己的文化价值观和个体行为偏好，组织所面临的挑战是，需要在管理组织行为的过程中思考与选择文化多元性与价值观趋同之间的匹配、文化多元化与组织愿景的匹配、文化多元化与行为管理模式的匹配、文化多元化与组织变革的匹配等一系列行为管理问题。

在跨文化背景下，组织管理者必须承认并理解个体行为与群体行为存在差异化，并思考员工高效率工作与差异化之间的协同。

组织员工文化多元化是经济全球化的必然结果，同时，也是促进组织创新和革新的动力源泉。通过鼓励全球视野的个体观念之间的交融，可以使组织获得新鲜血液，提高组织管理决策质量，促进组织绩效的提升。

在今天的组织中，还有一个重要的现实是代际多元化。在经济全球化过程中，社会与组织都发生了巨大变革，员工出生年代不同，时代痕迹烙印差异明显，这一现象称为代际多元化。

组织行为学关注代际多元化，实质是关注代际之间的文化差异对行为管理提出的挑战。例如，“80后”与“90后”的价值观与行为方式跟“60后”与“70后”就有较大的差异，在“60后”与“70后”群体中行之有效的管理方法在“80后”与“90后”身上应用时效果完全不同。对代际多元化与群体行为差异化之间关系的研究，成为组织行为学的一个新挑战。

二、组织网络化与组织边界模糊化

经济全球化过程中，组织形态发展出现了组织边界模糊化（organizational boundary fuzzy），组织以网络化组织（organization structure network）形态构成自身新的竞争优势。

经济竞争是在网络组织之间展开的。“边界”概念最初由系统理论提出。学者们将其引入关于企业存在以及企业性质研究等层面，肯定边界理论在现代企业组织理论方面所作出的重要贡献。随着信息技术的发展以及知识交易效率的降低，出现了模块化生产方式等现象，企业组织边界日趋模糊化，出现了大量介于市场和企业之间的中间组织形式。在网络化背景下，人们纵然相距甚远，也能互联互通。在网络化组织的影响下，人们得以成为独立的承包人，通过使用计算机与全球各地的工作场所相连，进行远程办公，当人们的服务要求改变时，也可以“跳槽”到其他雇主那里。例如，作为四大国际会计师事务所之一的普华永道赋予员工在家或其他非工作场所办公的权利。

组织边界模糊化要求学者们重新审视组织行为学研究的对象与具体问题，因为研究客体发生了变化。在科层组织时代，组织行为学研究组织个体行为时，组织情境是组织边界封闭的。而随着经济全球化和知识经济的到来，出现了组织形态网络化、组织边界模糊化，组织在变革进程中越来越趋向于开放，组织内的资本要素、人才要素和技术要素与外部环境的交流模式不断变化，组织中的个体行为和群体行为的变化与组织边界模糊化之间的相互影响对科层组织时代形成的组织行为学理论，特别是个体激励、团队激励、组织发展和组织变革等方面的理论提出了挑战。例如，网络化组织中管理者的工作有别于传统的管理工作，管理者通过“在线”的方式与组织成员进行沟通，引导、协调他们完成企业目标，并予以相应的激励；同时，管理者需要依靠这种方式来收集与决策相关的信息以保障决策的科学性。随着网络化的发展，组织成员对网络的依赖性更强，管理者需要不断更新管理技能，组织行为学可以为新管理技能的培养提供一些真知灼见。

组织边界模糊化使应对“临时性”成为组织行为关注的一个现象。科层化组织的管理方式往往是稳定不变的，一定情况下存在小范围、暂时性的变革。而组织边界模糊化的情境恰恰相反，管理方式通常处于不断变革之中，特殊情况下会出现暂时性的稳定。在知识不断更新迭代的背景下，人们的工作也较以往具有不稳定性、不确定性，因此，员工需要不断地更新知识技能、逐渐完善自我，才能符合新时代工作的需要。此外，组织中的群体也处于变动状态，在以往工作中，个体所处的工作环境通常是不变的，长期性地与相同的组织成员共事，处理的工作也不具有差异性；现在不同于以往，组成团队的成员往往来自不同的部门，轮岗已成为员工适应不同工作岗位的有效方式。此外，组织也处于不断变化的状态，通过业务部门之间的整合、缩减经营规模、工作外包等方式不断地进行组织变革。

现在的员工需要不断地进行知识与技术的更新，管理者需要不断地变革管理风格，以适应时代的变化，从而让工作充满灵活性。组织行为学对组织变革具有一定的指导意义，有助于组织更好地应对未来的不可预测性。

三、道德行为、工作与生活的冲突

1. 组织行为中的道德行为

组织行为中的道德行为（moral behavior）是指组织中的个体或群体通过道德情感的感化、道德意志的指引，履行符合道德意义的行为。评判道德品质的好坏需要结合个体或群体所履行的道德行为以及道德行为所带来的道德效果，只有将道德品质付诸实践的道德行为才具有意义。

组织成员日益发现自己面临着道德困境（ethical dilemmas）和道德抉择（ethical choices），也就是说，组织个体缺乏衡量自身行为是否正确的标准。例如，他们是否应该向领导反映其他成员的不正当行为，当自身意见与管理层意见不合时如何做，能否为一己之私侵犯他人利益。

然而，并没有明确的道德标准来衡量某一行为是否符合道义。道德与不道德之间的界限逐渐变得模糊。员工见证心目中理想的管理者参与不道德行为，如公司高层夸大利润、利用股票期权套现；当一名成功的教练鼓励拿奖学金的运动员选修容易的课程以确保能毕业时，大学的行政人员也只是睁一只眼闭一只眼，教授反而用各种说辞来解释这一现象。在全球经济中，判定符合道德的行为方式尤为困难，因为不同的文化对特定的道德问题有不同的视角，如在经济衰退时，如何公平地对待员工在不同文化下差异很大。

组织正积极地从多维度来解决这一问题，如通过颁布组织道德准则来规范成员的行为，从而使他们能更好地评判自我；通过组织相关道德会议来指出个体道德或不道德行为；通过建立保护机制鼓励那些揭发不道德行为的个体。

管理者需要为个体营造出健康、向上的工作环境，个体才能充分发挥自身实力、全身心地投入工作。那些倡导更多道德使命、鼓励员工的诚信行为、提供更强有力的道德领导的公司，能够影响员工作出符合道德的决策。

2. 员工工作与生活的冲突

20 世纪六七十年代员工的工作模式一般为：每天工作 8 ~ 9 小时，一周工作 6 天，工作时间以及地点较为明晰。但现在并非如此，知识经济的到来使员工办公地点更加灵活化，员工不得不面临工作与生活之间的冲突。此外，这种工作模式也催生出更多的工作机会，塑造出不同的工作角色。

工作与生活的冲突是如何出现的？首先，组织逐渐变得全球化。例如，通用电气在全球范围内设立分组织，不同地区的分公司可能跨越多个时区，为了能及时与其他地区的员工取得联系，部分工作岗位需要全天候保持工作状态。其次，高度发达的网络技术，使得员工可在众多非工作场所办公，也就是说工作场所边界变得更加模糊。最后，员工工作时间的延长使得工作占据更多私人时间。

随着工作节奏的加快，员工们逐渐意识到工作正在挤占更多的私人时间，他们并未因工作报酬的补偿而提高幸福指数。员工们正在寻求工作与生活间的平衡，以便更好地解决生活与工作间的冲突。如何更好地权衡工作与生活间的关系对于即将步入职场的学生来讲非常重要，那些能帮助员工平衡两者关系的组织将会吸引更多优秀员工。

案例讨论

亚马逊网上书店的成功之道

1994 年，杰夫·贝佐斯作为一名普林斯顿大学计算机科学与电子工程专业的毕业生，越来越厌烦自己在华尔街投资银行的工作。当时网络应用正在迅速发展，计算机科学的专业背景使他看到了其中的创业机会。贝佐斯计划开一家对顾客友好、容易浏览又能提供低价且有最广泛选择的书店。他意识到，与一家真实的“砖块加水泥”的书店相比，在线书店能够为顾客提供任何一本在售图书，它的任务就是为在线顾客提供一种能便捷地找到并了解任何在售图书的方式。

1995 年 7 月，贝佐斯用借来的 700 万美元与少数几位员工在西雅图的车库里开始了他们的在线冒险。几周之内，由于售书量猛增，他不得不重新寻找更大的办公场所和雇用更多的员工。现在面临的问题是如何以最佳的方式激励并协调员工，使他们最大限度地达到公司的目标，解决问题之道是根据需要完成的工作任务把员工分成小组和团队，从而使顾客感到满意。

首先，贝佐斯创建了信息技术团队来继续开发和改善他最早开发的专利软件；其次，他组建了执行团队来处理日常系统运营以及顾客和组织之间的接口工作；最后，他建立了物流小组来设计从出版商和分销商那里购物的最节约成本的方式，然后迅速送到顾客手中。随着亚马逊的成长，这些小组帮助他为顾客提供了很多其他种类的产品，如电子产品和礼物等。

为确保亚马逊达到以较快速度和优质服务为顾客提供图书的目标，贝佐斯开始关注激励和控制员工的方式。在意识到提供优质的顾客服务是顾客与公司之间最重要的纽带后，贝佐斯开始下放权力给员工，让他们寻找更好地满足顾客需求的方式。同时，贝佐斯一开始就鼓励员工接受并提供优质客户服务的价值观，他还制定了一套关于员工首要任务就是使顾客满意的严格标准。所有亚马逊的员工都是经过仔细招聘与选拔的，融入团队后他们很快就能学会如何为顾客提供优质的服务。为了确保员工能被激励而提供优质的顾客服务，贝佐斯给所有员工分发公司股票。今天，公司员工已经拥有超过 10% 的亚马逊股份。

（资料来源：[美] 珍妮弗 · M. 乔治、加雷思 · R. 琼斯，《组织行为学》，于欣、章文光等译，北京大学出版社 2010 年版，第 2 ~ 3 页。）

讨论题

1. 亚马逊网上书店成功的关键是什么？
2. 贝佐斯找到了何种组织行为方式去引导公司和员工走向合作和双赢？

本章思考题

1. 如何理解组织、个体行为与组织行为的内涵？
2. 组织行为学的研究对象、研究内容和研究方法有哪些？
3. 组织行为学研究的理论基础有哪些？
4. 简述组织行为学面临的机遇与挑战。

本章重要概念

组织　　个体行为　　组织行为学　　积极组织行为　　消极组织行为

第二章

个体行为的基础

本章重点介绍个体行为的理论基础，包括人格理论、能力理论、学习理论及行为管理。通过本章学习，为认知个体行为提供理论支撑。

【学习目标】

1. 掌握人格、能力与学习的定义。
2. 理解人格理论、能力理论及学习理论。
3. 掌握人格、能力、学习理论在管理中的应用。

【引导案例】

人和人的差异

某设计公司有300多名职工，公司领导者对管理技术的更新和应用特别关注。该公司目前正着手创建一种业绩导向型公司文化，强调团队合作，试图建立一个“无边界”的组织，并对原工作团队进行重新整合，这种做法对职工的态度和行为产生了值得思考的影响。

老王和老李是公司两个团队的领导人，他们常常会对团队中的各种问题进行交流讨论。老王说：“今天小赵又抱怨对工作不满意，甚至扬言要辞职。自从团队整合后，他就无法与团队成员相处，很难想象一个踏实的员工在调整后会出现这么大的适应问题。”老李说：“小侯已经多次说他承受不了偶尔的加班了。每次加班后，他都要去医院接受治疗，但整个团队的人工作强度都是一样的，其他人就没有什么抱怨。”老王说：“是啊，我们团队也有这种差异，小陈和小曹都是今年在同一所大学毕业的，一起进入的公司，但俩人对工作的响应和完成情况也完全不一样，对新文化和赋予他们的责任反应也不同，小陈如鱼得水，但是小曹有点不适应甚至抵触。”老李说：“有时候我也很困惑，对于公司的调整，我们是否真的了解职工，了解他的个人特质呢？为什么在同样环境下，人和人在行为上有这么大的差异呢？”

（资料来源：陈春花、杨忠、曹洲涛等，《组织行为学》，机械工业出版社2013年版，第24页。）

第一节　人格理论

人格是心理学、法学、伦理学、哲学等众多学科研究的对象。本节主要从组织行为学视角讨论人格的概念、测量及在管理中的应用。

一、人格

1. 人格的含义

人格（personality）也称个性，是指个体具有的独特而稳定的心理特征、思维方式和行为风格的总和，如聪慧、诚实、懒惰、自信、依赖、独立、果断、坚韧、悲观、乐观等。

古希腊哲学家苏格拉底（Socrates）最早从伦理学角度研究人格，认为理想的人格是善良、智慧和理性的结合。他的学生柏拉图（Plato）把人的内在个性划分为欲望、意志与理性。而柏拉图的学生亚里士多德（Aristotélēs）提出的"理想人格"，强调较强的社会责任感、讲道德，以及完善的理性（聂敏里，2017）。

17 世纪，追求个性解放、以人性反对神性的思想开始萌芽。18 世纪，学者们对人格有了更深层次的研究。卢梭（Rousseau）指出人格是做人的资格、权利和责任等，是人自身内在的自由意志。康德（Kant）和黑格尔（Hegel）继承了卢梭的思想，认为人格的本质即自由意志。19 世纪以后，人格理论体系逐步系统化，不但强调人格的独立性和能动性，同时结合定量研究与定性研究，探究人格的群体特质。瑞士心理学家荣格（Jung）认为人格是外部与内部自我的外延。个体有直接外显的特点，也有没有显露的特点。人格就是个体表现出的稳定而异于他人的特质，有一定的行为倾向性，表现了一个由表及里的、包括身心在内的真实的个人。美国心理学家奥尔波特（Allport，1937）认为，人格是个体内部决定其独特的顺应环境的那些心理、生理系统中的动力组织。英国心理学家艾森克（Eysenck，2010）提出，人格是个人的性格、气质、智力的相对稳定而持久的表象，决定着个人适应环境的独特性。

人是管理中最重要的因素，人格是理解与管理人的基础。在经济全球化与知识经济背景下，组织行为学对人格的研究与认知更具有重要价值。

2. 人格的特征

研究人格特征，是为了更好地认知人格。现有研究表明，人格具有以下几个方面的特征。

（1）独特性与共同性。人格具有独特性。人格是由先天遗传基因和后天环境的影响形成的。不同的遗传基因和成长环境塑造了不同类型的人格。人格具有共同性。相同的成长环境和文化背景决定了个体的人格存在共同的特征，如同一民族的个体具有类似的心理特征。人格是独特性与共同性的统一。

（2）整体性与稳定性。人格具有整体性。人格并非单独的心理特征与行为方式，而是相互管理的多种心理特征与行为方式的总和，这些行为和特征往往以整体形式表现出来。个体认识世界和改造世界的行为是由一系列人格心理机制共同决定的，这些机制往往有机地联系在一起。人格具有稳定性。个体偶然表现出来的心理倾向和心理特征并不能解释其人格。个体持续稳定表现出来的心理倾向和心理特征才能代表其人格。偶然的心理特征表现，是指受突发情景影响所产生的心理特征与行为方式。

强调人格的稳定性并不意味着人格是一生不变的，随着心智的成熟和环境的变化，人格也可能发生改变，即人格具有可塑的特点。正因为人格可塑，管理者应考虑如何培养和发展组织成员人格，使成员人格的发展与组织目标和谐匹配。

（3）倾向性与两面性。人格具有倾向性。个体在与组织的互动过程中，对现实事物总是存在一定的倾向性。由于个体所处的社会环境、家庭环境和教育背景不同，会形成各自不同的偏好，而且这些偏好的范围和强度也存在差异。由于不同个体对于同一事物或现象的看法可能完全不同，最终呈现的人格特征具有一定的倾向性，这种倾向性在组织中往往被理解为偏见，如何克服偏见成为人格重塑的难点。人格具有两面性。人格一词"personality"源于希腊语"persona"，"persona"意为化装舞会上的面具，这也暗示人格具有两面性。一方面，外显的人格是与内心感知完全一致的表达，如个体表现出对工作的热情是发自内心感知到这项工作的重要价值；另一方面，外显的人格也可能与内心感知的表现完全不一致，如个体表达出对工作的热情并不是发自内心感知到这项工作的重要价值，而是为了某种个人特定的目的不得不表现出的热情。组织管理者针对组织成员观察到的人格表现，有可能并不是成员真实的内心展现。人格的两面性对管理者选拔人才提出了挑战。

（4）功能性与社会性。人格具有功能性。个体表现出来的人格特征总是服务于个体的某种需求，或者说个体人格表现与个体需求密切相关。人格具有社会性。人格是社会化的产物，是在一定的社会关系下，通过社会实践和教育训练逐步形成的。当然，人格的社会性并不排斥人格的先天遗传因素，但一旦个体离开了组织或社会，人格也便失去了存在的基础。

二、人格特质理论

人格理论有不同学术流派，但都试图回答以下几个基本问题：

（1）自由意志—决定论：个体人格是由内部意志决定还是由外部因素决定；

（2）整体主义—元素主义：是从整体来研究人格，还是从各个组成部分入手来研究人格；

（3）本质论—环境论：人格特征是由遗传决定的，还是由环境决定的；

（4）主观性—客观性：个体的主管经验对行为表现的影响大，还是客观因素对行为表现的影响大；

（5）前动性—反应性：人格是主动的，还是被动的。

（6）稳态—异态：人格动机是消除紧张达到平衡，还是不断成长与实现自我；

（7）可知性—不可知性：人格的规律是可以被揭示的，还是无法认知的；

（8）可改变—不可改变：人格特征是基本不变的，还是不断变化的。

特质理论（trait theory）认为，人格是由个体的特质组成的，这些特质决定个体的行为，通过了解个体特质便可预测个体行为；同时，人格特质在时间上具有持续稳定性，在空间上具有普遍性。研究特质理论的人格心理学家可以分成两类，一类是以卡特尔（Cattell）、艾克森（Eysenck）为代表的学者，他们重视统计方法的运用；另一类则是侧重使用非统计方法展开研究的，如奥尔波特（Allport）。

1. 奥尔波特的人格特质理论

奥尔波特作为特质理论的创始人，详细地阐述了特质的定义、特点和种类。

（1）特质的定义。奥尔波特认为，特质是指个体独特性、整体性、一般性的神经心理结构。一方面，在不同情境下个体的行为也可能存在一致性，如具有谦虚特质的人，在不同情境中的行为反应可能相类似：同领导工作——小心、顺从；拜访好友——文雅、依从；遇见陌生人——尴尬、躲避；收获赞美——低调，害羞。另一方面，同一环境下，具有不同特质的人，处理某一事件的反应也会不同，如开放友好的人和谨慎怀疑的人面对陌生人的反应是有差异的。

奥尔波特认为，特质是概括的、整体的，每一种特质都决定着个体的多种行为反应。特质又是针对性的，只有在特定的刺激下，这种特质才会通过个体行动展现出来，如具有冲动性特质的个体并不会在任何场合对其他个体采取攻击等冲动行为。

（2）特质的特点。奥尔波特认为，特质具有以下特点：①一般性。个体特质比个体习惯更具有一般性，个体习惯往往是特质具体的行为体现，而特质是对个体习惯的整合。②动力性。个体特征决定个体行为，是个体自身提供的行动指南。③可推测性。个体的行为特征代表个体所具有的某些特质，通过对过个体行为的观察和分析便可推测个体的某些特质。

（3）特质的种类。奥尔波特把特质分为共同特质和个体特质两类。共同特质（common trait）是受同一文化形态影响的群体都具有的特质，这种特质普遍存在于该文化环境影响下的每一个体中，是这个群体整体概况的性格倾向。从共同特质的角度出发，尽管个体之间仍然存在特质上的差异，但这些差异只是个体拥有的该群体共同特质较多还是较少的区别。个体特质（individual trait）为个体所独有，代表个体独特的性格倾向。奥尔波特认为，不存在拥有完全相同特质的两个个体，个体特质是对个体真实的反映。

2. 卡特尔的人格特质理论

卡特尔继承了奥尔波特的学说，对人格特质进行了进一步的归纳分类。

（1）共同特质（common traits）和独特特质（unique traits）。共同特质指所有群体成员所具有的相同的特质；独特特质指单独个体所具有的特质。尽管共同特质存在于全部个体中，但个体之间对共同特质的展现程度不同。

（2）表面特质（surface traits）和根源特质（source traits）。表面特质是随外界环境的变化而不断改变的特质，这种特质往往可以被观察到；根源特质隐藏于表面特质背后，是个体内在结构的特质。对根源特质的观测与分析需要借助表面媒介以及统计学的方法。

（3）体质特质（constitutional traits）和环境形成特质（environment-mold traits）。体质特质指受遗传因素决定的特质；环境形成特质指由环境决定的特质。

（4）能力特质（ability traits）、气质特质（temperament traits）和动力特质（dynamic traits）。能力特质指决定个体如何有效地完成一项任务的特质，它是个性的认知表现，其中智力是能力特质中最重要的指标；气质特质指个体在接近其目标时如何行动的特质；动力特质指激励个体向期望目标努力的特质，它是个性的动机因素。

3. 艾森克的人格结构

英国心理学家艾森克（Eysenck）反对把人格定义抽象化，认为人格是个体实际展现出的行为模式的总和。他在传统实验心理学方法的基础上，通过问卷调查与实验分析所获得的大量资料进行因素分析，提出了人格结构模型。

（1）人格维度。艾森克认为人格维度有两个，即内外向（introversion-extroversion）和神经质（nervosity）。艾森克认为具有外向特质的人往往不容易受到外界环境变动的影响，在个性上具有情绪冲动、善于交际、追求冒险和刺激、粗心大意和不能控制脾气等特点，这些特点让外向的人显得不那么可靠；外界环境的变化极易对具有内向特质的人产生影响，内向的人在人格上具有情绪稳定、冷静、不善言谈、不喜欢刺激、思维谨慎、乐于在规章制度下工作、很少发脾气等特点，内向的人往往被认为是带有悲观气质的可靠的人。神经质又称为情绪性，情绪不稳定的人在环境的刺激下很容易焦虑；相反，情绪稳定的人在面对环境刺激时反应缓慢而且轻微，并且很容易恢复平静，稳重的特质使这类群体善于克制不良情绪。

（2）个体行为。艾森克认为，个体行为可分为特定性反应水平（specific response level）、习惯性反应水平（habitual response level）、特质水平（trait level）和类型水平（type level）四个维度。特定性反应水平是指个体对某一特定实验性试验或对某一日常生活经验所作出的反应，所表现的反应可能是个体的特征，也可能不是个体的特征。习惯性反应水平是指在同样环境中个体再次发生的特定反应。特质水平是在观察一些不同的习惯反应的相互关系基础上得出来的。类型水平是在观察一些不同特质的相互关系基础上得出来的。

三、人格测量

人格测量（measure of personality）的方法主要有两类：量表法和投射法。下面分别对这两种方法进行介绍。

1. 量表法

测量人格的量表有很多，目前学术界常用的主要有以下几种。

（1）16 种人格因素量表。16 种人格因素量表由卡特尔编制，主要测量卡特尔提出的 16 个根源特质（见表 2－1）。

表 2－1　　16 种人格因素

因素	特质名称	低分者特征	高分者特征
A	乐群性	缄默、孤独	乐群外向
B	聪慧性	迟钝、学识浅薄	聪慧、富有才识
C	稳定性	情绪激动	情绪稳定
E	好强性	谦逊、顺从	好强、固执

续表

因素	特质名称	低分者特征	高分者特征
F	兴奋性	严肃、审慎	轻松、兴奋
G	有恒性	权宜敷衍	有恒心、负责任
H	敢为性	畏怯、退缩	冒险敢为
I	敏感性	理智、注重实际	敏感、感情用事
L	怀疑性	信赖、随和	怀疑、刚愎
N	世故性	坦诚、直率、天真	精明、圆滑、世故、人情练达
M	幻想性	现实、合乎成规	幻想、狂妄不羁
O	忧虑性	安静沉着、有自信心	忧虑抑郁、烦恼较多
Q1	实验性	保守、服从传统	自由、批评、激进
Q2	独立性	依赖、附和	自立、当机立断
Q3	控制性	矛盾冲突、不明大体	知己知彼、自律严谨
Q4	紧张性	心平气和	紧张困扰

资料来源：刘佛翔，《组织行为学》，科学出版社 2012 年版，第 21 页。

16 种人格因素问卷（蔡圣刚，2010）共有 187 道题，每题有 3 个备选答案。除了能够精确测出一个人的 16 种人格特质状况外，还可以用于临床分析。例如，心理健康者的人格特质是情绪稳定（高 C）、轻松兴奋（高 F）、自信心强（低 O）和心平气和（低 Q4）；创造力强的人的人格特质是缄默、孤独（低 A），聪慧、富有才识（高 B），好强固执（高 E），严肃、审慎（低 F），冒险敢为（高 H），敏感、感情用事（高 I），幻想、狂放不羁（高 M），坦白直率（低 N），自由、批评、激进（高 Q1），当机立断（高 Q2）。

（2）艾森克人格量表（Eysenck personality questionnaire，EPQ）。艾森克人格量表由英国心理学家艾森克编制，其中包含了以下四种量表：精神质量表（P）、外内向量表（E）、情绪稳定性量表（N）和效率量表（L）。P 分高表示被试者具有倔强固执和铁石心肠的特点，P 分低表示被试者具有温柔心肠；E 分高表示被试者外向，E 分低表示被试者内向；N 分高表示被试者情绪不稳定，N 分低表示被试者情绪稳定；L 分高表示被试者回答中有虚假或掩饰。

（3）明尼苏达多相人格量表（Minnesota multiphasic personality inventory，MMPI）。明尼苏达多相人格量表由美国明尼苏达大学教授哈撒韦（Hathaway）和心理治疗专家麦金利（Mckinley）共同编制。该量表中共有 566 道题目，并且包括了重复的 16 道题目，重复的题目用来检验被试者回答的一致性以及认真程度。每一个题目都有 3 个选项："是（T）""否（F）""不能确定（?）"，被试者在测验时只可选择一项作为回答。MMPI 涉及的范围很广，既可以对个体身体各方面指标、精神状态进行测量，也可以对个体在政治、法律、宗教、家庭、婚姻和社会等方面的态度进行测量。

MMPI 有 10 个现场观察量表，可以得到 10 个分数，代表 10 种人格特质（见表 2 -2）。

表 2 -2　　MMPI 观察量表及其高分含义

观察名称	高分含义
疑病	强调身体疾病
抑郁	不快乐、抑郁
歇斯底里	对应激的反应是否有问题
精神病态	与社会缺乏一致；经常处于法律纠纷之中
男性化—女性化	女性倾向（男子）；男性倾向（女子）
妄想狂	多疑
精神衰弱	烦恼、焦虑
精神分裂症	孤独、古怪思想
轻躁狂	冲动、激动
社会内向	内向、害羞

（4）加州心理特质量表（California psychological inventory，CPI）。加州心理特质量表由美国加州大学心理学教授高夫（Gough）设计编制。该量表中的一半题目来源于 MMPI，另一半是对正常青少年和成人个性的测量。与 MMPI 不同的是，CPI 更强调个体是否“正常”。CPI 由 480 个以“是”“否”为选项的题目组成，这些题目被分在 18 个量表中。这 18 个量表按各自测量对象的不同分为 4 个量表群：

第一量表群测量人际关系的适应能力，包括支配性、上进心、社交性、自在性、自尊性、幸福感 6 个量表。

第二量表群测量社会化、成熟度、责任心和价值观，包括责任心、社会化、自制力、容忍性、好印象、从众性 6 个量表。

第三量表群测量成就能力和智力，包括遵从成就、独立成就、智力水平 3 个量表。

第四量表群测量个人的生活态度和倾向，包括共鸣性、灵活性、女性化 3 个量表。

（5）霍根人格量表（Hogan personality inventory，HPI）。霍根人格量表是对近年来国际普遍认可的五种最基础的人格因素的测量。这五种人格因素分别为：外倾性（extroversion），是指一个人是否善于交际、善于言谈、比较自信；随和性（agreeableness），是指一个人是否随和，与之合作是否让人信任；责任心（conscientiousness），是指一个人是否具有责任感、可靠、持久，成就感是否强烈；情绪稳定性（emotional stability），是指一个人是否温和、热情、安全、紧张、焦虑、失望和不安；经验开放性（openness to experience），是指一个人是否善于幻想、聪慧，对艺术是否敏感。

2. 投射法

常用的投射测验有以下两种。

（1）罗夏墨迹测验（Rorschach ink-blot test，RIT）。罗夏墨迹测验由瑞士精神病医生赫尔曼 · 罗夏（Hermann Rorschach）提出。试验中的墨迹图一共存在 10 张没有意义和内容的图片，其中 5 张是黑白的、3 张是彩色的、2 张除黑白外有鲜明的红色。

该试验针对单独个体展开。试验应选择在一个安静、光线充足、温度适宜的环境下进行，并由专业的主持人主持引导该试验。主持人按既定顺序逐一向被试者展示图片，要求被试者回答“看到了什么?”“图片内容像什么?”“由此联想到什么?”等问题，主持人可转动图片，让被试者从不同角度观察图片后再回答问题（不受实际限制）。主持人应当鼓励被试者回答问题，确实不能回答时提供另外一张图片。被试者在试验中的全部反应和回答都要详细记录下来，也包括被试者看到图片到第一次做出反应所需要的时间、每次反应的时间间隔，以及被试者的附带动作和其他重要行为。

罗夏墨迹测验的评分与解释十分困难，需由专业人员进行，在计分时主要考虑四个方面：

① 反应的部位。被试者对墨迹图的反应着重的是图片的那一部分? 是全体、部分、小部分、细节还是空白?

② 反映的决定因素。被试者进行反应的决定因素是什么? 是墨迹的形状还是颜色，把图形看作静态还是动态?

③ 反应的人格。被试者把墨迹看成什么?

④ 反应的普遍性。被试者的反应与一般人的反应相同还是不同?

（2）主题统觉测验（thematic apperception test，TAT）。主题统觉测验由美国心理学家默里（Murray）构思并与摩根（Morgan）等人共同编制。TAT 包括 30 张印有人物、风景的黑白图片，另有一张空白卡片。图上的图画有些比较清晰，有些比较模糊、抽象。

测验时，每组被试者选取适用的图片 20 张（其中有 1 张为白色）。每套图片分为每组 10 张的两个系列，分两次进行测验。图片选取时，第二系列的图片要比第一系列的图片更具有独特性和古怪性。第一次测验约需 1 小时，第二次测验需要 1 天或更长的时间。两次测验间至少应该相隔 1 天的时间。试验要引导被试者进行充分、自由的想象。

对于青年和一般成年被试者的引导语是：“这是一个想象力测验，是测验你的智力。我将向你呈现一些图片，每张图片你可以观察一定时间。你的任务是对每张图片尽可能地编出一个富有戏剧性的故事，图片中发生了什么? 什么导致的? 图中人物正在思考什么? 感觉到什么? 事件结果如何? 等等。大概有 50 分钟对 10 张图片进行观察，所以你可以用 5 分钟讲述一个故事。”成年被试者要求表述的标准长度是 300 字，如果正常成人所讲述的故事字数不足 140 字，则被认为缺乏合作态度。TAT 中有一张空白卡，首先应要求被试者想象卡片上有一幅图画，并且对这幅图画加以描述，然后根据这幅图画编相应的故事。

测验后，主持人与被试者进行一次交谈，以便深入了解和理清故事的内容。测验通常是个别进行，由主试记录或录音，并注意被试者在测验时的反应，也可以要求被试者把故事写出来。被试者在解释结果时，主持人要重点关注被试者所编故事的主题，找出故事中的主人公和英雄人物。因为故事中的主人公或英雄人物被认为是被试者的化身，通过对这些主人公或英雄人物的需要和压力的进一步分析，可以了解被试者的个性。

四、人格与管理

组织行为学研究人格的目的是服务于组织管理。从管理角度看个体人格，要关注人格健康与人格障碍，以及不同人格的个体与职业岗位的匹配等。

1. 人格健康与人格障碍

人格健康（personality fitness）是指个体表现出来的人格特质符合团队、群体、组织的预期，与组织同事协作工作中，不会因为个体人格特质出现难以融入组织团队的现象。人格健康与完善是组织中个体追求的目标，也是组织管理者对每位员工的要求与期望。奥尔波特认为健康的人格体现在以下五个方面。

（1）自我广延的能力（capacity of self extension），即兴趣广泛、朋友众多、生活经验丰富。

（2）与他人热情交往的技能（interpersonal skills），即人际关系和谐，宽容大度。

（3）情绪（emotions）安定和自我认可，即不怕失败，自我肯定。

（4）现实知觉（perception），即个体可以感知组织或社会现象，并通过信息加工反馈为个体的自觉、自省与自律。

（5）人格具有一贯性（consistency）和稳定性（stability），即个体行为与人生哲学一致，无内部冲突。

人格障碍（personality disorder）是指不伴有精神症状的人格缺陷。具有人格障碍的个体对环境适应性差，并影响人际交往与工作。

常见的人格障碍有以下 9 种。

（1）偏执型人格。主要特点是敏感多疑，不轻易相信他人，容易产生妒忌心理，易受打击，自尊心强，固执，缺乏热情。

（2）分裂型人格。主要特点是感情冷漠，缺少亲密关系，独来独往，行为怪异，不会表现出强烈情绪。

（3）癔症型人格。主要特点是举止夸张，情绪易波动，常常幻想，渴望获取别人的同情和赞赏，任性，感情用事。

（4）强迫型人格。主要特点是做事优柔寡断，注重细节，追求完美，过于谨慎，缺乏创新和冒险精神，按规矩办事，多焦虑悔恨。

（5）反社会型人格。主要特点是情绪不稳定，易冲动行事，冷酷，缺乏同情心和同理心，缺乏羞愧之情，不能从失败中吸取教训。

（6）自恋型人格。主要特点是自我重视感极高，需要外界大量赞美，认为自己拥有特殊地位和能力。

（7）边缘型人格。主要特点是行为和情绪反复无常、极不稳定，时而生气、时而抑郁，常常做出偷窃、暴力等冲动性破坏行为。

（8）回避型人格。主要特点是自卑，不敢与人接近，逃避困难，行为退缩。

（9）依赖型人格。主要特点是过分依赖他人，缺乏自信心，独立性差，做事无主见不果断。

2. 人格与职业的匹配

组织管理中的重要问题就是如何为个体安排最能发挥其专长的岗位，组织行为学研究关注个体人格与职业的匹配。美国著名心理学家霍兰德（Holland）把人格分成六种类型，并分别将这六种类型人格与职业进行了匹配。

（1）社会型人格。这种类型的人喜欢、善于交际，关心社会热点话题，关注教育、宗教等。匹配的职业有：护士、教师、教授、社会学家、社会工作者等。

（2）研究型人格。这种类型的人喜欢智力活动和抽象的理性工作。匹配的职业有：数学、物理、化学和生物学等自然科学工作者，以及经济学家等。

（3）现实型人格。这种类型的人喜欢有规律性的、需要专业技能的工作。匹配的职业有：修理工、机械工、电工和农民等。

（4）艺术型人格。这种类型的人喜欢文学和艺术，想象力丰富，富有创造力，喜欢运用艺术作品来展现自己。匹配的职业有：作家、画家、雕刻家、音乐家等。

（5）企业型人格。这种类型的人拥有冒险精神，性格外向，具有领导能力，喜欢说服、支配他人。匹配的职业有：经理、推销员、经纪人等。

（6）传统型人格。这种类型的人喜欢条理、系统的工作，保守，善于控制。匹配的职业有：办公室人员、打字员、档案管理员、会计、出纳、秘书、接待员等。

应当指出，个体的人格是多维度的，通常个体人格有首要人格特征，兼有其他类型人格特征（见图2－1）。例如，个体人格首要人格特征是企业型人格，但同时或多或少兼有传统型、现实型、研究型、艺术型和社会型人格特征，兼有的程度也是强弱不等的。

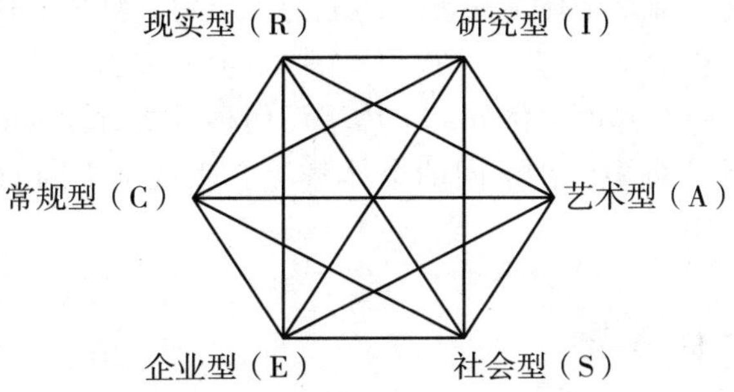

图2－1　个体人格的多维度模型

资料来源：刘佛翔，《组织行为学》，科学出版社2012年版，第25页。

第二节　能力理论与管理

一、能力

1. 能力的定义

能力（ability）是指个体从事一定社会实践活动的本领，即与顺利地完成某种活动有关的心理特征。可以从两个层面理解：第一层面，个体所具有的知识、技能；第二层面，个体的潜力和可塑性。第一层面的能力比较容易测评，第二层面的能力需要更长的时间来考察。

2. 能力的分类

（1）按能力涉及范围，可分为一般能力和特殊能力。一般能力是指个体完成各项活动都应当具备的基本能力，包括观察能力、语言能力、记忆能力、想象能力、思维能力等。在西方心理学中也称为“智力”，它是以思维能力为核心的各种认知能力的综合表现，适用于广泛的活动范围。特殊能力是指个体完成某种专业活动所需的能力，如音乐能力、数学能力、绘画能力等。特殊能力只适用于某种狭窄的活动范围。

（2）按能力的分工，可分为基本能力和综合能力。基本能力是指单因素能力，只需通过大脑的某一特定功能即可表现出来的能力，如感知能力、记忆能力、思维能力、肌肉运动能力等。综合能力是指需要结合多种基本能力进行合作所表现出来的能力，如计算能力、演讲能力、管理能力等。

（3）按能力的来源，可分为模仿能力和创造能力。模仿能力是指个体有意识地或无意识地对他人行为不断重复学习而掌握的能力，如儿童对父母言谈举止的模仿。创造能力是指个体结合已有经验、创新思维和方式完成特定工作的能力。具有创造能力的人往往能够从平常环境中找寻事物间的联系，发现并提出新观点。模仿能力和创造能力产生的效果完全不同，模仿能力只是按照固有方式解决问题，而创造能力则提供了解决问题的新思路和新途径。

但无论哪一种能力，都是个体独一无二的能力，与每个具体个体的个性相联系，由个性把能力的各个特征有机地结合起来，在具体个体身上表现出独特的风格，体现出个体独特的差异，成为个性的一个侧面。例如，个体采用何种方式对输入的信息进行加工、哪些信息会被优先储存在其脑海中，在不同的个体身上会表现出不同的行为。在这种行为背后，便是个性在发挥作用。

二、能力的个体差异

在现实生活中，个体之间存在着能力的差异是显而易见的。综合起来，这些差异表现在以下五个方面。

1. 能力类型的差异

能力类型的差异指的是个体在知觉、表象、记忆、言语和思维等方面的差异。知觉方面的差异，可以概括为综合型、分析型、分析综合型三种。

综合型的个体，具有平常所说的“大局观”，但比较而言，其分析与把握细节的能力较差。

分析型的个体则恰恰相反，其对细节、局部的东西把握较好，但在整体与大局掌控方面却做得不够。

分析综合型的个体，兼具上述两者之长，在整体与局部、大局与细节方面把握得都较为平衡。

2. 言语和思维方面的差异

言语和思维方面的差异可概括为生动思维言语型、逻辑联系思维言语型和中间型三种。

生动思维言语型的个体，在思维和言语中有鲜明的形象和情绪因素，善于形象思维，爱好文学作品，讲故事相当生动、形象。

逻辑联系思维言语型的个体，思维和言语是概括的，逻辑联系占优势，这种类型的个体善于逻辑思维，条理也相当清楚。

在现实生活中，纯粹的生动思维言语型或者逻辑联系思维言语型的个体是很少见的，大多是中间型，即兼具上述二者的某些特点，但可能在某一方面更为出色。

3. 记忆类型方面的差异

记忆类型方面的差异可分为直观形象记忆型、抽象记忆型和中间记忆型三种。

直观形象记忆型的个体，在识别物体、图画、颜色和声音方面的能力较好。

抽象记忆型的个体，擅长认识记忆概念和数字等相对抽象、缺乏生动性的东西。

在现实生活中，个体往往综合上述二者，属于中间记忆型个体，既有形象记忆应激的把握，又有抽象记忆的概括和凝练。

4. 能力发展水平差异

在能力发展水平方面存在明显的个体差异。研究表明，个体的智力发展基本上是呈正态分布的，即呈现两头小（智力超常少，智力低弱者也少）、中间大（处于智力正常状态的个体多）。智力发展的不同，导致了个体行为的不同。据观察，拥有超常智力的儿童往往观察细致，注意力集中，想象力丰富，具有创造性，思维广阔；表现在个体上，往往富有好奇心，求知欲强，具有较强的自信心，意志坚定，能将想法贯彻到底。比较而言，智力较弱的儿童，言语发展缓慢，语言缺乏逻辑关系，思维较慢，缺乏概括性，注意力不容易集中；表现在个体上，往往多沮丧情绪，对人有敌意，缺乏自信，思想有时会表现偏激。智力的高低虽与先天的遗传因素有关，却可以通过科学耐心的教育有所提高。

5. 能力显现早晚差异

不同的能力类型有不同的显现发展期，某些能力能够较早地发展或者成熟起来，而另一些能力则相对较晚地显现其优势。同样的道理，各种能力的衰退期也是不同的。麦尔斯的一项研究表明，知觉发展较早，也首先开始下降；其次是记忆；而比较和判断能力到80岁后才急剧下降；动作反应速度在18～29岁发展到最高水平，在以后各个阶段均能够保持较高的水平。

不同能力类型综合作用的结果，造成了个体能力显现的差异。有些人在童年时期就表现出某些方面的优异能力。但就多数人而言，中年时期能力更加突出。对325名诺贝尔奖学金获得者的研究表明，301人是在30～50岁取得科研成果的。

医学方面的分析也表明，30～39岁这个年龄段是出成果的最佳年龄。因为在此之前，大多数人都处于一个学习积累的发展过程中，心智模式在不断地成熟与完善之中。只有在这两个方面都发展到一定程度时，个体的创造性才可能积极、充分、全面地爆发出来。

认识能力的差异对于个体行为的意义在于：个体应该根据自己能力的不同，扬长避短，选择合适的专业和工作，充分发挥自己的优势能力。同时，团体也可以根据个体类型的不同，有选择地发掘和培养人才，以做到人尽其才。

三、能力差异与管理行为

通过研究个体的能力结构和能力差异，管理者能够发现人才，对人才进行合理分工，达到人尽其才、才尽其用的目标状态，提高组织活动的绩效。因此，在组织活动中应重点关注下列问题。

1. 认知能力差异，科学测评能力差异

良好的管理者要寻找的并不是能力最佳的人员，而是最合适的人员，能够满足企业发展的需要，如此才能在利用好人才的同时提高企业效率。对人才的考量要有科学的测评方法，以正确评价人才能力差异。那些片面追求高学历人才，认为对人才的竞争是企业根本竞争力的企业往往会导致内部人事结构失衡，不仅没有利用好人才资源，还加大了企业消耗、增加了管理成本。

2. 能职匹配，强化岗位胜任能力

同一组织中的不同工作岗位对人员的要求是不同的；而相同或相似的工作岗位在不同的行业和组织中，对人员的要求也不尽相同。组织管理者没必要只聘用能力最优的人员，而应当充分了解组织内各工作岗位的具体任务和需要，科学评价个体能力，录用并安排适合组织内能力标准的人才，强化岗位胜任力的重要性。

3. 能力互补，优化组合

个体与个体是存在能力上的差异的，这种差异普遍存在。组织要想协调发展，管理者需要对不同能力的人员进行协调匹配，扬长避短，将工作岗位的要求与人员具备的能力相结合。当个体的能力被充分挖掘并得以发挥时，个体的归属感、成就感和责任感就会被大大激发并受到鼓舞。管理者应当关注成员能力上的差异，力求不同岗位上的个体的能力都能得到充分发挥。

第三节　学习理论与行为管理

在人的一生中，最普遍、最重要的活动莫过于“学习”。它与生命过程本身是共存的。“学习”究竟是什么？可以毫不夸张地说，如何科学地理解和界定学习，在理论上算得上是永恒话题。对个体学习行为与群体学习行为（心理）的探索一直是组织行为学关注的主题之一，学习理论是研究组织行为矫正与重塑的重要理论基础之一。

一、学习的内涵

1. 学习的内涵

通常认为，学习就是通过阅读、听讲、观察、理解、探索、实践等手段获取知识或技能的过程，学习使个体行为得到了持续改变，如通过学校教育获取了知识和技能，这是对学习较为狭隘的解释。对学习更为精确和广义的理解是，个体在工作生活中因经验而形成的相对长久的行为变化，是个体在特定环境下，通过不断地练习和重复而形成的持久性改变，即产生了行为的纠正或重塑。

2. 学习的特点

（1）学习是个体或群体由后天经验形成的。个体或群体运用自身知识和技能理解外界信息并产生相应的行为活动，同时，与外界信息的接触使个体和群体的知识结构和技能架构进一步成熟。

（2）学习不仅表现为行为的变化，还表现为行为潜能（行为主义观点）或思维的变化（认知心理学观点）。特定环境下，个体会无意识地掌握某种知识和技能，尽管个体并没有意识到，意识层也无法知觉，但通过某种测试这种效果可以被显现出来。

（3）学习所引起的行为或行为潜能的改变是相对持久的，暂时的变化可能仅是其他原因导致的，而不一定是学习的结果。例如，食用兴奋剂可以使运动员的成绩得到提高，但这个成绩的变化不是由于学习而导致的，一旦生理条件恢复正常，变化随即消失。同时，也不能简单地将行为的改变等同于学习的存在。行为改变还可能由本能、疲劳（行为水平降低）、机体成熟引起。

（4）学习是多方面的，是个体获得认知的路径。学习不仅包括知识、技能、策略等的学习，还包括情感、态度、价值观、道德等的学习；不仅包括在学校情境中的学习，还包括一直持续终生的在日常组织活动中的学习。

二、学习的分类

1. 按学习的实现方式分类

该分类方法由美国著名认知教育心理学家奥苏伯尔（Ausubel）于 1968 年首先提出，并在由他编写的《教育心理学——认知观点》一书中做了系统的阐述。

（1）以学习方式为依据，可分为接受学习与发现学习。接受学习是学习者被动接受相关知识进行的学习；发现学习是学习者通过对现实生活进行探究来获取知识的过程。

（2）以学习材料与学习者已有知识之间的关系为依据，可分为有意义学习和机械学习。有意义学习是指学习者利用原有经验学习新知识，并在新旧知识中建立联系；机械学习是指在对知识的学习中不会建立新旧知识的联系。

2. 按学习结果分类

20 世纪 60 年代，美国著名学习与教学心理学家加涅（Gagné）认识到，人类的学习现象是复杂的，只用单一的理论不能完全解释所有的学习现象，必须对学习做分类研究。在他编写的《学习的条件和教学论》一书中，按个体学习的结果将学习分为以下五种类型。

（1）言语信息：关于事物的名称、时间、定义等事实性信息，如日本首都是东京。

（2）智慧技能：对外界的符号、概念展开处理加工，如小数如何转化为分数。

（3）认知策略：对感知、注意、记忆、思维等内部心理的支配过程，如根据艾宾浩斯记忆曲线加强记忆效果。

（4）态度：个体对人、事、物等形成某种特定内部状态的过程，如个体对绘画产生兴趣。

（5）运动技能：通过对身体动作的不断调整形成整体动作模式的过程。

我国心理学家冯忠良依据所传递经验内容的不同，对学习也进行了相应的分类。

（1）知识学习（陈述性知识）：包括知识的领会、巩固和应用三方面，主要解决的是是否知晓与知晓程度的问题。

（2）技能学习（程序性知识）：包括对心智技能和操作技能的学习，主要解决的是是否掌握的问题。

（3）社会规范学习：个体接受行为规范，将外在于主体的行为要求转化为主体内在的行为需要，包括对社会规范、规范执行以及情感体验的认知，社会规范学习比知识学习、技能学习都更为复杂。

3. 按学习的意识水平分类

美国心理学家雷伯（Reber）按照学习的意识水平，将学习分为内隐学习与外显学习。

内隐学习（implicit learning）是指个体在不知不觉的过程中获得经验而引起行为发生改变的过程，“读书百遍，其义自现”即是内隐学习的体现。

外显学习（explicit learning）是指个体需要付出努力、有主观意识地按照规则作出反应的过程。

内隐学习与外显学习有四点不同：（1）内隐学习是自发的，外显学习是需要意志激励的；（2）内隐学习是对抽象的、包含深层意义的知识的掌握，外显学习则是对浅显规则的学习；（3）内隐学习不被个体所意识到，而外显学习可以被清晰地感知；（4）内隐学习具有稳定性，不易受其他因素影响，而外显学习易受种种因素，如年龄、智力、情绪等的影响。

三、行为主义学习理论

行为主义学习理论（behaviorist learning theory）包括伊万·彼德罗维奇·巴甫洛夫（Ivan Petrovich Pavlov）和约翰·华生（John Watson）的经典性条件作用理论、桑戴克（Thorndike）的联结主义理论、斯金纳（Skinner）的操作性条件作用理论，以及班杜拉（Bandura）的社会学习理论等，这些理论的构建逐步完善了行为主义学习理论体系。学习理论强调，学习是在经验作用下个体行为相对持久性的改变。

1. 经典性条件作用理论

经典性条件作用理论最早由巴甫洛夫提出。经典性条件作用是指由于条件刺激物和无条件刺激物在时间上的多次结合，使得条件刺激物成为无条件刺激物的信号，以致在无条件刺激物不出现的情况下，也能引起条件性的无条件反应。巴甫洛夫在对狗的消化现象的研究中，观察分析了狗对食物唾液分泌的机理。当在提供食物的同时给以中性刺激，如摇铃声，在以后听到铃声但没有提供食物的情况下狗也会分泌唾液（见表2-3）。亚里士多德指出，若两个或以上的事件常常一同出现，人们就会把这些事件联系在一起，以后只要出现一个事件（刺激），人们就会想起另一个事件（反应）。约翰·华生认为学习是以一种刺激替代另一种刺激建立条件作用的过程，其实质是有机体通过经典性条件反应的建立，形成刺激与反应之间联结的过程。

表 2-3　经典性条件作用建立过程

建立前	无条件刺激→ （食物）	无条件反应 （唾液分泌）
	中性刺激→ （铃声）	引起注意 但无唾液分泌
建立中 （多次重复）	中性刺激 （铃声） 无条件刺激→ （食物）	无条件反应 （唾液反应）
建立后	条件刺激 （铃声）	条件反应 （唾液分泌）

资料来源：樊建芳，《组织行为学》，浙江大学出版社 2009 年版，第 59 页。

经典性条件作用的获得有两个条件：一是无条件刺激与条件刺激同时或近乎同时出现（间隔太久就建立不起联系）；二是条件刺激作为无条件刺激的信号，必须先于无条件刺激出现。如果反复呈现条件刺激，而不呈现无条件刺激，条件反应的强度就会减弱，甚至消失，即消退。消退不等于消除，消退是暂时得以抑制，无条件刺激一旦出现，条件反应还会自然恢复。

经典性条件作用一旦形成，有机体会对与条件刺激相似的刺激作出相同的条件反应。经典性条件作用通过选择性强化条件刺激而不强化与其相似的刺激，使有机体学会对条件刺激和相似刺激作出不同反应。

2. 联结主义学习理论

科学教育心理学的开拓者桑戴克认为，学习的实质就是经过尝试错误后，在刺激与反应之间形成联系的过程。他提出了学习的三个定律。

（1）准备律：学习者在学习开始时的预备态势（机体、心理、知识等方面），体现了学习的动机原则（桑代克在进行实验前，要求猫必须处于饥饿状态以保证学习的发生）。

（2）练习律：学习者进行的练习和使用越多，联结就会越牢固，如题海战术、对高频词汇的学习。

（3）效果律：如果某一动作跟随着情境中一个满意的变化，那么这个动作在类似情境中重复的可能性将会增加；反之，则减少。

3. 操作性条件作用理论

斯金纳认为，学习实质上是反应概率的变化，通过强化可以提高反应概率。操作性条件的机理是，如果在某一操作（自发反应）出现之后伴随着强化，那么这个操作执行的概率将会增加；对于已经强化了的操作，如果在出现后不再进行强化，那么这个操作执行的概率就会降低，甚至消失。操作性条件与经典性条件作用的区别如表 2-4 所示。

表 2-4　　操作性条件与经典性条件作用的区别

项目	操作性条件作用	经典性条件作用
主体行为	操作性行为 （有机体为适应环境而自发产生）	应答性行为 （由先行刺激引发）
行为之间的关系	R（刺激）—S（强化）—R	S—R
刺激物	无条件刺激不明确，更强调行为的结果对行为发生率的影响	强调无条件刺激，且明确
主动性	通过自身的主动操作来达到目的	有机体被动接受刺激
学习是如何产生的	通过强化范式而形成行为	通过 S—R 的不断配对联结形成行为
举例	小狗学会给人作揖	学生考试焦虑的形成

资料来源：樊建芳，《组织行为学》，浙江大学出版社 2009 年版，第 60 页。

斯金纳学习理论最重要的组成部分是强化。强化对行为的发生起了重要作用，实现对强化物的控制就能实现对行为的控制，其中，强化物是指能够增加反应概率的刺激或事件。强化按照方式来分，可分为正（积极）强化和负（消极）强化：正强化通过呈现个体想要的愉快刺激来增强反应频率，如表彰、嘉奖等；负强化通过消除或中止厌恶、不愉快刺激来增强反应频率，如减刑等。强化也可以按照类型进行划分，可分为一级强化和二级强化：一级强化满足个体基本生理需要，如食物等；二级强化是指一级强化和某一中性刺激结合后，个体获得的效力，如拥抱、微笑等。值得注意的是，同一刺激对不同个体而言，强化的效果可能不同。

惩罚是指能够降低行为发生概率的刺激或事件，分为Ⅰ型惩罚和Ⅱ型惩罚。Ⅰ型惩罚通过呈现厌恶刺激来降低反应概率，如打人、罚站；Ⅱ型惩罚通过消除愉快刺激来降低反应概率，如迟到后扣除奖金、禁看电视、爱的回收。强化与惩罚的对比如表 2-5 所示。

表 2-5　　强化与惩罚对比

项目	鼓励行为（强化）	抑制行为（惩罚）
呈现刺激	正强化（呈现愉快刺激）	Ⅰ型惩罚（呈现厌恶刺激）
消除刺激	负强化（消除不愉快刺激）	Ⅱ型惩罚（消除愉快刺激）

资料来源：［美］迈尔斯，《心理学》，黄希庭译，人民邮电出版社 2011 年版，第 276～278 页。

强化的程序可以分为连续强化、定时强化、不定时强化、定比强化及不定比强化等，具体强化程序如表 2-6 所示。

操作性条件作用理论的应用有以下两种方式。

（1）行为塑造：将目标分解为单个的小部分，每完成一部分后便进行强化，直到个体实现目标。

（2）程序教学：将各学科知识按其中的内在逻辑分解为一系列单个的知识项目，按衔接顺序让学生展开学习，并在学习后及时强化，直到学生全部掌握。

表 2－6　　　　强化的程序

程序	定义	例子	反应建立的方式	强化终止后的反应
连续强化	在每个反应后都给予强化	一打开电视就看见图像	迅速学会反应	反应几乎没有持续性，并迅速消失
定时强化	在一固定的时段后给予强化	周测验	随着强化时间的临近，反应数量迅速增加，强化后反映数量迅速降低	反应具有很短的持续性；当强化时间过去且不再有强化物出现时，反应速度会迅速降低
不定时强化	在不定的时段后给予强化	随时测验	反应建立缓慢、稳定，强化后反应不会暂停	反应具有更强的持续性；反应降低的速度缓慢
定比强化	在固定反应数后给予强化	计件工作	反应建立迅速，强化后反应会暂停	反应具有很短的持续性；当达到预期的反映数或不再有强化物时，反应速度迅速降低
不定比强化	在不定反应数后给予强化	赌博机	反应建立的速度很快，强化后几乎不会暂停	反应具有最长的持续性，且保持在很高的水平上，难以消失

资料来源：[美] 迈尔斯，《心理学》，黄希庭译，人民邮电出版社 2011 年版，第 275～276 页。

4. 社会学习理论

社会学习理论由美国心理学家班杜拉于 1952 年提出。班杜拉批判了以华生为代表的行为的“环境决定论”和以弗洛伊德为代表的“个人决定论”等单向决定论思想，提出了三元交互决定论，他认为个体、环境和行为三者相互作用、互为因果。个体、环境、行为三者之间的关系如图 2－2 所示。

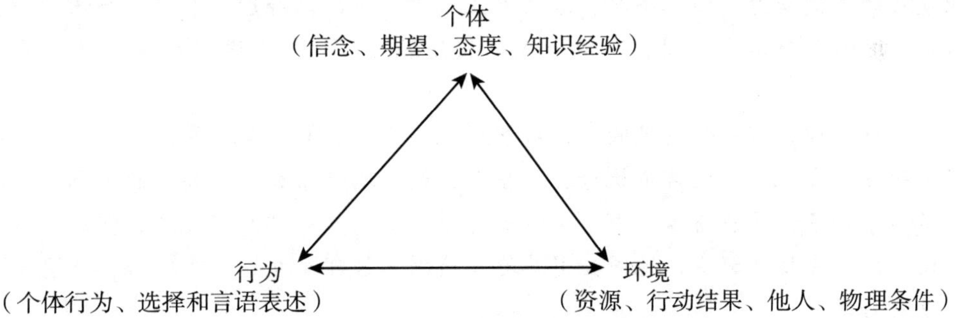

图 2－2　个体、环境、行为三者之间的关系

资料来源：郭本禹、修巧燕，《行为的调控——行为主义心理学》（下），山东教育出版社 2009 年版，第 432 页。

班杜拉认为，学习是指个体通过对他人的行为及其强化性结果的观察而获得某些新的行为反应，或已有行为反应得到修正的过程，分为直接学习和间接学习。

直接学习（参与性），指个体对刺激亲自作出反应并受到强化（体验行动后果）而完成的学习过程，如试错学习、发现学习。

间接学习（替代性），指个体通过观察别人对刺激作出的反应而完成的学习过程，典型的例子有儿童攻击性模仿实验。这个实验主要解决两个问题：（1）不论榜样被奖励还是被惩罚，儿童是否都会从榜样那里学到攻击性行为？（2）当儿童看到榜样受到奖励，是否会比看到榜样受到惩罚更多地模仿所看到的行为？结果表明：不论观察到成人榜样受到惩罚还是奖励，两个观察组中的儿童都学到攻击行为，只是没有同样地表现出来。因此，对行为的学习与习得行为的表现是两个过程，个体知道的要比表现出的多。若没有合适的环境产生对行为的刺激，通过学习掌握的行为也不会表现出来。学习者是否表现出学到的行为，取决于很多因素，如外在刺激、生理状况、社会压力、认知因素等。

案例讨论

公司接管者该选谁？

某机械制造企业有多家子公司，总经理由于年事已高即将退休，打算为公司选择一个合适的接管者。经过一段时间的讨论与考察，决定从苏副总经理和江副总经理两人中选一人。下面是有关他们两人的资料。

苏副总经理，女，45 岁，毕业于某大学自动化专业，中共党员，高级工程师，担任副总经理一职已有 9 年，分管公司产品研发和质量管理。苏副总经理事业心强，工作积极努力，早出晚归，一心扑到工作上。工作时苏副总经理能够结合相关专业知识，对工作新产品的研发、更新换代、质量改善等都作出相应指导，通过一系列改革，加强了新产品研发与质量管理的科学化，通过新产品研发，提升了产品质量，大大提高了公司的经济效益。

苏副总经理性格开朗，社交能力强，积极与当地科研院所寻求合作。她认为技术是促进企业发展的关键动力，因此高薪引进了专业人才。苏副总经理也是当地企业管理协会的理事成员，经常参与协会活动，与协会成员相处融洽，间接促进了公司的外部关系管理工作。

但苏副总经理也有一个明显的人格特质，就是高傲自大、脾气暴躁、自以为是，有时候会不把领导放在眼里，经常不执行公司指令，这也招致了公司领导层的不满。公司各部门的很多同事都不大愿意与她共事。平时工作中遇到需要处理的思想工作问题，苏副总经理总是请书记代去处理解决，她同公司其他某些副总经理关系也不是很好，公司领导多次协调也没有好转。

江副总经理，男，42 岁，毕业于某专科学校的工商管理专业，中共党员，有经济师职称，在公司担任了 8 年副总经理，负责公司生产运营方面事务，多次经历并应对过行业市场的繁荣与衰退。江副总经理十分了解机械制造业，善于生产运营管理，并将管理信息系统运用其中。他对公司机构安排、行政人员安排、岗位和职责分配都有十分具体的规定，并且每年对员工进行两次考核，奖惩分明。平时员工工作各司其职，江副总经理常常去各生产车间观察员工工作情况，发现问题。

江副总经理较为沉稳，不善言辞，为人谦和，做事谨慎周密，对公司今后发展有明确目标和具体实施方案。江副总经理虽平时不愿参加集体活动，但对各种开阔思路的业务技术讲座却很感兴趣。他善于开导员工，做他们的思想工作，亲自处理工作中的难题，和公司工会、党组织间关系良好，并十分支持相关工作。

江副总经理认为不需要专门高薪聘请技术人才，而愿意对公司现有生产技术关键人员进行培训教育，并确实培养出一部分优秀的技术人员。他主管生产运营以来，按期交货率、质量抽查合格率都达到历史最高水平。

江副总经理是当地劳动模范，也是公司优秀党员。但公司部分领导认为江副总经理缺乏冒险精神，过于保守谨慎，做事怕得罪别人。

应当选择苏副总经理还是江副总经理作公司接管者呢？

（资料来源：袁秋菊、高慧，《组织行为学》，重庆大学出版社 2018 年版，第 54 ~ 56 页。）

讨论题

1. 根据人格理论，分析并比较苏副总经理和江副总经理的能力、气质与性格。
2. 你认为应当选择苏副总经理还是江副总经理作公司接管者呢？

本章思考题

1. 什么是人格？人格理论有哪些？请简要概述。
2. 人格测量方法有哪些？请简要概述。
3. 人格障碍有哪些？人格健康的标准是什么？
4. 根据霍兰德的理论，人格与工作是如何匹配的？
5. 简述能力的概念。
6. 能力在个体间的差异体现在哪些方面？
7. 能力差异在工作中如何应用？
8. 行为主义学习理论的主要内容是什么？

本章重要概念

人格	共同特质	个体特质	首要特质	主要特质	次要特质
人格障碍	能力	学习	内隐学习	外显学习	行为强化
惩罚					

第三章

价值观、态度与工作满意度

本章重点介绍个体行为的显性表现，包括价值观态度和工作满意度。通过这些知识的学习，为理解个体行为奠定理论基础。

【学习目标】

1. 掌握价值观、态度以及工作满意度的概念及其各自的特征。
2. 了解价值观、态度以及工作满意度的分类。
3. 理解价值观、态度在组织行为中的作用。
4. 认识并理解影响态度、工作满意度的各种因素。

【引导案例】

最后的礼物

史蒂文（Steven）是一名手艺和口碑都很好的木匠，由于年纪原因向老板递交辞呈，并说明他不想晚年如此辛苦，希望可以享受晚年生活。老板觉得史蒂文平日里兢兢业业、认真负责，给公司也带来了很多效益，同意他辞职，但前提是史蒂文要帮忙建成最后一套房子。

在建房子的过程中，史蒂文没有像以往那样保持严谨的工作态度，没有严格把关房屋用料，手工活也变得不如以前细致。老板对于这一切看在眼里却没有提出任何意见。完工后，老板将房子钥匙交给史蒂文，并告诉他这是公司送他的礼物。史蒂文接过钥匙后既懊恼又内疚，因为自己没有像以往那样继续保持严谨的工作态度，最终给自己建了一所最差的房子。

态度决定未来，以什么样的态度对待现在，未来就会以什么样的结果进行回馈。

（资料来源：夏洪胜、张世贤，《组织行为学》，经济管理出版社 2014 年版，第 75 页。）

第一节 价值观

价值观对研究组织行为具有重要作用，是研究组织成员态度的基础，也是组织文化的核心。

一、价值观概述

1. 价值观的定义

价值观（value）是人们对周围客观事物的意义和重要性的总体评价，是人们树立目标和采取行动时的参照标准，也是人们衡量他人行为与目标时的参照原则。

价值观包括内容属性和强度属性两种属性。内容属性阐明某种行为或者存在是否重要；强度属性用以衡量此种行为或者存在的重要程度。

价值观是个体判断应该做什么、不应该做什么、优先选择做什么的依据。价值观具有相对稳定性和持久性，但是也会随着经济、社会条件的发展而变化（于斌，2013）。

价值观是一种心理机制，在人的成长过程中决定着人的行为、态度、信念、理解、认知，并且具有相对稳定性，但并不是一成不变的。

考察价值观时，不是看个体如何看待“价值”的本质，而是注重探讨个体在选择中、在众多的价值取向里，优先考虑哪种价值。

2. 价值观评价的范畴

价值观是指人们对客观事物的总体、综合看法与评价，是世界观的重要组成部分。价值观不是只观察个体对一件事情的价值判断，而是要观察个体对全部事情的整体看法和评价。

首先，价值观评价的客体包括各类客观事物。对这些客观事物，人们往往以自己的主观需求和个人好恶作为标准来决定取舍。个体的价值判断取决于其价值偏好。随着人们认知水平的提升，客观事物的价值也在不断被人们重新判断。

其次，价值观的评价对象还包括个体的行为结果。这类价值观与个体的行为密切相关。每一个成熟理智的个体都会根据行为结果来制约自己的初始行动，并且选择能够带来理想结果的行为。在价值观的作用下，个体行为都是有目的的，并且符合自身的价值判断。

3. 价值观的形成

个体价值观形成是先天遗传因素和后天因素综合作用的结果。组织行为学认为，先天因素主要指来自父母的行为示范与教育，后天因素主要指个体成长的社会环境与所受的社会教育。民族风俗习惯、媒体宣传、职业经历、历史事件等社会环境因素都是后天因素。个体的价值观在家庭和社会的综合作用下，逐渐地与社会相融合而形成。个体所处的环境、经济状况对价值观的塑造起决定性作用。此外，手机、计算机、电视等媒体的宣传，以及身边人的行为品行都会影响个体的价值观，特别是当个体处在受早期教育的年龄阶段时，初期作用的影响就更为突出。

员工的组织价值观形成过程中需要组织不断灌输与宣传组织文化，员工才能逐渐吸纳并领悟组织价值观。此阶段，组织管理者要做好宣传与弘扬工作，以强化对组织价值观的进一步了解。管理者亲身弘扬并践行组织价值观，能增强员工组织对价值观的认知能力。

组织经营管理过程的每一个环节都应践行组织价值观。首先，组织的各种集体活动是宣传组织价值观的一个绝佳选择，将抽象的组织价值观与具体的实践活动相结合，能使组织价值观更易被人内化于心。其次，企业的价值观需要融入于企业的管理制度，制度能起到较好的载体作用，同时也能帮助价值观规范化、制度化。最后，提高员工的个体素质，员工的能力水平、知识素养决定了员工认知价值观的能力，进而决定了员工能否接受、内化以及践行组织价值观。

4. 价值观的特性

（1）价值观具有相对稳定性。价值观是人们世界观和人生观的重要组成部分，受到家庭教育、组织情境、社会环境以及后天学习的影响和改变，并以人的经济地位为基础，自幼逐步培养而成。在相对稳定的外部环境下，人们的价值观一旦形成，一般不会轻易改变。

（2）价值观具有可变性。价值观具有相对稳定性，并不意味着它是一成不变的。随着组织情境与社会环境的改变、个体经验和知识的积累，以及个体在运用价值观判断、评价自身和外部事物的过程中会不断修正自身的价值观，使之与组织价值观相匹配，从而指导个体采取积极的行为方式。

（3）价值观具有差异性。价值观有着鲜明的个性色彩，存在着个体差异。个体都有属于自身的先天条件、后天组织情境与社会环境，也都会经历千差万别的人生历程，其价值观在生成、逐步培养和修正的过程中受到多种因素的综合作用，会存在一定的差异。因此，个体价值观存在一定差异成为常态，有的个体看重金钱，有的个体崇尚社会责任；有的个体注重贡献，有的个体则注重索取。

二、价值观的分类

价值观与社会、经济、文化的发展联系密切，不同的学者研究价值观的角度不同，对价值观的分类方式也不同。

1. 奥尔波特对价值观的分类

奥尔波特（Allport，1937）是最早研究价值观分类的学者之一，他认为价值观可以分为理论型、经济型、审美型、社会型、政治型、宗教型 6 种。

（1）理论型。理论型价值观强调理论在解决问题和分析问题时的重要性。

（2）经济型。经济型价值观以经济效益为中心，强调有效性和实用性。

（3）审美型。审美型价值观考虑形象的外在美和内在美，强调外形与和谐匀称的价值。

（4）社会型。社会型价值观强调以组织或者其他个体为中心，为了组织或者其他个体的利益可以放弃自己的利益。

（5）政治型。政治型价值观强调权力和影响力的重要性，喜欢表现自己，但在强者面前表现得很恭敬。

（6）宗教型。宗教型价值观重视信仰对个体行为的影响。

上述 6 种价值观对于不同背景、认知能力的人重要性是不一样的，因此价值观的排列次序也是不一样的，从而形成了不同价值观体系。

2. 米尔顿·罗克奇价值观研究

米尔顿·罗克奇（Milton Rokeach，1973）设计了罗克奇价值观研究调查问卷

(Rokeach value survey，RVS)，由终极价值观和工具价值观组成。终极价值观反映一个人最终想要实现的目标；工具价值观反映一个人为了达到终极目标而采取的方式。

罗克奇将每种类型目标细分为 18 种具体目标并设计成调查问卷，调查对象根据重要性对两类目标进行排序。这种研究是把各种价值观放在整个系统中进行的，因而更体现了价值观的系统性和整体性。调查结果显示，价值观与年龄、群体范围、职业等因素息息相关。此外，个体之间的行为差异很大一部分取决于价值体系中价值观的排列顺序。

一些研究证实了价值观在不同的群体中有很大的差异，相同职业或类别的人（如公司管理者、工会成员、父母、学生）倾向于拥有相似的价值观。

3. 格雷夫斯对价值观的分类

行为科学家格雷夫斯（Graves）对企业组织中各类个体作了大量的调查，分析了其价值观和行为方式，把错综复杂、各种各样的价值观按其表现形式的不同分成以下七个等级。

第一级，反应型。这个层面的个体只对自己的基本生理需求作出反应，没有意识到自己和周围其他人都是作为社会人共同存在的，也相应地不考虑其他条件。典型的这类个体如婴儿和脑部神经损伤者。

第二级，家法式忠诚型。这个层面的个体从父母或上级那里学到自己所遵循的价值观，类似于封建家法式，这类个体喜欢按部就班地工作。

第三级，自我中心型。这个层面的个体往往表现为性格粗犷、精力充沛，为了取得所希望的报酬而愿意做任何工作，愿意尊重和服从严格的领导。

第四级，服从型。这个层面的个体具有尽职尽责、忠诚于上级、兢兢业业的特质，重视公平的监督方式。

第五级，权术型。这个层面的个体喜欢交际、强调现实、有清晰的目标规划，同时善于玩弄权术。一方面奉迎有权势的上级；另一方面常常通过摆布他人、搬弄是非来达到个人目的。

第六级，社会中心型。这个层面的个体重视工作集体的和谐、友好的监督和人与人之间的平等互利关系，把与人为善、和谐的人际关系和氛围看作比自己发展更重要的东西。

第七级，存在主义型。这一层面的个体喜欢有创造力、有挑战性的工作，不喜欢墨守成规，认为金钱和名誉并不是自身追求的最重要目标，从而愿意接受观点不一致的人，反感僵化的制度和权力的滥用，并敢于直言。

一般来讲，企业中个体的价值观分布在第二级到第七级之间。以往，管理人员的价值取向多表现在第四、第五级，现在组织在挑选管理者时也多对第六、第七两个等级类型的个体持肯定态度，而对第五级类型的个体持否定态度。

综上所述，价值观的分类对管理者理解和预测个体行为是十分重要的。但是，需要指出的是，没有任何个体的价值观是完全符合这些分类的，它们总是各类价值观多方面的综合体现，只能说是更倾向于某一类，或者说某一类价值观在其价值体系中占据主流地位。

三、价值观的作用

价值观决定了一个人的内在动机，具有不同内在动机的人会产生不同的行为。同样，对于一个组织而言，价值观也会影响组织行为和组织效率，从而影响组织目标的达成与实现。

1. 价值观可以指引人们的行为

价值观可以强化个体行为的动机，并对行为起导向作用。很显然，当个体选择是否采取某项行为时，总会首先客观分析该行为结果的价值。价值越大，对人产生的刺激就越强烈。相同条件下，具有不同价值观的人对待同一件事情会做出不一样的行为。例如，当一个博物馆起火的时候，游客很可能会考虑生命安全而尽快撤离，但是一些艺术家很可能会为了拯救艺术珍品而冒火进入。

2. 价值观反映人们对客观世界的认知能力以及需求状况

价值观是人们对客观存在及其行为结果的总评价，反映了人们对客观世界的认知能力，具有较强的主观性。另外，价值观还直接反映着个体的需求状况。应该承认，个体的价值观具有功利性和目的性，是为个体的内在需求服务的。越是需要的、越是渴望满足的需求，对于个体来说一般是越有价值的。

3. 价值观影响着组织规章制度的执行效率

相同情况下，具有不同价值观的人针对相同的事物会采取不同的行为。同样，在一个组织中，员工个体的价值观不同，对组织的规章制度、工作任务、工作方法和组织目标的理解与价值判断也不尽相同，因而在工作中表现出来的行为属性也具有差异性。例如，当公司作出“迟到罚款”的规定时，有的员工认为十分合理，会在工作中严格遵守这一制度，表现出积极配合的态度；有的员工却不认同这一规范，认为迟到几分钟总是难免的，就会在工作中表现出消极的行为。

为了获得良好的工作绩效，企业管理者在选择企业目标或者制定规章制度时，首先需要考虑个体与群体的价值观倾向。合理的组织目标需要管理者综合权衡多方面的价值观。在组织文化建设十分有成效、组织内部建立了个体与群体趋同的价值观的情形下，企业管理者在制定规章制度时仅考虑与趋同的价值观相匹配即可，执行效率也会得到提高。

4. 价值观影响着组织的人际关系

价值观影响着个体对他人及群体的看法，从而影响到人与人之间的人际关系。人际关系紧张的情况下，个体决策与群体决策都会面临较大的人际关系压力，为了平衡人际关系往往会牺牲决策的科学性，选择中庸。相反，人际关系和谐时，个体决策与群体决策考虑更多的是决策科学性问题。

最后需要说明，价值观不仅影响当前的个体行为，还会影响将来的个体行为，对塑造组织人际关系有着持久的影响。

第二节　态度

态度（attitude）是绝大多数人表达感受的机制，是影响组织中个体行为的一个重要因素。例如，员工向管理者提出意见以表达对自己薪水的不满；管理者公开表扬销售部门的工作业绩；新生代农民工提出辞职以表达对现存劳动关系的不满。态度作为一种内在的心理机制，反映的是个体对特定事物的相对稳定并持续的感受。

一、态度的内涵与特性

态度是影响行为的重要因素之一，对行为有着指导性和动力性作用。

1. 态度的内涵

态度是一种心理与行为的倾向，是个体根据自己的价值观和价值观体系对某个特定对象所持有的一种相对持久的内在心理评价和行为倾向。态度的对象是多方面的，包括人、物、事件、制度以及各种观念等。人们在认知客观事物规律的过程中，总是持有某种积极或消极的倾向，这种倾向是一种内在的心理准备状态，一旦变得比较持久和稳定就形成了态度。

不同的个体对同一个人、同一件事、同一项工作或者同一种活动，可能有着不同的态度，因而在个体行为的表现上会是截然不同的。态度可以影响人们的工作效率、人际关系和对变革的承受能力等。

组织行为学研究态度的目的是帮助管理者了解员工对待工作、制度、领导、人际关系等的态度及其形成的原因，并帮助管理者通过对个体态度的及时调整转变个体行为，使之符合组织目标。

2. 态度的特性

一般来说，态度具有针对性、稳定性、两极性、社会性、协调性五个特性。

（1）针对性。态度与性格的最大不同在于态度具有特定的对象，包括具体的人和事，也包括抽象的概念。因此，态度并不是孤立、抽象的存在，而是包含着主体与客体的对应关系，是有针对性的。也有人从态度具有针对性这一角度，将态度描述为由主体发出的，在主体与客体之间的相互作用与相互影响中形成和发展起来的一种心理倾向。

（2）稳定性。从态度的形成角度来看，个体的态度与其成长经历、组织情境、社会环境等息息相关，是在社会实践中逐渐形成的，并与个体的理想、信念、世界观紧密相连。因此，个体的态度一经形成，便会表现得稳定而持久，在行为反应上表现出一定的规律性。尤其是态度固化之后，就更加难以改变。

（3）两极性。两极性主要强调对于同一事物个体持相互对立的两种态度，主要从表现形式和表达意义两个角度进行划分，如支持和反对、积极和消极。积极态度能推动事物的发展进程，消极态度往往会起到一定的抑制作用。态度的表现形式与表达意义之间存在较为密切且复杂的联系，肯定的态度并不意味个体对某件事情持有积极的看法，反之亦如此。此外，还存在一种中立态度，它通常不会长期存在，最后会演变为两极态度。

（4）社会性。态度并非与生俱来的，而是个体在长期的工作与社会实践中，通过学习和模仿形成的一种习惯性心理倾向。新生儿刚出生时，并不具有任何态度倾向。后来，在社会环境和教育的影响下，形成了情感与情绪，积累了经验并产生了意识，知识体系得到完善。在逐渐成为社会人的过程中，形成了一定的思想观念和对周围世界的态度，这些观念和态度反过来作用于他人和外部环境。在不断社会化的过程中，态度也会得到逐步的调整、改变与完善，最终形成自己的态度体系。

（5）协调性。态度是认知、情感和意向三种因素协调作用的统一体。认知因素是态度的基础，情感因素是态度的关键，意向因素是态度的外部表现。理论上，这三种因素在多数情况下并不协调统一。例如，当领导在公开会议上当众批评了一名员工后，即使这名员工确实认识到自己所犯错误的严重性，但还是对领导的做法很不满意，这种认知与情感方面的不协调，是因为认知的改变比情感的改变相对容易。因此，常有人们心里明白但在感情上无法接受的现象，管理者在工作过程中应对此种现象加以重视，在保证科学管理的前提下，充分体现管理的艺术性。

二、态度的构成要素

态度是在评价的基础上产生的，是一种综合性的心理反应倾向。迈尔斯（Miles，1993）提出了态度的ABC结构，即认知、情感和行为意向。心理学家经过研究发现态度的结构由认知、情感和行为意向组成。

1. 认知成分

认知（cognition）成分是指个体对人或事物特性的认知，如信念与价值观念。认知成分反映了个体对特定对象所持有的信念与看法，是情感与行为意向存在的前提。

2. 情感成分

情感（affect）成分是指个体对态度对象的积极或者消极的情感，具有一定的感情色彩。积极的情感包括尊敬、热情、喜欢等，这些情感有助于培养良好的人际关系；消极的情感包括蔑视、冷漠、仇恨等，这些情感阻碍良好的人际关系的形成。

3. 行为意向成分

行为意向（behavior intention）成分是指个体根据具体的认知与感受，对他人或事物的行为意向，是个体对态度对象的外显反应和行动。这种反应和行动是在某一情境下，在认知和情感的基础上激发出的行为倾向。

行为意向成分是态度三种成分中唯一能够被直接观察到的部分，因为个体的认知和情感不能通过直观的方式观察到，只能通过推断的方式加以判断。

态度的三种组成成分之间的关系可以通过图3－1来说明。产生行动后，个体会产生一个反馈，重新审视自身的认知。

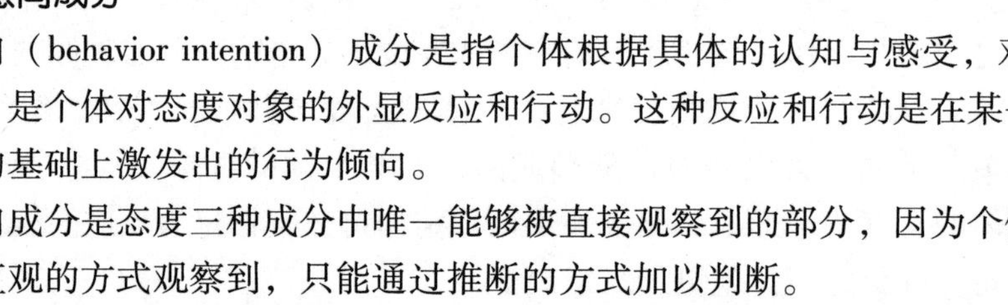

图3－1　态度结构中各成分之间的关系

资料来源：刘佛翔，《组织行为学》，科学出版社2012年版，第45～47页。

从图 3－1 可以看出，态度结构三种成分之间存在密切的相关性。其中，认知成分是前提，情感成分是核心，行为意向成分决定个体对态度对象的行为反应。

应当指出，态度只在特定的条件下才与实际行动发生联系。有时，个体的行为意向不一定会有某种外显的反应或行动。例如，个体的态度是“不喜欢”，但考虑组织的某种特定情境，个体认为如果表现出“不喜欢”后果会对自身不利，所以，选择不行动。个体选择不行动，就没有反馈的后续环节了。

三、态度的类型与作用

1. 态度的类型

不同个体对待同一事件的态度存在一定差异。组织行为学研究关注的是工作场所中个体表现出来的态度。传统组织行为学主要关注的态度有：工作满意度（job satisfaction）、工作参与度（work participation）、组织承诺（organizational commitment）。当前，组织行为学有关态度的研究范畴扩展了，主要包括组织支持感、员工幸福感、沟通满意度、授权满意度、工作敬业度等。

（1）工作满意度。工作满意度是组织行为学中最广泛研究的态度。

（2）工作参与度。工作参与度是指个人从心理层面对工作有多大程度的认同感以及从组织获得的利益对自身价值的重要性。关于工作参与度的研究不是很充分，但绝大多数研究认为工作参与度与工作认同感存在较强的相关性，如工作参与度高的员工有较高的出勤率。另外一个与工作参与度相关的概念为心理授权。心理授权强调员工关于工作能力、工作环境、工作意义和工作自主性的影响程度的感知。例如，在新加坡进行的一项针对护理管理者的研究发现，优秀的领导者通过如下方式授权：让员工参与决策、让员工感觉到他们的工作很重要、让员工认为他们是在做自己的事情。高水平的工作参与度和心理授权与组织公民行为和工作绩效正相关。除此之外，研究还发现，提高工作参与度与低缺勤率和低离职率相关。

（3）组织承诺。组织承诺是指员工对组织及其目标的认同感和归属感，并希望自己永远是组织的一份子。因此，较高的组织承诺意味着成员对组织的高度认可。学者们对组织承诺研究的出发点不同，因而对组织承诺的结构持有不同观点。早期学者从单一维度考察组织承诺的概念，其中较有代表性的是莫迪等（Mowlay et al.，1982）的观点。他们主张组织承诺为个体对组织的投入与认同程度，具体表现为个体对组织在情感上的依赖。普莱斯（Price，1997）支持这一观点并认为组织承诺即个体对组织的忠诚度。随着理论的不断深化，部分学者延伸了传统理论，其中最具代表性的是迈耶（Meyer）和艾伦（Allen）的理论。二者认为组织承诺是一种稳定的心理约束力，且能引导个体行为（Meyer & Allen，2001）。他们提出组织承诺由情感承诺、持续承诺和规范承诺组成。简单地说，个体之所以留在组织中，是自我意愿、自我需求或者组织规范的作用。

组织承诺包括以下三个维度。

① 情感承诺，即个体对组织的情绪依赖及对组织价值观的认同。

② 持续承诺，即与离开组织相比，个体感受到留在组织的经济价值，产生对组织的持续承诺。

③ 规范承诺，即个体基于道德和伦理而产生的留在组织的责任感。

2. 态度的作用

态度的作用可以概括为以下四个方面。

（1）调适功能。态度通常表现为个体依据组织环境的变化进行的调适。态度促使个体结合自身价值采取行动，从而维系与组织的平衡关系。态度在人际关系形成中表现为人们有意识地协调和调节人际关系。个体较重视对人际交往态度的分析，根据交往对象来选择交往对策，使个体之间达成愉快的人际关系，并与组织目标保持一致。

（2）自我防御功能。态度是影响行为的潜在因素，有利于解决个体的心理冲突、提高个体的抗压能力、增强个体的自信心以实现个人价值，帮助个体抵御对其自身有害的信息，如个体的缺点、过去不愉快的经历、难以正视的现实等，从而有利于个体应付情绪冲突和保护自尊。

（3）价值观表达功能。个体都有自我表现的需求，态度有助于个体表达自己的主要价值观和个体特性。在组织情境中，个体往往会对具体的他人或者管理措施与政策表达个体自身的态度，以此作为反映其价值观的方式。

（4）认知功能。个体都想理解和支配自身的工作活动。态度给个体提供了解释和加工各种信息的心理框架，使人们能对组织管理中的各种信息进行汇集、整理和分类，并同时将其与各种事物相联系，认知事物规律。态度在某种程度上影响了个体认知的形成。同时，个体认知又反作用于态度，影响态度的形成或改变。

四、态度的影响因素

1. 影响态度形成的因素

态度不是与生俱来的，而是人们在社会实践中习得的，是社会化的结果。态度的形成过程主要受以下四种因素的影响。

（1）需求。态度是个体对某一特定对象稳定的心理倾向与行为倾向。个体往往有趋利避害性，对自身有利的事物常常被认为是有价值的，反之则被认为是没有价值的。个体对特定对象的需求程度导致其对它的态度也会有所不同。

（2）信息与认知。个体是生活在社会和组织中的人，社会与组织中充斥着各种各样的信息，这些信息都会影响个体态度的形成。虽然态度具有稳定性，但是这种稳定性是相对的。态度形成的过程正是人们选择性接受并对比新旧信息的过程。个体在比较中认知，在认知中把新信息与原有的态度协调起来，改变原有认知系统，形成新的态度。

（3）组织内部的规范和期望。在某一特定群体中，个体的态度又会受群体规范和期望的影响。群体内的个体都是由某些共同的目标联系在一起的。为了实现这些共同的目标，在群体发展过程中形成群体内部特有的群体规范。在这种规范的约束和引导下，个体会产生与群体规范相一致的态度。例如，并不是所有的人都能接受上夜班，但是在群体规范的约束下，人们会逐渐地改变态度，接受某些行业的特殊要求，如夜间急诊室的值班医生。

（4）个性特征和经验。虽然个体在群体规范的影响下会形成某种相似的态度，但由于个体之间的差异性，在态度形成过程中，个性特征和经验会为态度打上个性的烙印。例如，性格开朗的个体在遇到困难和挫折时往往比较乐观，会积极应对困难；性格孤傲的个体在遇到困难时不愿意寻求帮助，而喜欢独立完成工作；性情暴躁的个体遇到困难时往往表现出愤怒与逃避；等等。此外，个体在不同人生经历中积累的经验也会赋予性格以差异化的特征。

2. 影响态度改变的因素

个体态度的形成过程中也包含着某些错误行为的改变和矫正过程。即使某种态度形成之后，也并非一成不变。态度的改变包括多层含义，如方向性改变、中心趋势改变、明显程度改变、自觉程度改变等。研究态度改变因素时，被关注的主要是方向性改变和程度改变。例如，对某人的态度由差变好是方向性的改变；由一般变为很好是程度的改变，有时二者会同时发生。有些态度的改变比较容易，而有些则比较困难，主要取决于态度对象对态度主体的重要程度和感情深度，意义越大、感情越深厚的态度越不容易改变。

影响态度改变的因素有许多方面，归纳起来主要有以下四个方面。

（1）个性心理特征因素。个性心理特征包括能力、气质和性格三个因素。能力的高低、气质的差异、性格的独立与顺从，任何一个因素的不同都会对态度的改变产生迥异的影响。例如，一个固执的人总是不那么容易接受别人的意见，其态度的改变就需要更多的条件、更长的时间；一个没有主见的人，其态度的稳定性就比较差，态度容易改变。

（2）个体与群体的关系。改变个体在群体规范中所形成的态度的难易程度，与个体所属群体的关系密切程度相关。当个体与群体的关系极为密切时，个体所形成的与群体规范相一致的态度不易改变；而当个体与群体的关系不融洽时，个体在群体规范影响下形成的态度就容易改变，并且可能采取与群体规范相对立的态度。

（3）组织因素。态度在长期内是前后一贯的，并形成了相应的信念；态度与理想、信念、价值观密切相关。在组织情境相对稳定的状态下，个体态度就具有相对稳定性，不容易改变。当组织情境相对动荡变革时，个体态度也会受组织动荡的影响，发生态度的相对改变。还有一种现象，即个体不适应组织的相对动态变革，选择了退出策略。

（4）社会因素。主要指社会制度、社会群体、社会交往、道德规范、国家法律、社会舆论、风俗习惯。社会因素对个体态度改变的影响是深刻的，当社会因素发生变化时，个体态度中受原有社会因素影响而形成的态度也会慢慢地改变。由于存在个体差异，态度的改变速度也是有差异的。

第三节　工作满意度

工作态度是指人们对其所从事的工作持有的评价与行为倾向。前面已经提到，组织行为学研究的基本上都是一些与工作相关的态度，如工作满意度、工作参与和组织承诺，其中工作满意度至关重要且得到广泛研究。

一、工作满意度的内涵

1. 工作满意度

工作满意度是指个体在组织中感受到的物质方面或者精神方面的满足或者满意水平。工作满意度也指个体对其工作积极或消极的感情倾向。基于观察和情绪体验，个体对其所从事的工作和组织情境各个方面作出赞许的评价，则被理解为员工满意度水平高；反之，则被理解为员工满意度水平低。

工作满意度是一个相对概念，相对个体差异，同等组织情境下，个体的工作满意度水平是有差异的。

2. 工作满意度的影响因素

工作满意度是指员工对感知的工作特征和感情经历的一种评价。国内外学者研究发现，物质报酬、工作本身、工作条件、晋升、认同感、人际关系、上下级关系等因素与工作满意度有着密切的联系。其中，影响工作满意度的几个重要因素包括公平的报酬、个体人格与工作本身、支持性的工作环境与通勤时长，以及和谐的团队氛围。

（1）公平的报酬。美国行为学家亚当斯（Adams）在1965年出版的《社会交换的不公平》一书中提出公平理论，主要研究薪酬体系的公平性、合理性以及是否有助于员工积极性的提高。公平理论认为，工资薪酬与工作满意度之间的关系并不反映在个体的绝对收入方面，而主要取决于由相对报酬带来的公平感。当员工认为其获得的报酬与其能力、付出相匹配并且超过行业最低工资标准时就会觉得满意。

（2）个体人格与工作本身。马斯洛的需求层次理论表明，人们往往有五种基本需求，当较低层次的需求实现之后会产生较高层次的需求。如果工作本身具有的特征及其可以为员工提供的满足程度与员工的需求层次相匹配，员工的工作满意度就会较高。

通常员工更喜欢选择这样的工作：能给个体提供充分发挥实力的机会，有一定的工作自主性，同时组织又能对个体工作的完成情况提供评价和建议，这样的工作能提高员工的积极性。简单重复难度低的工作容易使个体感到厌烦，难度太高的工作会打击员工自信心。在适度挑战的条件下，大多数员工会享受工作并更好地完成工作。

个体人格与工作本身匹配适度与否，主要取决于员工的个体特征和管理策略。

（3）支持性的工作环境与通勤时长。支持性的工作环境包括员工要求组织提供的公共工作环境及其私人工作条件。研究表明，洁净、舒适的工作环境有利于提高工作效率，调动员工工作热情，也有利于员工工作满意度的提高。

大多数员工希望工作场所离家比较近，通勤时间不要过长。通勤时间过长往往导致个体身心疲劳、情绪不佳，在工作中更容易与他人发生摩擦，降低个体与周围他人的人际关系。所以，个体通勤时间也会影响员工工作满意度。

（4）和谐的团队氛围。和谐的团队氛围包括团队信任、团队人际关系和上下级人际关系。与泰勒的管理科学理论中“经济人”假设相反，越来越多的组织行为学研究者发现，相对于看得见的经济利益，对于大多数员工来说，工作团队的存在还满足了他们社会交际的需求。所以，和谐的团队氛围能够为员工提供支持、安慰、建议和帮助。友好的和支持性的工作氛围会提高员工对工作的满意度，当然，善解人意和友好的上司也有利于员工工作满意度的提高。

二、工作满意度的测量

工作满意度的测量主要采用满意度调查的方法，员工在接受工作满意度调查时，阐述自身的真实想法，实际上成为员工表达意见和情绪宣泄的一种途径。管理者经常开展工作满意度调查，往往能够在一定程度上引导个体对自身的态度进行微调。同时，管理者通过科学公正的工作满意度调查，还能很好地了解员工的工作满意度状况，从而使管理层认识到哪个员工群体或哪个组织层面在工作中存在着问题。常用的满意度测量表有三种，即明尼苏达满意度问卷、工作描述指标和波特需求满意问卷。

1. 明尼苏达满意问卷

明尼苏达满意问卷（the Minnesota satisfaction question，MSQ）由魏斯（Weiss）等人编制而成，分为长式量表和短式量表两种，用来研究组织内个体和群体的满意度。其中，长式量表由 100 个题目组成，可以实现关于员工 20 个方面的满意度以及一般满意度的测量，包含能否提供令员工充分发挥自身能力的机会、组织道德标准、组织政策等；短式量表由 20 个题目组成，可测量员工的内在满意度和外在满意度。明尼苏达问卷能较为全面地涵盖员工的满意度。

2. 工作描述指标

工作描述指标（job description index，JDI）是由史密斯（Smith）等人设计的。工作描述指标问卷选择“现有工作”“现获报酬”“提升机会”“直接上司”“同事情况”五个基本工作维度，并对每一个工作维度进行简单描述，让被试者用“Y”“N”“?”来表示描述内容与其情况的匹配性，从而得出满意度。

3. 波特需求满意问卷

波特从满足的差别理论角度开发了波特需求满意问卷（Potter need satisfaction questionnaire，NSQ），将被调查对象期望获得的最大值与实际获得值之间的差额作为工作满意度，差额越大，代表员工越不满意。

三、工作满意度与绩效的关系

1. 工作满意度与生产率

已有研究并未证明较高的工作满意度会产生较高的生产率，反而发现工作满意度与生产率的相关系数只有 0.17 左右。可以用表 3－1 所列原因，来解释这一现象。

表 3－1　工作满意度与生产率的关系

满意度	生产率	可能的原因
高	低	基于过去良好成绩，感到心满意足，安于现状，不思进取
低	高	不工作拿不到工资，然而被满足前的不满足状态持续时间不能过长
低	低	员工工作水平低，需要整顿和教育；或者领导赏罚不公，需要改正
高	高	抓紧生产任务的同时，不断满足员工多样且不断变化的需求

资料来源：于斌，《组织行为学》，清华大学出版社 2013 年版，第 86 页。

近年来，大部分学者开始相信较高的生产率产生较高的工作满意度，并且潜心于进一步的研究与证明。如果组织奖励边际效用较高的员工即为企业带来更高生产率的员工，员工带来的边际效用越大，将会获得更多的口头称赞、物质上的报酬、岗位上的晋升等，这一系列奖赏措施会极大地提高员工的工作满意度；反之，如果员工工作满意度较低，将会挫伤员工积极性，不利于组织绩效的提升。

2. 工作满意度与缺勤率

研究只发现工作满意度与缺勤率之间存在着较弱的负相关关系。正如每个人都有的体验一样，很少有人愿意去做令自己不愉快的事情。当然，工作满意度与缺勤率之间的联系并不是绝对的，很多其他变量也会影响员工选择是否留在家里。下面一些因素可能会减弱工作满意度在缺勤率方面的作用。

（1）气候、员工的身体状况以及其他比较紧迫的问题也可能导致缺勤，可以说缺勤本身不可避免。所以不能简单地说，缺勤一定是由不满意的工作情绪导致的。

（2）员工个体本身的性格偏好。虽然某一员工具有较高的工作满意度，但当一个令其相当感兴趣的攀岩项目出现时，该员工很可能会作出放弃手头工作的决定。

（3）组织出勤控制策略也会影响员工的出勤率。例如，一家公司明确规定，员工的出勤率与他的工资与福利直接挂钩，在这种情况下，对工作感到不满意但迫切需要钱的员工很可能坚持去上班，从而导致一个较高的出勤率。

总体来说，虽然高工作满意度未必会带来低缺勤率，但是，低的工作满意度更有可能引发缺勤现象。因此，员工的工作满意度和缺勤率之间总是存在着一定的相对稳定的关系。

3. 工作满意度与流动率

研究发现，工作满意度和离职率之间存在中等程度的负相关关系。员工的绩效水平是工作满意度与流动率之间的中间变量。通常情况下，工作满意度对于高绩效员工的影响要显著低于低绩效员工。这是因为，组织通常会给高绩效员工更多的奖励来竭力挽留，而对于低绩效员工，组织通常不会采取任何挽留措施甚至变相鼓励辞职。由于高绩效员工会得到更多的奖励、荣誉，所以更愿意留在组织里。

此外，员工内在因素也对工作满意度和流动率之间的关系起到调节作用。具体来讲，与那些乐观积极、充满正能量的员工相比，倾向于抱怨的员工对工作满意度较低时更不会辞职。图 3－2 反映了工作满意度与缺勤和辞职的关系。

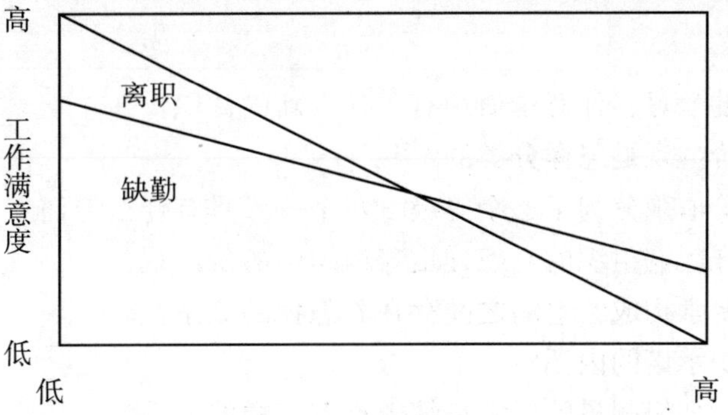

图 3-2 工作满意度与缺勤率及流动率的关系

资料来源：于斌，《组织行为学》，清华大学出版社 2013 年版，第 87 页。

案例讨论

电影中的文化差异

法国人认为好莱坞试图将世界娱乐品味标准化，并降低审美水平。如作家雷吉斯·黛布雷（Regis Debray）所言：美国时代终将逝去，但是我们需要确保这没有对我们的创新能力造成无法弥补的损害。法国政府资助的营销与宣传协会——法国电影联盟的主席杜普兰蒂尔（Duplantier）发现了法国与美国之间的显著区别。他认为，与利润导向的美国市场相比，法国市场通常受无形价值观的影响。因此，法国电影善于挖掘感情、思想、情绪以及现实问题，而美国电影则热衷于暴力场面。

站在法国人的立场上，美国电影协会主席杰克·瓦伦（Jack van Landingham）曾谴责欧盟的“公然保护主义”。美国电影制片人将法国的态度视为“这不过是掩饰其糟糕的电影制作水平——剧本差劲、叙事缓慢、角色模糊，剧情令人昏昏欲睡”（Cohen，1994）。虽然务实的美国人将电影及其他娱乐项目视为商品，但他们也能拍摄一些“艺术片”或严肃题材的电影，如《辛德勒的名单》，他们的目的就是制造、营销并推广产品，从而尽可能地获利。既然电影制作模式差异明显，法国人何必担心美国人威胁他们的电影产业呢？相比“粗俗”的美国电影，法国影迷不应该更偏爱本土电影吗？

虽然文化不同，但美国的一些艺术家仍在法国深受推崇，除了基努·李维斯（Keanu Reeves）主演的电影外，由伍迪·艾伦（Woody Allen）和罗伯特·奥特曼（Robert Altman）指导的电影也备受欢迎。他们善于迎合欧洲人的口味，因此在法国赢得赞誉。但是可以肯定的是，这类艺术家只是极少数。

（资料来源：［美］安妮·玛丽·弗朗西斯科、巴里·艾伦·戈尔德，《国际组织行为学——理论、案例、操练》，顾琴轩译，上海人民出版社 2014 年版，第 272 页。）

讨论题

1. 价值观如何对文化产生塑造作用？
2. 根据案例内容，文化冲突是否会导致价值观冲突？

本章思考题

1. 通过对本章的学习，你对价值观有了什么新的认识？
2. 奥尔波特对价值观是怎样分类的？
3. 格雷夫斯把价值观分为了七个等级，每个等级具有什么特征？
4. 价值观是怎样影响组织的？怎样培养组织中的价值观？
5. 态度由哪些要素构成？它们之间存在着怎样的关系？
6. 如何理解组织承诺的内涵？
7. 工作满意度是如何测量的？它与绩效有着怎样的关系？

本章重要概念

价值观　　态度　　工作参与　　组织承诺　　工作满意度　　工作满意度测量

第四章

激　励

本章阐述了激励的内涵、过程、方式，以及相关激励理论和差异化激励在组织行为管理中的应用。通过本章的学习，为未来的管理者运用激励理论调动员工工作积极性提供帮助。

【学习目标】

1. 掌握激励的内涵。
2. 理解激励的过程及方式。
3. 了解激励理论的主要内容。
4. 掌握差异化激励在组织行为管理中的应用。

【引导案例】

雅芳员工的故事

埃罗达斯·C. 卡斯特罗（Eroildes C. Castro）是雅芳的销售人员，月薪仅110美元（巴西最低薪资）。她上班的必经之路通向巴西北部的亚马逊河，路上没有铺设水泥，到处是污水坑，她的上班之路面临着水中的毒蛇、食肉的比拉鱼和欠款的顾客等多重困难，但作为雅芳的员工，雅芳的奖金制度仍然激励着她克服种种困难完成业绩目标。对卡斯特罗女士来说，熨斗、手提箱和塑料咖啡杯就足以令她继续战斗。

斯维特拉纳·莫罗萨瓦（Svetlana Morosava）是俄罗斯地区雅芳的一名员工。1994年莫罗萨瓦女士在儿童游乐园售出了第一份雅芳产品；而到了1996年，她已经成为雅芳的管理人员，拥有公司的配车，并且月薪2000美元（俄罗斯全国平均工资的15倍左右）。除了物质报酬之外，莫罗萨瓦女士还从雅芳的工作中收获了独立与自信。

（资料来源：改编自［美］安妮·玛丽·弗朗希克斯、巴里·艾伦·戈尔德，《国际组织行为学——理论、案例、操练》，顾琴轩译，上海人民出版社2014年版，第112页。）

第一节　激励概述

一、激励的内涵

个体加入组织是基于不同的需要和动机，如丰厚的报酬、较好的福利、个人职业发展等。激励（motivation）是指根据个体的不同需要和动机给予满足，引导其为组织目标而努力工作，为组织作出更大贡献。

组织激励（organization incentive）是指组织通过设计奖惩机制、声誉提升机制和调节工作环境，借助信息沟通来控制组织个体行为和引导组织战略目标。

这一定义包含以下五个方面的内容。

（1）组织激励的出发点是满足组织成员的各种合理需要。组织成员的需要包括高额的薪酬、优厚的福利、舒适的工作环境、和谐的人际关系等。特别应当指出，组织成员个体需要是有差异的，管理者应关注个体需要差异问题。

（2）组织激励的方式可以采取奖励和惩罚并举。对符合组织期望的行为进行奖励；对那些不符合组织期望的行为进行惩罚。

（3）组织激励贯穿于组织成员工作的全过程，激励工作需要进行策略选择。在对员工进行激励时，需要事先对员工个体需要进行了解，把握个体特性，控制个体行为过程，评价个体行为结果。依据不同个体的特性与工作性质，选择不同的激励策略。

（4）组织激励过程中，信息沟通起着重要的作用，贯穿于组织激励工作的始末。有效的信息沟通影响着组织激励制度的运用效果和组织激励工作的成本。

（5）组织激励的最终目的是实现组织预期目标，同时让组织成员实现其个体目标，即达到组织目标和员工个体目标在客观上的相对统一。

二、激励的过程

激励过程（incentive process）如图4－1所示。个体行为受动机直接影响，而动机由未满足的需要支配。

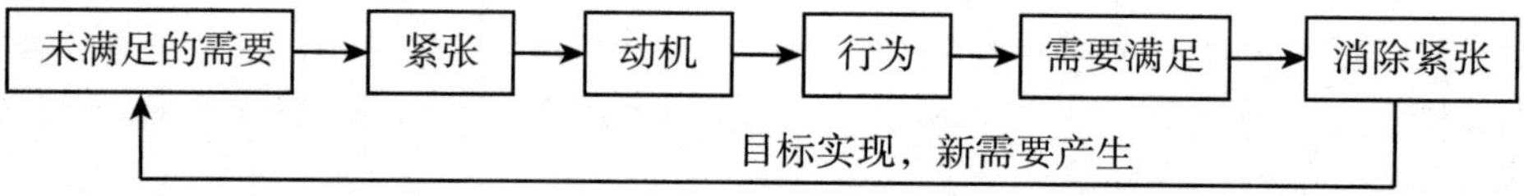

图4－1　激励的过程

资料来源：徐碧琳，《管理学原理》，机械工业出版社2017年版，第167页。

1. 需要

需要（need）是人们对某种目标物的欲望，是一种客观需求的反映。需要可以表现为人的本能反应，如口渴引起对水的需要；也可以表现为对外界刺激产生的反应，如听到催眠曲引起对睡眠的渴求。需要是产生行为动机和行为的原动力，是激励的基础和基本要素。

2. 动机

动机（motive）是人们从事某项活动的意念和想法，它是引起与维持人的特定行为并将这一特定行为导向某一目标的原因或者条件，是一种主观的精神状态，它驱使个体行为趋向预定的目标。动机是由未满足的需要引起的，是支配行为的直接动力，是激励的重要因素。

3. 行为

行为（behavior）是指人们为了实现某一目的所进行的活动，是个体在外界环境变化条件下产生的生理、心理变化的外在表现。行为是由满足某种需要的动机引起的，又是达到一定目标使需要得到满足的手段和过程。它既是需要和动机的结果，又是需要和动机的反映，在激励过程中，管理者需要通过把握员工的需要和动机来控制员工的行为。

4. 以上三者与激励的关系

通过以上的学习我们了解到，员工的动机与行为都是以员工的需要为基础的，当员工由于特定目标产生某种需要后，未满足的需要促使员工身体或心理失去平衡而感到不安和紧张，从而产生了支配某种行为的多种动机，其中最强烈的动机——优势动机会引发员工的特定行为。在激励过程中，组织可以根据员工的需求设置相应的目标引导员工的优势动机，以期达到控制员工的行为、实现组织战略目标的目的。

三、激励的方式

激励可以分为物质性激励、精神性激励和竞争性激励三种方式。

1. 物质性激励

物质性激励（material incentive）主要作用于人的生理需要层面，是对物质需要的满足，主要产生于个体对财产等的占有欲，表现为个体追求物质利益的动力。物质性激励包括薪金奖励、股权分配等措施。一般来说，当员工拥有特定数量的物质财富之后，以物质性激励的方式继续增加员工的物质财富产生的激励效用却不一定继续增加，或者说物质性激励效用的边际增长率是递减的。

2. 精神性激励

精神性激励（spiritual incentive）主要作用于人的心理需要层面，是对精神需要的满足，它往往脱离物质性激励，是一种无形的作用力，但作用效果却很大。精神性激励主要来自个体对精神的追求、对事业的满足等心理层面的动力，包括对员工绩效进行评价、奖励等措施。一般来说，员工的受教育水平越高、个人综合素质越高，对精神性激励的追求程度就越强，精神性激励的作用就越强；反之，则精神性激励的作用就越弱。

3. 竞争性激励

竞争性激励（competitive incentive）主要产生于外界强大竞争的压力。员工处在组织中会被动承受竞争的压力，员工个体在接触不同的竞争压力时往往会有不同的行为表现。然而，组织公平能够影响员工对于竞争压力的反应。当员工的组织公平感较高时，竞争压力就会转化为强大的推动力，促进个体通过积极行为参与竞争；而当员工的组织公平感较低时，竞争压力就会转化成消极的作用力，抑制个体参与竞争的积极性。因此，发挥竞争性激励作用的前提是在组织中营造公平竞争的环境，并制定相应的约束性行为。

以上三种激励方式在强度和方法上有所不同，物质性激励方式和精神性激励方式相互结合形成一种拉力，竞争性激励方式则在组织中形成一种推力，三种激励方式相辅相成。三种激励方式的强弱程度因个体行为特性不同而有所差异。

第二节 激励理论

一、内容型激励理论

内容型激励理论（content-based incentive theory）主要研究人的“什么”需要能调动其工作积极性，也就是激励的诱因，通过找出促进员工努力工作的因素来研究激励理论。内容型激励理论以满足人的需要为研究主线，包括马斯洛需要层次理论、奥尔德弗的ERG 理论、赫茨伯格的双因素理论和麦克莱兰德的成就需要理论。

1. 马斯洛需要层次理论

马斯洛需要层次理论（needs hierarchy theory）是美国心理学家马斯洛（Maslow）1943 年在其《人类激励的一种理论》一书中正式提出的；1954 年马斯洛在其《激励与个性》一书中又对该理论作了进一步阐述，全面介绍了人的需要层次。

马斯洛认为，人的各种需要大致可以分为五个层次，即生理需要、安全需要、社会需要、尊重需要和自我实现需要（见图 4 –2）。

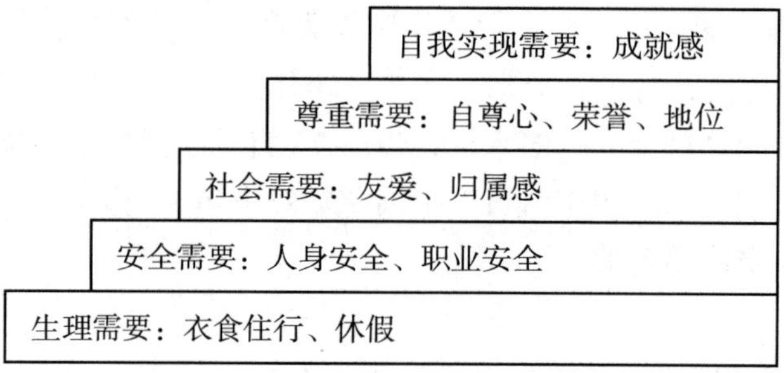

图 4 –2 马斯洛需要层次理论

资料来源：徐碧琳，《管理学原理》，机械工业出版社 2017 年版，第 168 页。

（1）生理需要。生理需要是指人类维持生存和发展的原始需要，主要包括衣服、食物、居住、出行、休假等。

（2）安全需要。安全需要是指人类为保障自身安全，防止身体、财产以及心理等受到威胁的需要。它主要指人们在生活中寻求的一种稳定性。这种需要表现为人们需要一个安全、稳定、社会保障制度健全的社会。

（3）社会需要。社会需要是指人类寻求爱、归属的需要。当人的低层次需要如生理需要和安全需要得到满足之后，个体开始关注自身的社会需要。个体希望在组织中得到爱与被爱，在和谐的组织中工作，有好的人际关系，成为组织中必不可少的一员。

（4）尊重需要。尊重需要主要包括两个方面：一是自尊的需要，即个体渴望在生活环境中自主独立，并且对某一工作具有胜任能力；二是被人尊重的需要，即个体渴望在工作环境中得到他人的认可、关注与赏识。因此，表现在组织中即为个体需要一定的职位头衔、奖励来满足自己的尊重需要。

（5）自我实现需要。自我实现需要是指人们为了实现自己的理想和愿望，希望能够充分发挥自己的潜能的需要。表现在组织中，即为个体渴望自己胜任的工作与自己的能力匹配，希望在工作中设立较高的目标，需要满足的标志即为此目标的实现。

马斯洛认为，人的需要是从低层次需要的满足逐步上升到高层次的需要，即先使较低层次的生理、安全需要得到满足，随后才能使社会、尊重、自我实现这些高层次需要得到满足。低层次的需要向高层次需要发展时，实现的概率也越来越低。

个体在同一时间内可能拥有不同的需要，包括主导需要，也有非优势需要。当主导需要在特定条件下得到满足后，某一非优势需要即成为主导需要。因此，人的需要满足总是呈波浪式的推进，不断向上提升。

马斯洛需要层次理论因其逻辑性和可理解性而得到人们的广泛认可。马斯洛需要层次理论是基于美国社会和文化而提出的，其理论基础具有一定的局限性。同时，在该理论中，人的需要层次是一个机械化的上升过程，忽视了很多因素的影响，否认了社会存在对人的需要的影响作用。

2. 奥尔德弗的 ERG 理论

ERG 理论是将马斯洛的需要层次理论进行重组而整理出来的与实际更为相符的一种理论。ERG 理论主要包括三种核心的需要：生存的需要、相互关系的需要和成长发展的需要，其中 E（existence）表示生存、R（relatedness）表示相互关系、G（growth）表示成长。

（1）生存的需要。生存需要是指人类维持基本生存的需要。此处对应的是马斯洛需要层次理论中的低层次需要，如生理需要和安全需要。

（2）相互关系的需要。相互关系是人类在社会交往中所需要维持的一种重要的人际关系。马斯洛提出的社会交往需要和尊重需要即反映 ERG 理论中的相互关系需要。人们通过工作和与人交往能使这种需要得到满足。

（3）成长发展的需要。成长发展的需要是指个体发展的内部需要，此处对应的是马斯洛需要层次理论中尊重需要与自我实现需要。

ERG 理论具有其自身的一些规律，即个体较低层次的需要得到越多的满足，则满足高层次需要的渴望就越大。同时，当满足较高层次需要的企图受挫时，会导致人们向较低层次需要的回归。

众所周知，ERG 理论是对马斯洛需要层次理论进行修正而提出的，因此 ERG 理论克服了马斯洛需要层次理论的局限性。首先，ERG 理论并不强调个体需要实现的层次性，它认为不一定只有低层次需要获得满足才能进入高层次的需要。ERG 理论并不遵循层层递进的顺序。其次，ERG 理论认为个体的需要既有天生的，也有后天的，它肯定了社会存在对人的需要的影响。因此，相比于马斯洛需要层次理论，ERG 理论更切合实际。

3. 赫茨伯格的双因素理论

双因素理论（two factors theory）是美国行为学家弗雷德里克·赫茨伯格（Frederick Herzberg，1959）提出的，又称为激励保健理论（motivation-hygiene theory）。这一理论不同于马斯洛需要层次理论，更侧重于从外在需要、内在需要的区分以及两者在调动人的积极性方面起不同作用的角度探讨激发员工工作积极性的可能性。双因素理论中的保健因素（hygiene factors）是指让人们从不满意状态转化到消除不满意状态的过程。没有不满意的状态一般称为零状态，即没有主观的想法。而激励因素（motivation factors）则是指让人们从一般状态转化为满意状态的过程。

（1）保健因素。保健因素是指与人们的不满情绪有关的因素，通常与外部因素有关，包括员工与上下同级之间的人际关系、企业的相关政策、工作环境、薪金报酬、个人职务等因素。这些因素如果得到改善或满足，便可预防和消除不满；这些因素如果不能得到改善或满足，员工便会在工作中产生不满的情绪。保健因素中，不满的对立面是没有不满而并非满意，这就是保健因素并不能在激励过程中起到激励作用的原因，它只能保持员工的现有积极性和维持员工的工作现状。

（2）激励因素。激励因素是指能够促使人们产生工作满意感的因素，通常与内部因素如自我实现的需要等有关，包括工作成就、工作责任、自我成长与发展的机会等因素。这些因素如果得到改善或满足，便可使员工在工作中获得满足感，从而激励员工，使员工充满工作积极性；反之，如果这些因素没有得到改善，员工也不会不满。激励因素中，满意的对立面是没有满意而不是不满，这也是激励因素能够在激励过程中起到激励作用的原因，它能充分、有效地调动员工的积极性，促使他们取得好的绩效。

赫茨伯格的双因素理论认为，满意和不满意是截然分开的，这表明个体可以同时感到满意和不满意，也就是说，保健因素只影响员工不满意的程度，而不影响满意的程度；而激励因素会影响员工的满意程度，而不影响不满意的程度。

4. 麦克莱兰德的成就需要理论

20世纪50年代，麦克莱兰德（McCelland）在研究人在生理需要和安全需要得到满足之后的需要状况时，提出了一种研究人类成就需要的理论，即成就需要理论（learned needs theory）。该理论认为成就需要并不是个体先天本能的欲望，而是后天学习得来的。

麦克莱兰德认为，人的生理需要和安全需要得到满足之后，还有以下三种需要。

（1）成就需要。成就需要是指建立并保持高水平表现的内驱性需要。这种内驱力越强烈的个体，越渴望成功，渴望具有挑战性的工作，将实现高难的目标作为人生的最高需要。具有高成就需要的个体有以下两个特征：一是自愿而不是受他人强加而设立目标，并且在实现目标的过程中表现出高度的自控力，具有很强的事业心；二是设立的目标并不是一蹴而就或者遥不可及的，他们懂得把握设立目标的难易程度，敢冒一定程度的风险，这样不至于因为目标容易实现而缺乏积极性，也不至于由于目标难以实现而打击积极性。

（2）归属需要。归属需要是指渴望与他人建立友善而亲近的人际关系的需要。具有此类需要的人希望在与人交往过程中获得安慰和肯定，希望个体之间能建立和谐亲密的关系。高归属需要的人喜欢与其他人建立密切友好、高度相互理解的关系，喜欢合作性的而非竞争性的环境。

（3）权力需要。权力需要是指促使他人顺从自己的意志而不被控制的需要。具有高权力需要的人希望在一个组织中能够确立自己的领导地位，喜欢与他人争辩、影响其他人，热衷于竞争性和重视地位的环境。与有效的绩效相比，具有高权力需要的人更关心威望和对其他人的影响力。另外，这种类型的人工作绩效高，出勤率也高于一般水平。

不同的个体对这三种需要的追求程度是不同的，环境对个体需要的刺激决定了个体所实施的行为。管理者要善于激励和激发有成就需要的人。在组织实践中，管理者需要对员工的工作进行一定的反馈，以使其明确工作的进度以及目标的实现程度。

二、过程型激励理论

过程型激励理论（process theory）是基于内容型激励理论发展而来的，更注重激励的过程而不是激励的内容，其主要任务是找出对行为起决定作用的关键因素，探索其中的关系，从而预测和控制人们的行为。过程型激励理论主要是从动态的角度研究激励过程，典型的过程型激励理论主要有以下三种。

1. 弗鲁姆的期望理论

期望理论（expectancy theory）是由北美心理学家维克托·H. 弗鲁姆（Victor H. Vroom）于1964年在《工作与激励》一书中提出的。期望理论认为，人们采取某种行动的原因是个体对这种行为可能带来的结果充满期望，并且这种结果对个体而言是充满吸引力的。也就是说，动机的激励水平取决于人们认为在多大程度上可以达到期望的结果，以及人们判断自身的努力水平对于个人需要的满足是否有意义。期望理论用公式表达如下：

$$M = E \times V$$

其中，M 表示激发力量，是指个体产生行为动机的强度；E 表示期望值，是指个体对努力产生绩效的预期和判断，即个体预计达到目标的概率，数值在0~1之间，即实现目标的可能性越大，个体积极性越高，E 值越大；V 表示目标价值（效价），这个概念来自心理学，是指目标的实现对于个体需要的价值，即对目标或结果对个体需要的价值和重要程度的评价。目标价值的大小直接反映人的需要动机的强弱，即目标或结果对个体的价值越大或重要程度越高，个体积极性越高。

期望理论公式实际上也提出了在进行激励时要处理好三方面的关系，这也是调动人们工作积极性的三个条件（见图4-3）。

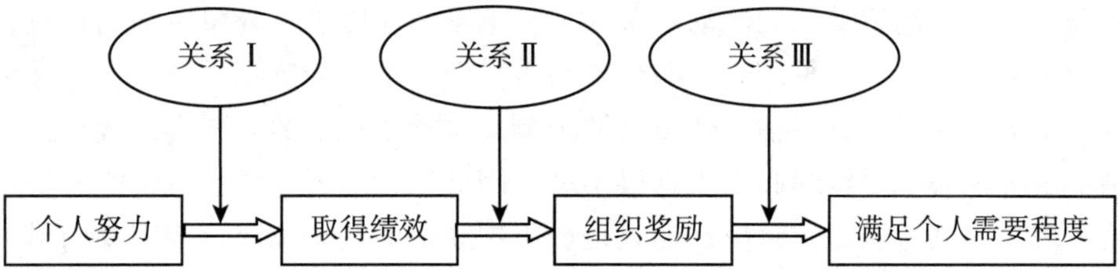

图4-3　期望理论的三个关系

资料来源：徐盛华，《组织行为学》，清华大学出版社2015年版，第106页。

（1）个人努力与取得绩效的关系。个体预期会通过个人努力达到个人目标，即两者的关系是由个人的主客观条件及结果或目标本身决定的。这种关系由期望理论公式中的期望值 E 这个变量反映。

（2）取得绩效与组织奖励的关系。个体预期取得成绩后会获得组织奖励，奖励包括物质层面的奖励，也包括精神层面的奖励，还包括物质与精神兼而有之的奖励。如果组织没有在个体取得相应绩效后给予有效的奖励，长此以往，员工就会丧失工作积极性。这种关系由期望理论公式中的目标价值 V 反映。

（3）组织奖励与满足个体需要的关系。个体预期所获得的奖励能够满足个体需要。由于个体在各方面条件下存在差异，因而个体的需要各不相同，组织的奖励要采取多种形式以适应个体需要的差异，从而最大限度提高员工的工作积极性。这种关系由期望理论公式中的目标价值 V 反映。

2. 亚当斯的公平理论

公平理论（equity theory）是由亚当斯（J. S. Adams）首先提出来的。该理论认为个体取得工作绩效并且获得相应报酬后，除了关心这份报酬的绝对量外，还关心这份报酬的相对量，即个体的受激励程度来源于对自己报酬投入比和对参照对象报酬投入比的主观判断比较，这种比较的结果会影响之后个体在工作中的工作积极性。其比较过程为：

$$\text{结果(自己)/投入(自己)} = \text{结果(他人)/投入(他人)}$$

其中，自己或他人的结果指的是自己或他人在工作中所获得的报酬，这种报酬包括薪金、上司的赏识等，可以是符合员工低层次需要的存在，也可以是满足员工高层次需要的存在；自己或他人的投入指的是自己或他人对自己工作的付出程度，这种付出包括时间、经验、知识等。比较往往是非定量的和主观的，因而比较的结果是不精确的，但个人的态度会受到影响。对个人来说，可能会有三种比较结果：报酬公平、报酬偏多、报酬不足。

基于公平理论，当员工感到不公平时，通常会做出以下 6 种反应：（1）改变自己的投入；（2）改变自己的产出；（3）改变自我认知；（4）改变对其他人的看法；（5）选择另一个不同的参照对象；（6）离开工作场所。

公平理论对管理者而言显然是有益的。首先，组织中的管理人员在激励员工时一定要让员工感到公平，当员工个人报酬与其个人主观付出程度或绩效是相匹配的，且他也认为这些报酬是公平的时，则会导致满意的结果。其次，组织中的管理者应该看重员工之间的横向比较。公平理论表明，员工的主观报酬是相对的，他们是否满意则部分取决于他们比较的参照群体。有些组织员工的流动率很高，一个重要原因是与外单位横向比较，本组织员工的报酬太低。最后，公平理论表明公平与否是源于个人的感觉。员工在心理上通常会低估其他员工的工作投入，高估其他员工的报酬，这种主观上的判断会造成员工心态不平衡。这种不平衡的心态对组织和个人都很不利。因此，管理者应体察员工的心情，如确实存在不公平现象，则应该尽快解决；如只是员工主观上的认识偏差，也需要向员工进行说明解释。

3. 强化理论

强化理论（reinforcement theory）是美国的心理学家和行为科学家斯金纳（B. F. Skinner）提出的一种行为修正理论。斯金纳倡导的强化理论是以学习的强化原则为基础的关于理解和修正人的行为的一种学说。所谓强化，指的是对一种行为的肯定或否定会重复发生。

根据强化的性质和目的，可以把强化分为正强化、负强化、自然消退和惩罚。

正强化是指对那些符合组织期望的员工行为进行激励，使相应的员工行为得到加强。如果组织实施的正强化是连续的、固定的，久而久之就会令被正强化对象认为该正强化是理所当然的，此时激励就毫无意义。正因如此，合理的正强化应该根据具体情况，不定期和不定量地进行。

负强化是指对不符合组织期望和组织目标的行为事先指出，并告知这些行为的危害及对这些行为采取的惩罚措施，以使这些行为减少或者不再出现。

自然消退是指对某种行为不加理会，以使行为主体感到行为没得到其期望的承认，进而使行为主体的这种行为逐渐地自然消失。

惩罚是对行为主体的某一行为进行坚决否定，具体的方法包括罚款、打骂、降职、开除等。惩罚总是与剥夺已有的令人愉快和满意的环境，或者制造令人不愉快甚至痛苦的环境相联系的。

强化理论忽视了人的内部状态，忽视了情感、态度、期望和其他已知的会对人的行为产生影响的认知变量。所以，学者们虽然认同强化对行为有重大影响，但不认为它是一种唯一的影响因素。

三、综合激励理论

内容型激励理论与过程型激励理论并不矛盾，并在一定程度上互相补充。因此，综合激励理论模型将内容型激励理论与过程型激励理论进行整合。下面介绍两种主要的综合激励理论模型。

1. 波特和劳勒的激励理论

波特（Porter）和劳勒（Lawler）的激励理论模型是在期望理论、公平理论和强化理论的基础上形成的。该理论模型如图 4－4 所示。

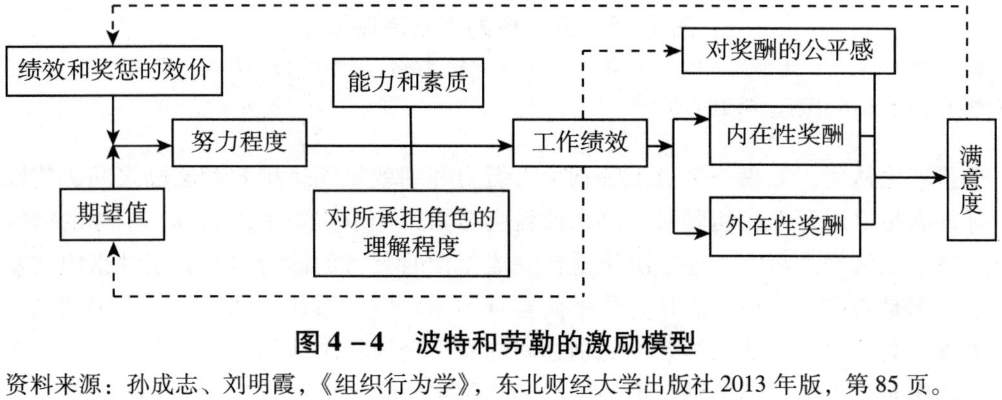

图 4－4　波特和劳勒的激励模型

资料来源：孙成志、刘明霞，《组织行为学》，东北财经大学出版社 2013 年版，第 85 页。

波特和劳勒的激励模型表明，员工工作绩效的高低受多种因素影响，包括绩效和奖惩的效价、期望值、个人努力程度、对自己所承担角色的理解程度等。其中，工作绩效可能获得内在性奖酬，也可能获得外在性奖酬。内在和外在的奖酬都可能引起员工不同程度的满意度。

从图4－4可以看出，工作绩效和员工对奖酬的公平感之间用虚线连接，表示个人所得的奖酬可能会比个人认为应获得的奖酬高，也可能比个人认为应获得的奖酬低，员工会根据自己的工作绩效作出判断。如果员工所获得的奖酬比个人认为应获得的奖酬高，会提高满意度，反之会降低满意度。工作绩效与期望值之间的虚线，表示工作绩效会反馈并影响员工今后从事该工作的期望值，如果工作绩效好则会提高今后工作的期望值，反之则会降低期望值。满意度与绩效和奖惩的效价之间的虚线，表示满意度会影响今后绩效的评价。个人满意度高，则其对今后绩效的效价也高，反之则会降低今后绩效的效价。

波特和劳勒认为，激励会导致努力程度的提高，努力程度的高低相应会影响绩效的高低，而绩效的高低同时也会影响员工的满意度。

2. 罗宾斯的综合激励理论

罗宾斯（Robbins）在整合各种关于激励的理论后，提出了一个综合激励模型（见图4－5）。罗宾斯的综合激励理论指出，首先应明确认识到，机会可以帮助也可以阻碍个人的努力。

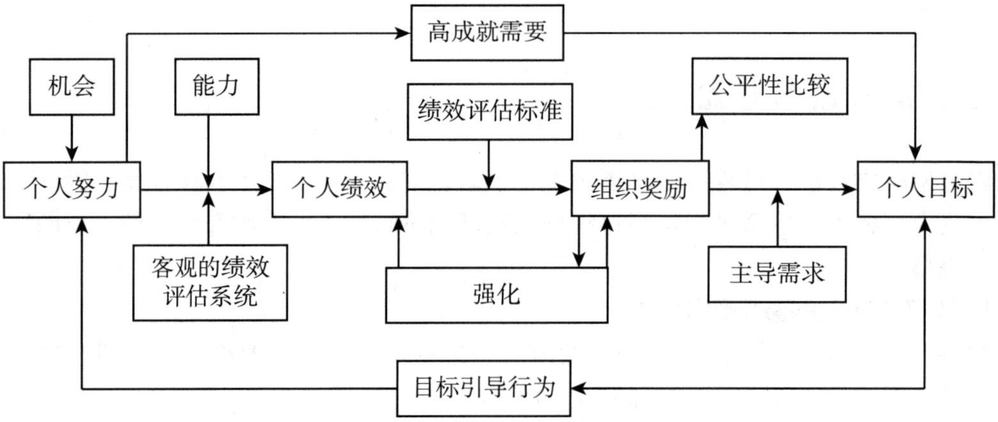

图4－5　罗宾斯的综合激励模型

资料来源：[美] 斯蒂芬·P. 罗宾斯、蒂莫西·A. 贾奇，《组织行为学》，孙建敏等译，中国人民大学出版社2016年版，第184页。

期望理论认为，如果一个员工感到个人努力和绩效之间、绩效和奖励之间、奖励和个人目标的满足之间存在密切联系，那么他就会努力工作以实现个人目标。个体的绩效水平不仅取决于他的努力程度，还取决于他在完成工作时具备的能力水平，以及组织在衡量员工绩效方面是否有一个被人们认为公平而客观的绩效评估系统。如果一个人感到自己因为绩效因素而受到奖励，那么绩效—奖励之间的奖励会降低个体的内部动机水平。基于公平理论，组织对个人绩效的奖励会影响个人的公平感比较，从而强化或减弱个人在组织中的目标。在期望理论中，最后一个联系是奖励—目标的关系。当个体因工作绩效获得的奖励满足了指向个体目标的主导需要时，个体便会表现出极高水平的动机和较高的工作积极性。

此外，罗宾斯的综合激励模型还考虑了成就需要理论、强化理论和公平理论。

（1）高成就需要者不会因为组织给予他个人的绩效评估或组织提供的奖励而受到激励。在高成就需要者看来，个人目标是与努力程度最直接关联的。只要所从事的工作能提供个人责任感、信息反馈和中等程度的冒险性，该类型人就会产生完成工作的内部驱动力。

（2）如果在员工看来，管理层设计的奖励体系致力于奖励高工作绩效，则该种奖励就会进一步强化持续的高绩效水平。

（3）与此同时，个人会通过比较自己与他人的所得来判断对自己的产出是否满意，同时也会参照他们被对待的方式，当人们对薪酬不满的时候，他们对程序公平的感知和对主观的关怀更加敏感。

第三节　差别化激励的应用

根据激励理论，需要驱动人们产生某些动机，其中最强烈的动机——最优动机会驱使人们产生某一行为并为这一行为付出相应的努力程度，从而实现个体自身的需要。组织可根据员工的需要实施激励，来规范、控制员工的行为，引导员工目标与组织目标趋同，最终达到实现组织目标的目的。而员工因各方面条件各不相同，其自身的需要也千差万别，即便是同一位员工，其需要、动机等也会随时间改变，没有哪项激励措施对员工是普适的，也没有哪项激励措施是不受时间限制的。因此，要了解员工的不同需要，因人而异、因地制宜，有针对性地实施差别化激励。

一、绩效考核

绩效考核（performance assessment）是差别化激励的基础。绩效考核是现代组织不可或缺的管理工具，是指主管或相关人员对员工工作的系统评价，是一种周期性检讨和评估员工工作表现的管理系统。有效的绩效考核可明确识别员工的绩效，激励员工，提高员工的工作热情，与此同时，绩效考核的结果也可以作为组织奖罚员工的明确依据。所以，绩效考核是差别化激励的基础。

1. 绩效考核的原则

（1）公平原则。公平是员工绩效考核制度的前提。不公平，就不能发挥绩效考核的作用。

（2）严格原则。严格是全面反映工作人员真实情况的重要保障，可避免考核流于形式、形同虚设。绩效考核的严格性是指：明确的考核标准；严肃认真的考核态度；严格的考核制度；科学而严格的程序及方法等。

（3）公开原则。公开原则要求最大限度地减少考核者与被考核者双方对考评工作的神秘感，这样一方面可以使被考核者了解自己的优缺点，促使他再接再厉，继续保持先进或者奋发图强，向先进者学习；另一方面还可以避免绩效考核中考核人员的主观评判，促进绩效考核的公平合理。

（4）可行性和实用性原则。可行性要求绩效考核具备与绩效标准相关的资料来源，计划考核时要提前预测在考评过程中可能发生的问题、困难和障碍，准备应变措施。实用性要求考评的手段要有助于组织目标的实现，考评的方法和手段要和相应的岗位以及考评的目的相适应。

（5）奖惩结合原则。依据考核的结果，根据工作绩效高低进行相应的奖赏或者惩罚，这种奖赏或者惩罚应同物质层面和精神层面的激励紧密联系，不仅要有精神激励，也要有物质激励，只有这样方能达到考核的真正目的。

（6）反馈原则。反馈原则要求将考评结果在绩效面谈过程中反馈给被考评者本人，同时听取被考核者的意见及自我评价。考评者需要就评语进行详细说明，肯定被考评者的成绩，同时说明其工作中仍存在的不足，为其提供今后工作的参考意见等。

2. 绩效考核的主要方法

（1）图尺度考核法。图尺度考核法是最简单和运用最普遍的绩效考核技术之一。在进行工作绩效考核时，主管首先针对每一位员工从每一项考核要素中找出能符合其效能状况的分数，然后分别将每一位员工所得到的所有分值进行加总，即得到其最终的工作效能考核结果。

（2）目标管理法。目标管理法是指组织根据自身状况制定目标后，将组织层面的总体目标逐级逐层分解细化至每个员工，同时也将相应的权利和职责分解细化，以此使组织中的个人目标与组织整体目标趋同。在考核开始前，考核人和被考核人应该就相应的工作内容、时间期限、考核标准达成一致。在时间期限结束时，考核人根据被考核人的工作状况及已经制定好的考核标准来进行考核。

（3）关键绩效指标法。关键绩效指标法是一种重要的绩效评价方法，它以组织的年度目标为依据，通过对员工工作绩效特征的分析，反映组织和员工在一定期限内业绩的关键性量化指标，考核人以此为标准对被考核人进行绩效考核。

（4）平衡记分卡。平衡记分卡将组织的目标转化为与财务、客户、内部流程以及学习成长过程相关的可衡量的绩效目标，这些绩效目标被赋予一定的权重分解到各个部门并保持在部门内，目的是使管理者能够整体把握和控制组织，最终实现组织整体目标。

（5）全视角考核法。全视角考核法，又叫360°考核法，即从不同层面的人员（包括员工的上下同级和客户）那里收集员工绩效的信息。这种多维度的评价可以综合不同评价者的意见，得出对被考核人员全面、公平的评价。

（6）重要事件法。重要事件法是指考核人在平时注意收集被考核人做过的对部门的整体工作绩效产生积极或消极的重要影响的事件，将这些重要事件做成书面记录，根据这些书面记录进行整理和分析，最终形成考核结果。

二、差别工资制

差别工资制是差异化激励常用的方法。弗雷德里克·泰勒（Frederick Taylor）最早提出了差别计件工资制方案。差别计件工资制是指通过制订有科学依据的工作定额，采用差别计件的刺激性付酬制度，针对工人而不是职位支付工资的工资制度。

1. 泰勒差别计件工资制的内容

泰勒提出的差别计件工资制的主要内容包括以下三个方面。

（1）设立专门制订定额的部门，科学计算工作定额和工资率。

（2）对同一个工作，设定不同工资水平。例如，定额为 20 件，正常工资率为 1 元/件，如果工人完成了定额的两倍，则按照正常工资率的 200% 支付工资；如果工人只完成了定额的 1/2，则按照正常工资率的 50% 支付工资。即支付给工人的工资按照工人实际的绩效水平支付，而不是根据工人的岗位支付。

（3）激励员工的工作积极性。通过对员工的出勤、准时上班等做多方面的记录，弥补工作定额和工资率对员工积极性的束缚，对员工的工资作出更恰当的调整。通过多种方式调动员工工作积极性，提高员工的劳动生产率。

差别计件工资制对工厂来说，代表工人提高劳动积极性后工厂要为工人支付更多的工资，同时也能提高工厂的产出；对工人来说，虽然日工资有所提高，但更多的则意味着资本家对工人更严酷的剥削。

2. 泰勒差别计件工资制的优点

（1）有利于充分发挥工人的劳动积极性，并提高劳动生产率。

（2）工作定额和日工资率是由专门设立的部门通过观察和测定正确地计算出来的，能够激励工人提高劳动生产率，因此差别计件工资制更能让工人感觉公平。

差别计件工资制对工人士气的影响是显著的。当工人们感觉得到公平的待遇时，他们的工作就会更加有效率，他们也会更加直率、更加诚实，他们会愉快地工作，在工人之间以及工人与雇主之间建立互相帮助的关系。

三、核心员工激励

差异化激励是激励核心员工（core employees）的有效途径。核心员工是指组织中具有较强的专业技术和技能、丰富的从业经验及杰出的经营管理才能，对企业生产经营起关键作用的员工。

核心员工的差别化激励包括两层含义：一是对核心员工和普通员工采用差别激励；二是在核心员工内部实行差别激励。

1. 对核心员工和普通员工实行差别激励

根据二八原则，核心员工掌握着组织 80% 的知识技能，为组织创造着大约 80% 的利益收入，而核心员工仅占组织成员的 20%。核心员工掌握着组织大部分的知识技能，是组织中的精英领袖人物、稀缺资源，他们关系着组织的核心业务。普通员工与核心员工是存在巨大差异的，如高级技术人才，他们能够通过自身努力形成技术创新，甚至垄断技术为组织创造效益，形成组织的核心优势。核心员工是稀缺资源，可替代性小，替代成本也很高。

根据公平理论，员工会将自己的报酬投入比与其他员工的报酬投入比进行主观上的判断比较，当员工主观判断认为自己与他人的报酬投入比是相等的，此时员工认为这是公平的；如果员工主观判断认为自己与他人的报酬投入比是不相等的，此时员工则认为这是不公平的。在组织中，核心员工相较于普通员工来说付出更多，但他们主观上认为其得到的报酬却不能与他们的付出成正比，他们将自己的报酬投入比与其他普通员工的报酬投入比作比较，发现自己的报酬投入比偏小，这种主观比较的结果或促使核心员工的不公平感增加，不公平感会促使核心员工改变努力程度，更有甚者可能会因为不公平感而辞职。

组织要留住核心员工，拉开核心员工与普通员工的薪酬差距，对核心员工和普通员工采取不同的激励方式。核心员工在组织中的位置通常是重要管理岗位或技术性较强的岗位，要留住核心员工可以采取与普通员工区别开的薪酬制度，甚至可以考虑专门为每一位核心员工制定不同的薪酬制度，改变核心员工的薪酬待遇和福利，使他们产生公平感。

2. 在核心员工内部实行差别激励

核心员工在各方面也存在着差异，因此不同核心员工的需要也是不同的，组织应当了解他们的差异性需要，实行差别化激励。

（1）了解、洞悉并发掘核心员工的需要和潜在需要。通过访谈、问卷调查等方式收集核心员工的需要信息，建立起核心员工需要信息档案。

（2）针对核心员工的不同需要采取不同的激励方式。组织可以设立激励委员会，征询核心员工的建议，由他们自己提出所需要的奖励，激励委员会综合考虑各种制约条件，根据核心员工的意见综合制定几种激励组合，最后经过综合评估后将几种激励组合告知核心员工，由员工自行挑选。

（3）评估激励措施。针对不同核心员工实施激励措施以后，比较激励措施成本与核心员工实际绩效，从中吸取经验、教训，为之后制定激励措施提供借鉴。

四、知识型员工激励

差异化激励是激励知识型员工的重要手段。知识型员工是指具有从事生产、创造、扩展和应用知识的能力，为企业带来知识资本增值，并以此为职业的人。今天，知识型员工的概念已经涵盖了大多数的白领或者职业工作者。知识型员工不同于普通员工的本质特征是拥有知识资本这一生产资料，也就是说，知识型员工是知识的所有者。

一般来说，组织中的员工大致可以分为两类：一是一线的生产工人；二是具有较高学历的技术人员和管理人员。对这两类员工的激励手段应该采取差异化方式。

首先，从组织利益的角度考虑，一线生产工人从事的工作技术含量较低，相较于技术人员和管理人员来说创造的价值也相对较低，工人的可替代性强，并且劳动市场中工人的供给充足，因此对于一线的生产工人来说，满足低层次的需求是第一位的，一定的物质激励是有效的，且对于组织来说可以相应地节约成本。也就是说，对于一线工人来说，组织根据一线工人的工作完成情况给予相应的物质激励即可。

其次，技术人员和管理人员是组织中价值和核心力量的创造者，技术人员和管理人员的经济水平普遍高于一线生产工人的经济水平，他们在物质激励层面的追求并没有在精神激励层面的追求强烈，因此，物质激励从某种层面上来说并不能真正地对技术人员和管理人员起到很大的激励作用。对于这类员工来说，仅仅只有简单的物质激励已经不足以调动他们的工作积极性，组织除尽量满足物质激励外，还应该注重在精神上给予激励，如设置优秀员工奖、提供晋升的机会、授予更重要的工作等，以进一步给员工挑战自我的机会。

五、知识型员工的激励办法

由于各组织的生命周期、市场环境、组织结构、技术创新水平、竞争导向等诸多因素的存在，知识型员工的管理不可能创造出一个普适的范式。但我们仍然可以找到对知识型员工的激励方式。

1. 为员工提供个体发展空间

（1）给知识型员工以充分实现个人价值的发展空间。

（2）知识型员工相较于普通员工来说对自我实现的追求更高，因此，他们对自己的要求更加严苛、对他人对自己的评价也更加敏感，同时，他们也更容易因自我实现需求无法得到满足而辞职离开，因此，组织应该为这类员工提供发展空间。

（3）尊重员工的需要。每位员工都有自己的理想，组织管理人员应当清楚知识型员工的理想，引导个体理想与组织目标相结合，最终达到实现组织目标的目的。

（4）提供宽松的环境。组织中的工作环境，包括卫生条件、工作设备等都会影响员工的工作态度和工作行为，组织管理人员应当为员工维持宽松舒适的工作环境，令员工能更好地工作。

2. 提高知识型员工的参与感

根据知识型员工的特点，一方面，组织要根据知识型员工的具体职责下放相应的职权，允许员工自主工作而不采用严密的监督措施给员工以压力；另一方面，组织要为知识型员工提供相应的人、财、物支持，保证知识型员工创新活动的继续开展。具体表现在，可以让知识型员工在决策运行前提出自己的不同意见，在不同层次、不同部门之间形成有效的沟通，消除彼此之间的误会，取得相互理解；或者让知识型员工直接参与决策，委以重任、人尽其才，让员工知道自己是出类拔萃的，更能激发他们工作的热情。

3. 为有个性的人才提供宽松的工作氛围

拥有创造天分的人才往往个性鲜明，而创造性人才正是组织最宝贵的资本，为这些创造型人才提供宽松的工作氛围将更有利于组织的发展创新。

4. 给知识型员工提供物质保障

虽然知识型员工更多追求的是自我实现的需求，但知识型员工的物质保障不能少。让员工真正成为组织中的一员而不是过客是真正能够激励知识型员工的方法之一，如让员工持有股份等，从本质上承认劳动力、智力将成为资本存在于组织之中。组织合理的薪酬制度不仅可以保证人力资本不断增值，还可以留住当前组织中的知识型员工并持续不断地吸引组织之外的优秀人才。

案例讨论

白泰铭跳槽

白泰铭读大学时成绩不算突出，老师和同学都不认为他是很有自信和抱负的学生，认为他今后难有多大作为。他的专业是日语，毕业后便被一家中日合资公司招为推销员。他很满意这份工作，因为工资高，还是固定的，不用担心未受过专门训练的自己比不过别人。

刚上班的前两年，白泰铭虽然兢兢业业，但销售成绩只属一般，可是随着他与客户们越来越熟悉，他的销售额渐渐上升了。到第二年年底他已位列全公司几十名销售员中的前20名了。下一年他很有信心，估计自己当属推销员中的冠军了。不过公司的政策是不公布每人的销售额，也不鼓励互相比较，所以他还不能很有把握地认为自己一定会坐上第一把交椅。去年，白泰铭干得特别出色，尽管定额比前年提高了25%，九月初他就完成了全年销售额。根据他的观察，同事中还没有人完成定额。

十月中旬，日方销售经理召开他去汇报工作。听完他用日语作的汇报后，日本经理对他格外客气，祝贺他已取得的成绩。在他要走时，经理对他说："咱们公司要再有几个像你一样的推销明星就好了。"小白只微微一笑，没说什么，不过他心中思忖，这不就意味着承认他在销售员队伍中出类拔萃了吗？今年，公司又把他的定额提高了25%，尽管一开始不如去年顺利，他仍是一路领先，比预计干得要好。他根据经验估计十月中旬前他准能完成自己的定额。

可是白泰铭的心情并不舒畅。最令他烦恼的事，也许莫过于公司不公开大家干得好坏，没有反应。他听说本市另两家也是中外合资的化妆品制造企业都搞销售竞赛和有奖活动，其中一家公司的总经理亲自请最佳推销员到大酒店吃饭，这家公司还有内部发行的公司通讯小报，让大家了解每人销售情况，并表扬每季和年度最佳销售员。

想到自己公司这套做法，他就特别恼火。不仅如此，他开始觉得公司对推销员实行固定工资制是不公平的，一家合资企业怎么也搞"大锅饭"？应该按劳付酬。一周前，他主动去找了那位日本经理，谈了他的想法，建议改行佣金制，至少是按业绩给奖金制。不料，日本经理说这是既定政策，拒绝了他的建议。

最近，令公司领导吃惊的是，白泰铭辞职而去，跳槽去了另一家公司。

（资料来源：陈维政、余凯成、程文文，《人力资源管理》，高等教育出版社2005年版，第182页。）

讨论题

1. 分析一下白泰铭辞职的主要原因。
2. 此公司在员工激励方面存在哪些不足，如何改进？

本章思考题

1. 如何理解激励及其过程？
2. 内容型激励理论有哪些典型理论？请举例说明。
3. 弗鲁姆的期望理论是什么？怎样理解公式中各变量间的关系？
4. 请举例说明一个综合激励理论的模型及其含义。
5. 绩效考核在差别化激励中起到了怎样的作用？是依据什么原则实施的？
6. 怎样对知识型员工进行有效的激励？

本章重要概念

动机	激励	需要层次理论	双因素理论	ERG 理论
期望理论	公平理论	差别化激励	知识型员工	

第五章

工作压力理论及管理

本章首先介绍工作压力与压力源的内涵；其次介绍工作压力源的具体因素以及个体差异、工作压力与绩效之间的关系；最后介绍组织进行压力管理的三层面模型与实践对策。

【学习目标】

1. 掌握工作压力的内涵。
2. 掌握压力源的内涵。
3. 理解工作压力与绩效之间的关系。
4. 理解工作压力管理的组织对策。

【引导案例】

通用电气的“静默沉思”和“适度距离”员工减压方法

在通用电气公司，从基层领导到经理层，很多人采用“静默沉思”的方法来平静精神紧张导致的不安情绪。过去，采用节食和体育锻炼来“治”员工情绪病的方法在通用公司十分普遍，但并没有缓解许多人因紧张心理导致的血压升高、压抑感加重和易怒的情况，效果并不理想。后来，公司向员工推荐哈佛心理和体育治疗研究所推广的“静默沉思”方法，并聘请默思辅导员指导员工练习瑜伽、冥想、端坐不动等动作，成效显著。公司全力推行之后，用于治疗精神和心理方面疾病的花销减少了27%，其中，采夫林分公司经理亲身实践，发现工作效率明显改善，便命令每天工作12～14小时的12名经理人员练习静默活动。定时沉思默想后，这些人普遍认为精神格外饱满，工作热情高涨，工作效率也提高了，而且不易激动，能较好地应对外界压力。

通用电气总裁斯通则主张通过“人际关系应保持适度距离”的方法减压。他认为“马太效应”在人际关系中会经常发生，也就是人们倾向于密者密上加亲、疏者疏而愈远。可是事实证明，“适度距离”也有其道理。斯通自己践行“适度距离”，与“马太效应”相悖而行，比如，斯通虽然与公司高层管理人员工作时交流多，但在下班之后就刻意保持距离，不主动请同事到家中做客，也不会接受他们的邀请；相反，对于基层一线员工，比如普通工人、出纳员和推销员，他主动亲近，微笑相迎，有时候还主动去“串门”。通过“适度距离”，通用的各项业务佳绩不断，这样既不会居高临下，也不会混淆身份，不失为管理的一种良好状态。

（资料来源：姜忠喆等，《哈佛管理经典案例全集》，辽海出版社2013年版，第2407～2411页。）

第一节　工作压力

伴随着科学技术的日新月异以及市场竞争的逐渐加剧，压力正作为社会发展的一种副产品慢慢渗透到我们生活和工作的各个角落。由压力引发的种种问题也逐渐显现，因为压力过大而引起的员工经常性旷工、心不在焉、创造性下降等问题导致企业生产力损失巨大。国际劳工组织发表的一项调查指出，在英、美等国，每 10 名员工中就有 1 人处于忧郁、焦虑等过度压力工作环境中，过度的工作压力已经成为一种社会流行病。如何帮助员工缓解压力，克服压力带来的负面情绪，成为企业管理者亟待解决的问题。

一、压力的内涵

压力（stress）一词由坎农（Cannon）于 1925 年首次使用，之后对于压力的研究从生物学、心理学、医学领域扩展到管理学、组织行为学领域。学者们对于压力的定义观点众多。例如，拉泽洛斯和劳尼尔（Lazarus and Launier，1978）认为，压力是需要或超出正常适应反应的任何状况，这主要通过强调压力的来源给予定义；快克（Quick，1984）认为压力反应是在面对压力源时对机体自然能力资源的普遍的、有规律的、无意识的调动，这主要通过强调压力的后果给予定义；萨姆尔斯、德库提斯和德尼斯（Summers，Decotiis and Denisi ，1995）在研究中强调了工作压力中的个体由于正常生活方式的改变而引起的感觉，而并不强调改变本身，他们对工作压力的定义是当个体被迫偏离正常的或希望的生活方式时体验并表现出的不舒适的感觉。

综合上述研究者的发现，工作压力可定义为：在工作情境中由于与工作相关的因素而使个人感到需要未获满足或受到威胁而产生的生理和心理反应。这个定义包括了存在于环境中的压力源、对压力源作出反应的个体差异、通过影响需要而形成压力的内在作用机制三个要素（见图 5－1）。例如，角色超载这个压力源可能会从不同的方面影响个体需要：个体可能因为工作经验和工作能力有限无法承担角色赋予自身的压力，会因工作过度导致

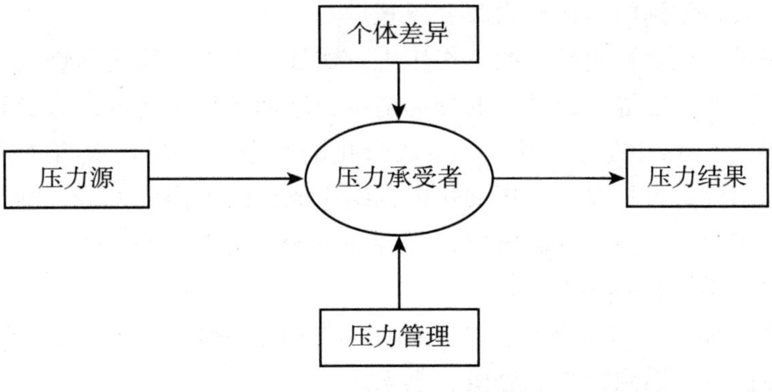

图 5－1　工作压力模型

资料来源：李剑锋，《组织行为学》，中国人民大学出版社 2010 年版，第 102 页。

疲劳而无法满足生理需要；个体可能因为无法胜任超出自己能力范围的工作而不能产生满意感，达不到个体对尊重和自我实现的高层次的需要等。与此同时，个体之间的个性差异也会导致压力各不相同，同样是以角色超载为例，新入职员工会因无法胜任相关工作而感受到压力，而经验丰富的员工完成同一职位的工作会满足自我实现的需求、获得工作满足感。

二、工作压力源

导致产生压力的情境、刺激、活动等称作压力源。简单来说，压力源就是促使压力产生的原因。不同的个体因文化、职业、能力、个性、时间等不同，工作压力的来源也有所差别。在借鉴了国内外工作压力来源研究成果的基础上，本部分总结了目前组织内员工工作压力的三大主要来源：环境因素、组织因素和个体因素。每项因素在强度、频率、持续性等方面的差异，造成压力的程度也不同。组织内员工当前处理的问题越复杂、时间越紧迫、任务越重，员工可能感受到的压力越大；引发压力的因素频繁地出现或者持续性存在也会让员工感受到很大的压力。下面具体针对各个压力源进行分析。

1. 环境因素

环境因素包括政治环境、经济环境、技术环境。环境的不确定性不仅会影响组织结构的设计，也会影响组织中员工的工作压力。政治环境的不确定性会影响社会的稳定程度，政治变革、政治威胁等总会诱发不稳定感和压力感；经济环境的改变会影响商品市场和劳动市场的供需变化，就业率变化和薪酬变化都会带来压力；技术环境的改变也会迫使有些职业消失、新职业诞生，从而使社会成员面临失业的威胁。

2. 组织因素

组织因素是工作压力的直接来源，主要包括以下五个方面。

（1）任务要求。任务要求是指一些与个人所从事的工作有关的因素，如工作条件、体力消耗程度等。例如，自动生产线速度过快会使员工高度紧张、害怕失误，日复一日便会令员工产生焦虑情绪，工作压力增大、生产绩效降低。

个人工作与其他人的工作相互依赖性越强，个人感受到的工作压力越大；个人工作的自主性增强，个人感觉到的工作压力就会减轻。

员工的工作环境也会影响员工的工作压力。例如，工作环境充满噪音、令人不愉快的气味、令人不接受的温度等时，员工的焦虑情绪会增加，相应地也会感受到工作压力。

（2）组织结构。组织结构是指组织层次分化的水平、组织规章制度的效力和决策如何进行等。组织结构是否集权化、正规化影响组织成员的工作压力感。例如，在高度集权的组织结构中工作的员工很少有决策权，这会让部分优秀员工感到焦虑，为了缓解压力，员工可能选择“跳槽”去其他组织。

（3）组织领导作风。组织领导作风是指最高层领导者的管理风格。有些公司领导者的管理风格可能使员工感到紧张、恐惧、焦虑。

（4）人际关系。员工之间良好的人际关系被视为个人和组织健康的一个重要因素。人际关系的处理会影响员工的心理状态。良好的人际关系为员工提供了一个很好的工作氛围，也可以帮助员工达到个人的目标，支持性的人际关系对于员工克服压力也是非常重要的。例如，组织内成员缺乏同事的支持，与同事关系紧张，都可能会给员工带来相当大的压力。组织中良好的人际关系会避免职场欺凌、职场暴力等行为的出现。

造成人际关系紧张的因素有多方面：员工自身不擅长处理人际关系，迫于工作需求进行社交；领导管理作风严格或者专制独裁，致使员工紧张、恐惧，而员工之间缺乏沟通，从而产生矛盾；组织成员竞争激烈，成员之间相互竞争、缺乏沟通，从而产生矛盾。

（5）角色压力。组织中的角色要求会给员工带来压力，即组织成员在组织中扮演特定的角色所感受到的压力。组织中的每个人都会扮演特定的角色，根据环境变化，有些员工甚至会扮演不同的角色，这就带来了两个方面的问题：角色分配的问题以及员工与角色的匹配问题。这里会涉及三个概念：角色模糊、角色超载、角色冲突。

角色模糊（role ambiguity）指的是个体所扮演的角色因接收到的相关信息明显不足而导致个人无法清楚获得自己的角色期望，也就是说，在组织内，员工不清楚自己的角色、工作内容、期望行为、从属关系等。员工不清楚自己在组织中具体应该做什么，或者如何执行工作，就会因为不确定感而产生工作压力。因角色模糊而产生的压力通常发生在新入职的员工身上。

角色超载（role overload）指的是因角色当事人面对过多的角色要求，无法在限定的时间内完成每一个角色的要求。或者说，因觉得当事人的能力和拥有的资源不足，无法应付职位的要求，即组织中的员工因能力或经验不足而不能胜任当前所担任的职位，员工因为工作负荷过大而产生较大的工作压力。

角色冲突（role conflict）指的是个人的行为与期望不一致，或违反组织命令指挥统一原则。也就是说，员工个人的行为方式与当前角色要求的行为方式存在不一致。这种情况可能是因角色分配不合理而导致员工与角色不匹配，或者是员工在组织中同时扮演不同的角色、不适应角色的转变，这种角色冲突通常会为组织员工带来压力。

3. 个体因素

除了组织因素的压力来源外，员工自身存在的一些问题也是压力的直接来源。

（1）工作—家庭冲突。家庭泛指一切非工作场合，在正常工作情况下，员工每周工作 40 小时左右，除去每周的工作时间，其余的非工作时间、非工作场合员工遇到的问题也可能会影响员工的工作，为员工造成心理压力。压力具有可加性，一般来说，压力是逐渐积累和加强的，当个体面对持续性强、频率高的压力源时，个体的压力水平是逐步增强的，因此，处理好工作—家庭冲突、减少压力积累，对员工来说也至关重要。

（2）工作经验和能力。当组织成员所具有的工作经验和能力与角色要求匹配度很高时，压力产生的可能性就很小；如果存在角色超载，组织成员的工作经验和能力远不及所承担的职位要求，长此以往，员工就会产生自我否认、力不从心的消极心理状态，对于新入职的员工来说更是如此。

三、工作压力源的个体差异

压力源能否导致压力反应，能引起多大强度的压力，关键看个体各方面的情况。个体因为智力、人格特质、偏好的不同，对于压力的反应和适应能力往往有着显著的差异。下面主要从认知因素、自我效能、社会支持、控制点、行为模式五个方面表述压力源的个体差异。

1. 认知因素

组织中的压力源会让员工产生焦虑，感到压力，但压力源并非直接作用于工作压力。如图5－2所示，压力源影响个体对压力源的认知（cognize），而个体对压力源的认知直接影响工作压力，对压力源的认知在压力源和工作压力中间起中介作用。当同一压力源在同一时期作用于同一员工时，若员工对压力源的认知是客观的，则可能不会造成工作压力的大幅偏差，甚至不会造成工作压力；若员工对压力源的认知相对主观时（如扭曲、夸大压力源并对压力源持不理性的看法），则员工最终感受到的压力可能会很大。

图5－2 压力的形成

资料来源：李剑锋，《组织行为学》，中国人民大学出版社2010年版，第103页。

组织成员对压力源的主观认知包括任意的推断（即组织成员在缺乏证据时任意推断，武断得出结论）、选择性提取（即组织成员在面对多种信息时只从信息中提取部分细节，根据提取细节而不考虑其他信息对某事作出判断结论）、过分概括化（即以偏概全，把在某件事或某项工作中得出的结论当作一般结论套用在其他事或其他工作中）、个人化（即在缺乏证据或者是相互关联的情况下，将某事的外因归咎于自己）、两级性思维（即极端式思维，非零则一、不是对就是错）

2. 自我效能

自我效能（self efficacy）是社会认知理论中的一个重要概念，是指人们对自身能力的一种认可程度，这种能力包括组织工作和实施活动等方面的内容，自我效能是个体对自己能力评价的主观认识，并不是指个人所具备的知识技能。因此，自我效能水平越低，组织成员的工作压力程度可能越高；自我效能水平越高，组织成员的工作压力程度可能越低。

3. 社会支持

组织成员感受到工作压力时可以寻求非正式沟通渠道缓解压力，如寻找朋友、爱人倾诉沟通，也可以通过组织或社会的心理咨询机构寻求帮助。组织和社会要充分重视社会成员的心理疏导。组织成员感受到的工作压力的程度会根据是否寻求社会支持（social support）、寻求怎样的社会支持而不同。

4. 控制点

控制点（locus of control）是指个体认为生活后果是取决于自己还是由环境控制的。有些人是内控型的，即这些成员认为可以通过自身努力来实现对一些工作或者生活的控制；有些人是外控型的，即这些成员认为自身努力并不能扭转命运或者是社会安排。“内控者”比“外控者”更主动，如果策略有效，有利于应对压力。

5. 行为模式

A 型行为模式（type A behavior pattern）的行为方式与压力萌生有关。A 型性格的人争强好胜、富有攻击力、缺乏耐心、有时间紧迫感，他们办事讲求效率，对自身期望相当高。B 型行为模式（type B behavior pattern）恰好与 A 型行为模式相反，B 型性格的人较少有竞争性，较少对他人存在敌意。A 型性格的人行为迅速、追求数量和质量，更适宜需要工作热情和更多体力的工作类型。B 型性格的人则更加注重谨慎思考和提供创意。组织成员的性格不同，行为模式不同，其所需要面对的问题、冲突不同，压力也就有所不同。

四、工作压力的影响结果

工作压力对于员工来说既有积极的影响也有消极的影响，根据压力源的强度、持续时间、频率可以区分同一压力源同一时期作用于同一员工产生的压力的强度。同一时期、同一员工工作压力的大小与工作绩效的关系如图 5－3 所示，呈倒“U”型，适度的工作压力的提高会带来员工工作绩效的提高，而当工作压力过度时，工作的绩效随着工作压力的增大而递减。

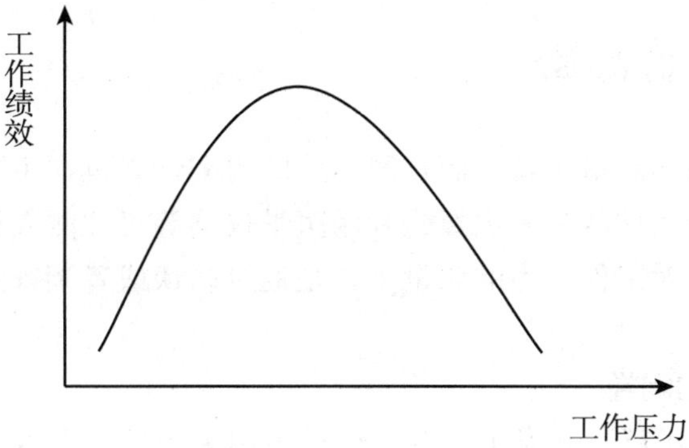

图 5－3　工作压力与工作绩效的关系

资料来源：［美］斯蒂芬·P. 罗宾斯、蒂莫西·A. 贾奇，《组织行为学》，孙建敏等译，中国人民大学出版社 2016 年版，第 487 页。

对于同一时期、同一员工来说，当工作压力较小时，适当提高工作压力，员工会把压力转化成工作的动力和挑战，激发员工的潜力，随着工作压力的不断增大，员工的绩效会不断攀升，当工作绩效达到顶峰时，继续增大工作压力会令员工紧张和焦虑，负面的情绪会吞没员工的工作热情，使员工工作绩效降低。

需要注意的是，由于每个员工的个体差异，同一时期员工的最佳工作绩效是各不相同的，即组织中每位成员的曲线峰值对应的工作压力各不相同，管理者一般很难把握组织中每一个成员的最佳工作绩效而分别对员工施加不同的工作压力。例如，特定的工作压力会让职场新人感到焦虑、不能接受，经验丰富的员工则可能会觉得这种程度的工作根本不构成压力。

1. 适度压力对于工作绩效的积极作用

适度的压力水平可以使员工集中精力，增强肌体活力，提高忍耐力，减少错误的发生。压力可以说是机体对外界的一种调节的需要，而调节往往意味着成长，在没有压力的情况下，员工可能缺乏工作的动力，提不起精神来，没有足够的唤醒水平、挑战性或没有尽最大努力去工作，因而工作绩效不高。当员工在压力情境下不断学习、不断提升自我时，克服压力实现工作目标的成就感和工作效率会不断提升，即压力是员工提升工作效率的重要工具，也是使员工提高自身能力的重要基石，更是激发员工满足自我实现需求的重要条件。

2. 工作压力的消极作用

工作压力的消极作用主要体现在以下三个方面。

（1）生理方面。工作压力在个体生理方面的体现包括新陈代谢出现紊乱，心率、呼吸率增加，血压升高，头痛，易患心脏病等。

（2）情感方面。工作压力会导致工作不满意感，这种工作不满意感实际上是压力最简单、最明显的心理后果。

（3）行为方面。工作压力对员工行为的影响包括绩效表现差、旷工、高事故率、高员工流动率、容易酗酒、滥用药物、行为冲动、难以沟通等。

五、工作压力的测量

工作压力领域有很多测量工具，而且国内外的研究学者也在不断地开发新的压力诊断方法。工作压力在医学领域的测量主要是利用医学仪器等对被测人员的各项生理指标进行测量；在管理学领域，对工作压力的测量主要是通过访谈或者调查问卷的方式对被测人员的工作压力进行测量。

1. 卡普兰工作压力问卷

卡普兰（Caplan，1975）开发了一个工作量表用来测量工作压力大小，量表分为三个维度，分别是工作负荷过度（work overload）、技术低度使用（under - utilization of skill）和角色冲突（role conflict）。工作负荷过度指的是对同一员工来说特定时间内需要完成太多的工作；技术低度使用指的是将以前的工作经验、技术使用到当前工作中。量表使用李克特量表，分别用不同的题项来衡量。例如，利用李克特 5 点量表，1 代表完全与自己不符合、2 代表较不符合、3 代表中等符合、4 代表很符合、5 代表非常符合，通过问卷答题人回答结果综合衡量答题人的工作压力。

2. 职业压力指标量表

库珀（Cooper）等在 1988 年开发出了职业压力指标量表（occupational stress indicator，OSI），他们认为压力结果是压力源的一系列缓冲变量交互作用的结果，职业压力指标量表的测量维度包括压力源变量、缓冲变量、结果变量三大部分，可以根据工作本身、管理角色、人际关系、组织结构和氛围等来衡量压力测量的三大维度。目前，大量的研究均采用这一量表体系来评价工作压力，这一量表的信度和效度也得到了广泛的验证。

3. 坎吉－乔普拉工作压力模型测量量表

坎吉和乔普拉（Kanji and Chopra）认为，工作压力是指个体在组织环境中由于组织存在二元性和偏离性而感知到的压力。坎吉－乔普拉工作压力模型测量量表主要从四个方面衡量工作压力，包括工作支持、工作要求、工作控制、工作环境。量表分别用不同的题项来衡量不同的维度，综合评价员工的工作压力程度。

（1）工作支持。表5－1测量员工会在多大程度上感受到组织的支持。

表5－1　　工作支持测量

序号	题项	1	2	3	4	5	6	7	8	9	10
1	员工工作技能培训										
2	适当的工作监督水平										
3	团队例会讨论问题										
4	有机会与直线经理进行交谈										
5	发现问题时有职业健康医疗										

注：1代表程度很低，10代表程度很高。

资料来源：Gopal K. Kanji and Parvesh K. Chopra. “Psychosocial System for Work Well-being: On Measuring Work Stress by Causal Pathway”. *Total Quality Management*, 2009, 20 (5): 563－580.

（2）工作要求。表5－2测量员工在多大程度上认为自己有相应的问题。

表5－2　　工作要求测量

序号	题项	1	2	3	4	5	6	7	8	9	10
1	工作负荷量大、压力重										
2	过度情绪紧张、脑力负荷量大										
3	体力要求高、工作条件令人困扰										
4	加班、倒班										
5	处理大量冲突与突发事件										
6	足够脑力和体力应对工作需求										

注：1代表程度很低，10代表程度很高。

资料来源：同表5－1。

（3）工作控制。表5－3测量员工在大多数情况下认为组织存在相应问题的程度。

表 5-3 工作控制测量

序号	题项	1	2	3	4	5	6	7	8	9	10
1	提供无限的自主性										
2	鼓励员工的工作主动性										
3	鼓励员工发展新技能以开展新工作										
4	为员工提供工作方式咨询										
5	提供工作多样性										
6	提供足够的学习机会										

注：1 代表程度很低，10 代表程度很高。

资料来源：同表 5-1。

（4）工作环境。表 5-4 测量员工在大多数情况下认为组织存在相应问题的程度（1 代表程度很小，10 代表程度很大）。

表 5-4 工作环境测量

序号	题项	1	2	3	4	5	6	7	8	9	10
1	采取积极行动，避免冲突，保证公平										
2	分享工作相关信息										
3	防止、处理不可接受行为的政策和程序										
4	鼓励和支持经理处理不可接受行为的系统										
5	鼓励和支持员工报告不可接受行为的系统										

注：1 代表程度很低，10 代表程度很高。

资料来源：同表 5-1。

根据员工所处环境背景的不同，通常在管理学领域对员工工作压力的测评量表要具体问题具体分析，因为工作压力量表的侧重点各不相同，测量工作压力的维度也各不相同，所以在衡量员工工作压力时，要根据研究问题和侧重点选择测量量表。同时，在作压力测评时也需要对量表进行信度与效度检验。

第二节 工作压力管理

工作压力管理（job stress management）是指帮助员工了解工作压力，识别压力源，并运用压力管理措施降低工作压力的消极影响。压力因人而异、因事而异，压力强度也因压力的持续性和频率各不相同，因此针对员工压力采取的措施也应从多层次、多方面入手。

一、工作控制

卡拉塞克（Karasek，1979）认为，员工压力的产生不仅与工作要求相关，还与工作控制相关。工作要求和工作控制共同决定了工作压力，其中，工作要求是指工作任务的数量和困难程度；工作控制是指员工能够对工作行为施加影响的程度。压力产生于高工作要求与低工作控制，也就是说，工作控制能够适当缓解工作要求所产生的工作压力水平。但工作控制对压力的影响还与个体特征相关，并非每个员工都偏好对工作进行控制，在高自我效能感与高工作控制、低自我效能感与低工作控制情况下，自我效能感与工作控制相匹配，工作要求对工作压力的促进作用会随之减弱；在高自我效能感与低工作控制、低自我效能感与高工作控制情况下，自我效能感与工作控制不匹配，工作要求增加工作压力的效果会增强（见图 5－4）。

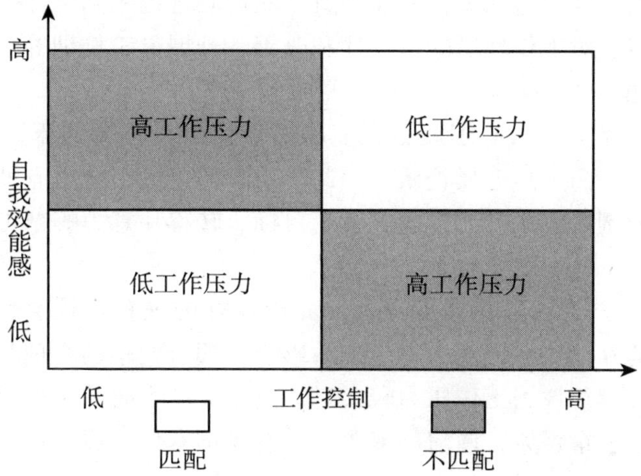

图 5－4　自我效能感与工作控制的匹配模型

资料来源：赵欣、赵西萍，《自我效能感与工作控制的匹配性模型：对 Karasek 工作压力模型的扩展》，载于《预测》2010 年第 29 卷第 1 期，第 27～34 页。

二、工作压力管理对策

压力源主要包括环境因素、组织因素和个体因素，其中，环境因素不可控，因此，我们的压力管理对策主要从组织因素和个体因素着手。

1. 组织压力管理

（1）工作再设计。重复无聊的工作会严重打消员工的工作积极性，围绕员工的工作本身进行重新设计安排可以给员工带来更多的责任感和自主性；结合组织当前结构，削弱高度集中的领导权，适当减轻员工的工作负荷；改善员工的工作环境，从外在因素方面减轻员工工作压力；加强组织沟通，减少管理者与员工之间、员工相互之间不必要的冲突，减轻员工工作压力。

（2）满足生理需求和人际关系需求。允许员工在特定的时间工作，实行弹性工作制，为员工留出更多的自由支配时间的权利；允许员工参与管理、参与决策；建造支持性的企业文化，为满足组织中员工的各层次需求提供支持，为员工工作满意度提供支持，为员工减轻工作压力提供支持。

（3）角色明确。为了减少角色模糊、角色冲突、角色超载等问题的出现，组织层面应该设置明确、具体、富有挑战性的目标；编写规范的职务说明书，明确工作职责和范围，使员工对角色有清楚的认知，明确角色期望；增加员工培训，提高员工本身的工作能力以适应不同的角色需要；推行弹性化工作制，帮助员工处理好各方面的角色。

（4）员工援助计划。员工援助计划（employee assistance program，EAP）是20世纪70年代后期在美国发展起来的。员工援助计划是指通过专业人员来为员工提供各种有益身心健康的活动方案，为问题成员提供心理咨询，帮助员工养成良好的生活习惯，以减少非工作时间的压力，减少压力的积累，提高工作绩效，改善组织气氛。员工援助计划发展至今，内容不断扩大，其中包括进行专业的员工职业心理健康问题评估、多种形式的心理咨询、心理健康宣传、对工作环境的再设计和改善、开展员工培训等。

2. 个体压力管理

（1）压力自我调节。个人心理疲劳程度的高低取决于自身的压力调节能力。个体主动采取措施直面压力，而不是选择否认、回避、退却的态度，会更有助于个体调节心理压力。一些积极的压力调节方式，如宣泄、改变目标、转移注意力等都可以有效地缓解部分压力。

（2）合理的生活方式。坚持锻炼身体，养成良好的饮食习惯会增强身体的免疫力，健康的身体有利于消除一些心理压力对生理的影响，塑造健康的心理状态；有效地管理自己的时间，在工作节奏很快、工作压力较大时，员工会产生时间紧迫感，此时有效的时间管理会帮助员工分清轻重缓急，厘清做事顺序，有条不紊地完成工作。

（3）选择与放弃。适当改变自己对特定事物的认知，避免以偏概全，适当改变过分追求完美的人格，从容面对挫折，学会选择和放弃，不要自己给自己施压，要以自己独特的方式选择进攻、撤退、适应、妥协来适应工作节奏、适应社会。

（4）积极运用社会支持系统。为了给公司员工减压，社会上成立了很多免费的心理咨询公益组织，很多企业也专门开设了减压培训课程，员工可以在组织和社会中寻求解压方式；同时，员工也可以通过非正式的沟通渠道，如向家人、朋友等倾诉减压。

案例讨论

谁是企业压力最大的人？

德国宝利公司在20世纪80年代中期，伴随着中国改革开放热潮进入中国市场，至今已发展成为跨国企业的成功典范，公司总部位于德国慕尼黑，其汽车技术、工业技术、消费品和建筑智能化技术在全球名列前茅。杰西卡（Jesscia）是宝利中国区人力资源部的员工关系经理，最近正在根据总部的工作计划做员工满意度调查的工作，在调查中发现，看起来光鲜亮丽的工作，员工们的反映却是“亚历山大”！员工压力数据这几年连年提高。

与部门经理沟通之后，杰西卡决定深入访谈一下。开始以为只有销售和生产这种一线部门的员工压力大，可访谈发现，公司里各个群体都有员工声称感受到了工作压力，近一半人觉得工作压力影响了自己的生活或健康，并给工作带来了负面影响。以下是企业内不同层级人员访谈记录摘要。

尼基（Nicky）是公司行政部的文员，她说家离办公地点远、用于上下班途中的时间长、午休时间短，长期没有得到升迁、整天做着“无聊”的工作，都让她觉得很压抑。

利奥（Leo）是公司人力资源部的招聘专员，最近临近“校招”高峰期，他说自己的压力来自工作量方面，工作任务重、经常加班加点，而且没有加班费，因为这属于他的招聘指标任务，所以多数加班加点都是自愿的，但其实他也不愿意。

卡斯科（Casco）是公司项目组的销售专员，由于公司经常会接到临时项目，所以要从各个部门里临时抽调人员组成项目组，卡斯科觉得自己的角色很模糊，既受原部门领导的指挥，又要在项目组里工作，职责不明晰让他感觉无所适从，很多时候不知道该向谁汇报工作。

卢纳（Luna）是研发部的工程师，他说公司是跨国企业，因为员工文化背景不同沟通不便，自己的意愿不能得到有效表达，加之工作不稳定因素较多，经常因项目变动而变化工作目标，这都让他在研究工作中无法很好地集中精力。

鲍勃（Bob）是中国区销售总监，他说最近觉得自己快患上抑郁症了，公司对时间的控制相当严格，对于销售工作更是要求时间过半、任务必须过半，导致他经常被指标压得喘不过气；而且，他不仅要受中国区高级经理的领导，还要受总部职能管理层的管理，常常需要出差，工作正在严重侵蚀自己的生活。

安伯（Amber）是中国区研发总工程师，他是搞技术出身的，现在要他负责整个研发团队的管理工作，经常觉得力不从心，因为薪酬并未达到市场的高端水平，他要想尽办法留住骨干研发人员，另外，由于技术的革新和商业周期的变化，工作中很多不确定因素也给他带来巨大压力，他甚至都想一走了之了。

“真是不谈不知道，一谈吓一跳，工作压力没有最大、只有更大啊，而且不同员工群体有着不同的工作压力来源。”一遍遍看着访谈报告，杰西卡着实为公司的员工们捏了一把汗，从上到下，各个压力不轻，杰西卡觉得有必要针对这样的现象赶紧想出对策，从公司和组织角度出发，去干预和正向引导员工，让员工们可以释放掉这些压力，更快乐、轻松地投入到工作中。

（资料来源：詹婧、孟续铎，《员工关系管理精选案例分析》，机械工业出版社 2014 年版，第 221 ~ 222 页。）

讨论题

1. 结合案例，谈谈员工的工作压力源。
2. 员工的工作压力给组织带来哪些影响？
3. 组织应该怎样针对不同群体的员工进行压力管理？

本章思考题

1. 什么是工作压力？

2. 工作压力的来源有哪些？
3. 影响压力的个体差异因素有哪些？
4. 压力与绩效存在什么样的关系？
5. 如何进行压力管理？

本章重要概念

压力　　工作压力　　压力源　　员工援助计划　　工作压力管理

第六章

群体行为基础

本章将阐述群体行为的基础，包括群体的定义和分类、个体加入群体的原因、群体发展的五阶段模型、平衡—间断模型、群体绩效和满意程度，以及群体凝聚力等。

【学习目标】

1. 了解群体的内涵与类型。
2. 了解个体加入群体的原因。
3. 理解群体发展模型。
4. 理解群体的互动过程。
5. 掌握群体中管理者与凝聚力的作用。

【引导案例】

泰尼特公司里每个群体都很重要

医院的品质取决于医生、护士、药剂师、技师和病人之间的良好互动。高绩效群体是取得良好治疗效果的关键。泰尼特公司拥有和经营着数十家医院，它受到不诚实和不公正对待利益相关者的指控，公司面临着低收入患者的起诉、对医疗保险报销金额的调查，以及护士罢工等问题。

泰尼特公司正在作出改变来迎接挑战。泰尼特公司在改进病人护理的群体互动方面比绝大多数医疗机构都走得更远。泰尼特公司实施了“目标百分百”计划，要求实现员工和病人100%的满意。公司网站上写道：“目标百分百将全体员工——从医院CEO到护士和登记处职员——动员起来提高客户服务。”泰尼特公司每一家下属医院都要求所有职能部门的群体成员共同关注病人满意或员工认可的问题。所有的群体都要努力寻求改进的方法、提出改变的建议并实施最佳的方案。

“项目百分百”计划将医院全体成员团结起来，包括行政人员、护士、技师和医生。医生们是有价值的群体成员，可以为这一项目引入有价值的外部观点，他们拥有不同类型的信息和技能并且更具有创造力。泰尼特公司以医生在医院理事会中的高度参与而自豪。在绝大多数泰尼特公司下属的医院中，医生占据医院理事会成员的半数以上，而全国的平均水平为17%。

在其他方面，泰尼特公司同样鼓励更多的参与。公司下属的几间医院同医学院建立联盟。医学院的教师和学生在这些教学医院中进行实习，采用最新的和最具创造性的技术及理念。泰尼特公司系统中的医院在病人护理、费用报销和其他方面取得了重大的改进。在来自拥有不同技能、信息和背景的个体的帮助下，泰尼特公司进入了一个利润和治疗的新的成功时代。

（资料来源：[美] 里基·W. 格里芬、格里高里·摩海德，《组织行为学》，唐宁玉、刘伟译，中国市场出版社2010年版，第213~214页。）

第一节 群体概述

一、群体的定义

群体（group）是指为了实现特定目标而组合到一起并形成互动和相互依赖关系的两个及以上个体的集合。群体具有以下四个关键特征。

1. 相互影响

群体最关键的特征之一就是必须由两个及以上相互影响的个体组成。换句话说，群体成员一定会对其他成员产生某种影响。成员间的相互作用有可能表现为语言形式（如分享公司认可的战略）或非语言形式（如在走廊相遇时彼此会心一笑），但是群体成员必须对其他成员有一定的影响。

2. 相对稳定

群体还必须拥有一个相对稳定的结构。尽管群体可以改变，事实上也经常改变，但必须有能让成员凝聚在一起的稳固关系。一群经常发生变动的人员不能称为群体，群体需要稳定性。

3. 共同的兴趣或目标

群体的第三个特点是成员拥有共同的兴趣或目标。例如，集邮俱乐部是因为成员有共同的集邮兴趣才组建的。另外一些群体之所以形成，是因为志趣相投者可以一起去达成共同的目标。例如，裁缝店的老板和员工所构成的群体，就是在缝纫这个共同兴趣和赢利这个共同目标的基础上形成的。

4. 群体认同

群体需要成员的认同。群体成员相互承认彼此都是群体的一员，并能够从非成员中识别出自己的成员。例如，公司财务委员会或者象棋俱乐部的成员肯定知道某人是不是他们群体的成员。相比之下，在收银台旁排队付款的顾客们不会认为自己属于同一个群体，尽管他们彼此站得很近并可能会进行短暂的交谈，但他们没有共同点，也不会认为自己与队伍中的其他人有关系。

二、群体的分类

根据不同的标准，可以将群体分为不同的类型，以便于了解群体的行为，加强对群体的管理。具有代表性的分类方式主要包括以下两种：按照群体的形成原则、方式以及群体内各成员相互作用的目的和性质，可以把群体分为正式群体和非正式群体。

1. 正式群体

正式群体（formal group）一般是组织有目的设立的，以实现某个重要的组织目标。命令型群体（command group）是正式群体的一种，由组织中具有正式身份的人组成。例如，某命令型群体可能由以下成员组成：营销副总裁和负责全美国各区域营销的主管们。

成立该群体是为了听取这些主管对即将在全美国范围内进行广告投放的新方案的意见。这样的命令型群体通常是按照组织的正式规则成立的，通常是由一个上级和他的下属组成的。正式群体也可能因为某项特殊任务而产生，这样的群体被称为任务型群体（task group）。与命令型群体不同，任务型群体的成员是在一些特定领域有着独特兴趣或特殊专长的人，与他们在组织层级中的位置无关。例如，一个公司的人事委员会的任务是监督组织的用工情况以确保公平公开，其成员可能包括人事专家、公司副总裁和车间的普通工人，不管是作为常设委员会永久性存在，还是为了某种特殊目的临时存在，任务型群体在组织中是普遍存在的。

2. 非正式群体

非正式群体（informal group）是在组织成员中自然形成的，不受组织中管理层的干预。组成非正式群体的一个重要因素是所有成员有同样的兴趣，如一群员工聚集在一起推举工会代表，或一起游行抗议公司对环境的污染。兴趣型群体（interest group）属于非正式群体。在兴趣型群体中，成员所追求的共同目标有可能将处于不同组织层级的人们联合起来。兴趣型群体是根据自愿原则组成的。除此之外，在组织中还广泛存在着另一种非正式群体——友谊型群体（friendship group），如一群经常在午餐时聚在一起的同事。成员在友谊型群体中能够增进感情，满足各自非常重要的社交需要。

非正式群体是组织生活中的重要组成部分。尽管不是由领导直接发起的，但友谊通常产生于正式的组织交往。例如，3 名装配线上的工人有可能因工作交谈而发现他们拥有相同的兴趣——打篮球，并且相邀下班后一起去打篮球。这种友谊能够把人们紧密联系在一起，有利于他们在工作上相互合作，对组织运行具有积极作用。

正式群体与非正式群体的比较见表 6 - 1。

表 6 - 1　　正式群体与非正式群体的比较

方面	正式群体	非正式群体
形成	由组织决定	自发形成
目标	利润、效率、服务	成员的满意度、安全感等
组织形式	正式、稳定的组织结构	没有固定的组织结构
领导	由组织任命	群体内自发产生
信息沟通	通过正式的渠道自上而下传递	通过各种渠道传递
控制	制度约束	强烈的团体制约
人际关系	由工作联系决定	自然形成

在非正式群体中，成员之间的互动虽然是非正式的，但却能显著影响他们的行为和绩效。而且，虽然在组织中占据主导地位的是正式群体，但有时非正式群体对员工和工作绩效的影响比正式群体还要强，因此，非正式群体也是组织行为学中的一个重要研究领域。管理者在具体工作中也应当重视非正式群体的作用。

三、个体加入群体的原因

现实生活中，我们周围有各种各样的群体，我们也或多或少地加入某些群体中，无论是正式群体还是非正式群体。人们之所以要形成或者加入某个群体，主要是出于以下六种需求。

（1）安全需求（safety needs）。美国心理学家马斯洛在1943年出版的著作《人类动机理论》中将人类的需求分为五个层次，像阶梯一样从低到高，按层次逐级提升，分别为：生理需求、安全需求、社交需求、尊重需求、自我实现需求。其中，安全需求位于马斯洛需求理论的第二阶层，安全需求是我们最基本的需求。群体在一定程度上可以为个体提供这一安全需求，因为当个体加入某一群体后，会感觉自己有了保障和后盾，在遇到问题时会变得更加自信，从群体中获得安全感。

（2）地位需求（status needs）。地位是一个人在某群体中所处的身份，是一个人才能、品德的象征。人们都想通过获得地位来证明自己，而只有加入群体中才有可能满足这一需求。

（3）自尊需求（self-esteem needs）。自尊需求包括自我尊重、自我评价以及尊重别人。只有在群体中通过与他人的互动才能满足个体的这一需求。

（4）情感需求（emotional needs）。情感需求是一种感情上的满足，一种心理上的认同。古希腊哲学家亚里士多德认为，人类是天生社会性动物。由此可见，人生来需要与他人互动交流。

（5）权力需求（power needs）。具有权力需求的人希望自己能够控制组织中的各种资源，用自己的能力影响他人。当只有自己一个人时，这种需求无法被满足，只有在群体中才能实现。

（6）实现目标的需求（target-achieving needs）。群体是为了实现某个特定的目标而形成的。由于任务的复杂性与个体的局限性，某些目标是单个个体不能完成的，所以个体需要通过群体来实现目标。

第二节　群体的发展

任何事物的发展都有其自身的过程和规律，群体的发展也不例外。一般而言，群体的发展过程其实就是群体成员从不熟悉到熟悉，群体从松散到紧密再到终止的一个过程。本节将介绍群体发展的五阶段模型和间断—平衡模型。

一、群体发展的五阶段模型

群体具有相对固定的形成和发展标志，通常可以使用群体发展的五阶段模型（five-stage model）进行概括。五阶段模型认为群体的形成和发展需要经过五个特定阶段，分别为创建阶段、争执阶段、规范阶段、执行阶段、解体阶段（见图6－1）。

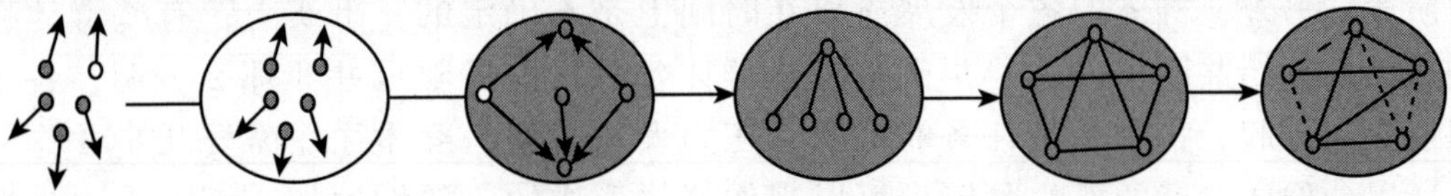

图6－1　群体发展的五阶段模型

资料来源：［美］斯蒂芬·P. 罗宾斯、蒂莫西·A. 贾奇，《组织行为学》，孙建敏等译，中国人民大学出版社2016年版，第220页。

1. 创建阶段

创建（forming）阶段是群体发展的第一阶段。在群体的创建阶段，成员间彼此熟悉并找出可接受的群体基本准则，既包括工作方面的，也包括人际关系方面的。在创建阶段，成员多少会有些困惑或者不确定，如自己在群体中应该如何表现、群体会带给自己哪些利益或好处。只有当每个人都意识到自己是群体的一员时，这一阶段才会结束。

2. 争执阶段

在争执（storming）阶段，群体成员之间的冲突凸显。此时，群体的存在虽然得到成员认同，但成员仍会对来自群体的各种限制和约束产生抵触。进一步，群体成员对于群体的控制权和发展方向也存在较大分歧。经过群体成员之间的相互交流与磨合，当这一阶段进入尾声时，群体内部也涌现出比较清晰的领导行为体系，群体成员对群体内角色的认知较为明确，群体的发展方向也大致得到确定。

3. 规范阶段

在规范（norming）阶段，群体成员之间经过一段时间的相处和磨合后，关系开始变得亲密融洽，互相之间有了认同感，群体也表现出了一定的凝聚力。此外，群体也制定出了一套成员行为规范，群体的结构开始稳定下来。

4. 执行阶段

在执行（performing）阶段之前，群体中的成员关系和领导问题都已经得到了解决，为执行群体的使命做好了准备。成员们在共同努力并将精力都投入到工作中去的同时，彼此之间的关系会得到加强，群体领导的地位会更加巩固，群体的执行力也会进一步得到提升。

5. 解体阶段

并非所有的群体都会永远存在，经历了前面四个阶段后，就到了最后的解体（adjourning）阶段。群体成员关注的重点是群体的收尾工作，而不再是工作业绩。群体成员们的反应大相径庭，有人为自己在群体中所取得的成就兴奋不已，而有人为离开群体感到闷闷不乐、消极悲观。

实际上，群体发展的五阶段模型存在一个假设，即任何群体由第一阶段到第四阶段都是一个有效性不断增强的过程，在现实的管理情境中，群体的发展阶段不一定能支持这种模型。很多时候，后一阶段的群体并不比前一阶段的群体更有效，也不是任何一个群体都会经历这样一个由低到高的发展阶段。在任何特定的时刻，群体都可以处在发展的任何阶段。另外，群体的各个发展阶段在时间上是不确定的。事实上，有些群体还没等到成员们开始共同工作就早早夭折了。群体各阶段的界限也并非那么分明，各个阶段可能混在一起，特别是当任务时间紧、压力大的时候，群体往往需要几步并作一步走。所以，群体发展的五阶段模型可以当作群体形成的一般性框架，而不必去生搬硬套。而且，由于群体具有动态特征，因此各个阶段也不可能完全按照设想好的顺序向前发展。

在理解工作相关行为方面，五阶段模型中存在的另一个问题是它忽视了组织所处的情境。一项关于飞行员的研究发现，当指定三名互不相识的飞行员同舱驾驶一架飞机时，他们在开始合作后的10分钟内就会成为高绩效群体。这种群体之所以能够快速建立与发展，原因在于飞行员的工作处于强组织情境中。这种情境本身提供了规章制度、任务界定、信息和资源，这些都是群体发展过程中的必要内容。因此，这种群体无须像五阶段模型中预测的那样完成以下工作：提出计划、分配角色、确定和分配资源、解决冲突以及建立规范。

二、间断—平衡模型

盖尔西克（Gersick，1988）在实验的基础上提出了群体发展的间断—平衡模型。这一模型与实际情况更接近，对具体管理工作也更有指导意义。

间断—平衡模型是对有明确截止日期的临时性群体发展的描述。该模型认为，群体发展的第一次会议至关重要，群体成员的行为规范和群体的发展方向在这一次会议上被确认下来。之后进入第一阶段，这是一个均衡的阶段。在此阶段内，群体按照惯性活动。由于行为规范和发展方向已经被固定，所以在这一阶段不可能产生太多的创意。接下来，在群体发展生命周期的中间位置，会爆发一场变革，对旧的观点进行扬弃，采纳新的观点，调整方向。经过这一变革，旧的平衡被打破，群体成员意识到任务的紧迫性，按照新的计划和安排开始快速行动。随后，进入第二个高速运转阶段。再经过一段时间的惯性运动后，群体会进行最后一次会议，对任务完成情况进行总结，对所有遗留问题进行决议，加速运转，加快进度，加速完成工作任务。间断—平衡模型的整个过程如图6－2所示。

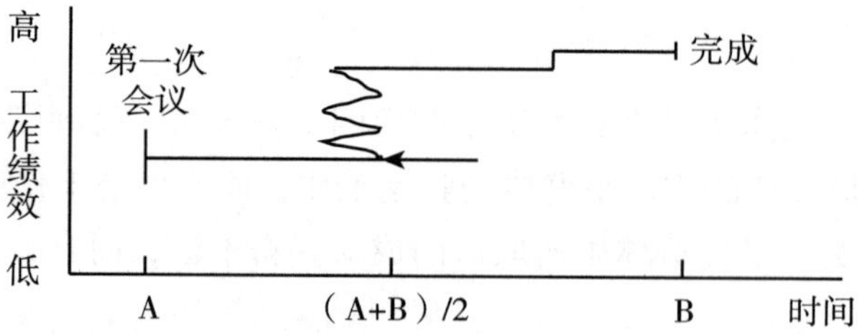

图6－2 间断—平衡模型

资料来源：［美］斯蒂芬·P. 罗宾斯、蒂莫西·A. 贾奇，《组织行为学》，孙建敏等译，中国人民大学出版社2016年版，第221页。

间断—平衡模型背后的机理，简单地说，就是一开始由于惯性的存在，群体会在某种“均衡状态”下运行，一旦中途意识到离实现目标的期限越来越近，就会促使其勇敢面对挑战，尝试变革，并进入新的平衡过程，直到目标最终实现。

第三节 群体绩效和满意程度

群体绩效是指群体在完成任务时，对任务的质量、数量和效率的综合考虑。群体绩效是衡量一个群体竞争力强弱的重要指标。群体绩效具有多因性，这意味着影响群体绩效的因素来自多个方面，以下将分别介绍影响群体绩效的各类因素。

一、群体的外部条件

为了更好地理解正式群体的行为，我们将其视为在一个庞大系统中的亚系统。也就是说，正式群体是存在于组织系统中的一些子集。如图 6－3 所示，群体的外部环境包括组织的整体战略、权力结构、正式规范、组织资源、人员甄选、绩效评价、组织文化，以及工作环境。

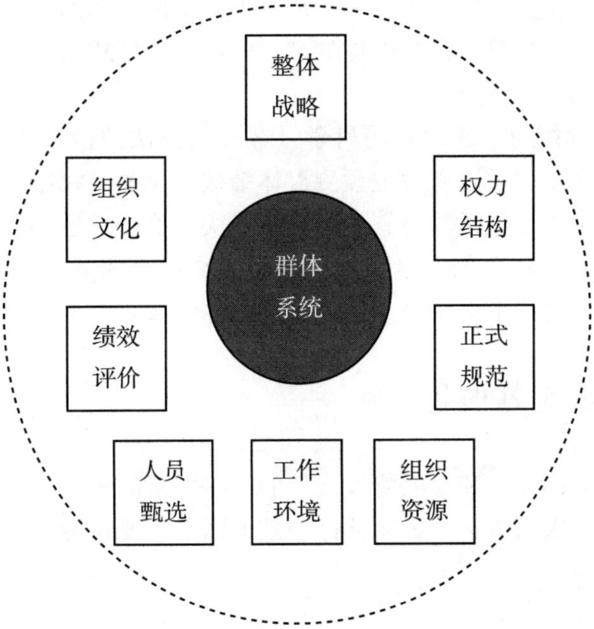

图 6－3 群体的外部环境

（1）整体战略。即一个组织所制定的系列计划，这些计划包括从事怎样的业务、如何竞争成功，以及如何吸引和满足顾客需求以达到组织目标。

（2）权力结构。即一个工作群体在组织职权结构中的具体位置。

（3）正式规范。即为了规范群体成员的行为而制定的一系列规则、章程、程序和政策等。

（4）组织资源。组织所拥有的资源在很大程度上决定了组织的绩效，包括资金、人力、时间、原材料等各种资源。资源丰富还是缺乏以及资源的好坏直接影响着群体的行为表现。

（5）人员甄选。工作群体成员的能力水平直接受到组织人员选拔方法与标准的影响。

（6）绩效评价。组织所采用的绩效评价体系会直接影响到员工的行为。一套适用的绩效评价体系可以最大限度地激发员工的积极性和创造力，提高员工的工作效率；而不适用的绩效评价体系有时可能会产生相反的影响。

（7）组织文化。即由组织成员共享的态度、价值、行为模式和期望所组成的一个认知框架。组织文化对工作群体成员的行为产生潜移默化的影响，表现在组织运行的方方面面。

（8）工作环境。群体的外部工作环境会对群体的行为产生很大的影响。良好舒适的工作环境可以增强员工的归属感，使员工可以把精力全部集中到工作上来，提高工作效率，激发创造力。

二、群体成员资源

虽然群体的业绩水平受到群体中每一个成员所带来的资源的限制，但是群体成员资源的异质性又能弥补群体的劣势，提高群体的绩效产出。群体成员资源包括成员的知识、技能和能力，以及成员的人格特点。

（1）知识、技能和能力。通过采用科学、客观的方法评价群体成员与工作任务相关的知识、技能与能力水平，可以有效地预测群体绩效。例如，在绩效比较高的群体中，人际交往能力显得十分重要，包括冲突管理与冲突解决、协作性解决问题和沟通能力。

（2）人格特点。群体成员的人格特点通过影响成员之间的人际互动进而间接影响群体的团结、群体效能、群体工作氛围，最终影响群体绩效。

三、影响群体绩效的因素

群体的绩效受到群体建立和发展阶段之外的一些因素的影响。高绩效的群体往往能够发展出大于群体成员个人的贡献。影响群体绩效的因素主要包括：角色、规范、地位、群体规模和群体构成。

1. 角色

角色指人在某种社会情境中的一系列典型的行为特征。我们理解一个人在群体中的行为，很关键的一点就是要理解组织对成员在群体中的角色期望、成员的行为表现是否符合其所扮演的角色要求，以及成员的角色行为又会对群体产生什么样的影响。

一般而言，在一个群体中存在着三种典型角色：自我中心角色、任务角色、维护角色。如图 6－4 所示，不同的角色对群体的绩效也会产生不同的影响。

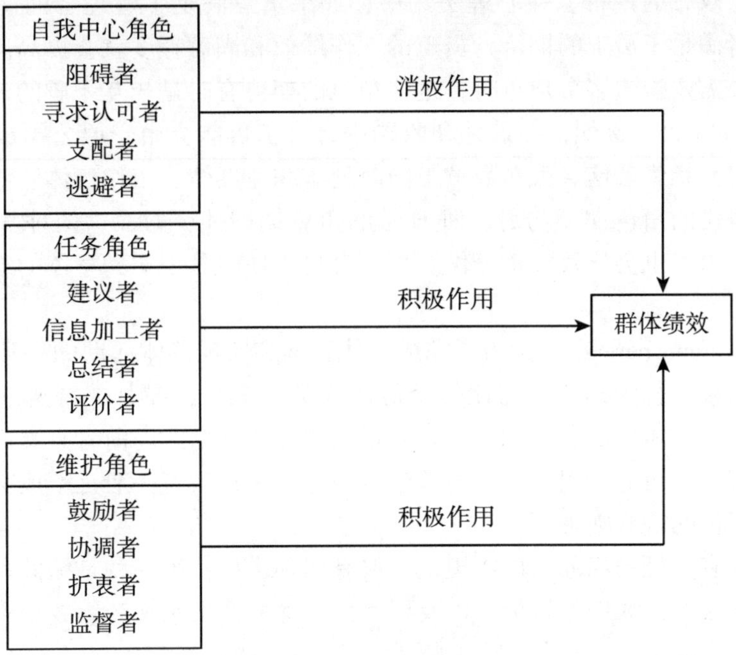

图6－4　群体成员角色

从图6－4可以看出，任务角色和维护角色都对群体绩效起积极作用。每个群体不仅需要有人来执行任务，还需要有人来维持群体的整体性，这样才可以保证群体的绩效。但自我中心角色会对群体绩效产生消极作用。

人们对某一角色的态度与实际角色行为的一致性称为角色同一性（role identity）。当一个人充当不同的角色时，他对事物也会有不同的态度。有时候人们的态度与角色行为是不一致的，也就是没有建立起角色同一性。例如，一位主管人员不得不开除一名员工，这是他的主管角色所期待的行为，虽然他做出了这样的行为表现，但他在内心并不赞成这样做，因此他一直处于矛盾的心态之中。

当一个人的角色发生变化时，他可以感知这种环境发生的变化并且迅速调整自己的角色。例如，当群体成员从基层员工提升为管理层时，他所处的环境发生变化，他的态度在随后的一段时间内也就会发生变化。人们之所以可以根据环境迅速调整自己的角色，是源自角色知觉（role perception）。角色知觉是指个体对自己所处的某种环境该作出什么反应的认知。个体的这些认知来自个体周围的多种刺激，具体可以通过朋友、书籍、电视电影、亲身经历等获得对某一角色的认知。

人们作出某种行为反应，是以人们对于别人希望他们怎样做的解释为基础的。所以，角色认知会受到角色期待的影响。角色期待（role expectations）是指别人认为你在一个特定的情境中该作出什么样的反应。例如，人们一般认为高层管理人员应该是西装革履、不苟言笑的人。此外，一个人在群体内长期担任某一角色会使人形成一种心理惯性，他的言谈举止和思想方法都会被打上“角色”的烙印。在角色期待中会涉及另外一个概念，即心理契约（psychological contract）。心理契约是指管理者与员工之间存在的一种不成文的约定，它规定了双方的期待。在心理契约中，如果员工满足了管理者的期待就会受到奖励；如果管理者满足了员工的期待，员工的工作绩效和满意程度就会提高。

当群体成员需要扮演多个角色时，这些角色的期待有时是相互矛盾的，因此会产生角色冲突（role conflict）。例如，在兼并和收购中，员工可能会由于原公司成员的身份和新公司成员的身份而感到苦恼。大多数员工同时处于职业群体、工作群体、部门群体和地区群体，当一种身份的角色期望与另一种身份的角色期望冲突时，这两种身份就会产生碰撞。跨国经营的组织也会导致双重身份，员工会将当地的分公司和整体的组织区分开来。

2. 规范

群体规范（group norm）是指为了完成群体目标和实现群体活动的一致性而对群体成员的行为进行约束的行为标准。它让每个群体成员知道自己在某一特定的情境中该干什么、不该干什么。群体规范有正式规范和非正式规范两种形式。前者有文件性的规定，如国家的法律法规、公司的章程、学校的学生行为守则等；后者一般是不成文的规定，如应当何时表现得很忙的潜规则等。

所有群体都有自己的规范。群体规范一般有四种类型：第一种是绩效方面的规范，群体会告知成员完成群体的任务目标，以及要达到怎样的产出水平和绩效要求；第二种是形象方面的规范，主要是关于群体成员的着装和形象，如在银行工作的员工都要求统一着装；第三种是社会安排方面的规范，一般产生于非正式群体中，社会安排规范的作用是约束非正式群体成员之间的相互作用，如群体成员应该与谁一起用餐、与谁一起做运动、上下班时该与谁一起行动等；第四种是资源分配方面的规范，主要包括成员的薪酬、难度较大的任务安排、新型生产工具与机器设备的分配等。

那么，群体规范是如何形成的？一般来说，群体规范形成的主要途径包括先例、借鉴其他情境、有影响力的成员表述、群体历史中的重要事件等。例如，某一领导特别强调员工在工作期间不得随意外出。又如，在工作过程中，一名员工因为离机床设备太近致使其身体受到伤害，从此以后，所有群体成员引以为戒，形成了规范：工作群体成员应随时注意自身安全，除了机器操作者以外，任何人均需与机器设备保持一定的距离。此外，群体成员的友谊也促使个体努力地学习群体规范，群体内部出现的第一种行为模式经常为群体成员的期望奠定基础。当个体从一个群体到另外一个群体时，也会将原有的行为规范带到新的群体中。所以，一个群体在选择新成员时，更愿意接受那些有相似背景和经历的成员。

相关研究表明，群体可以传递给成员较大的工作压力，引导成员的行为或态度与群体规范保持一致，这就是从众现象（conformity）。从众行为是指个体在群体的引导或压力下，观念或行为向与多数人相一致的方向变化。此外，个体还可能是多个群体的成员，他们只接受来自他们认为非常重要的群体的压力。群体对成员的从众压力及其对成员个人判断和态度的影响，在美国心理学家阿希（Asch，1951）的经典实验中得到了充分证明。阿希把七八个被试者编成一个小组并让他们都坐在教室里，要求他们比较实验者手中的两张卡片。第一张卡片上有 1 条直线；第二张卡片上有 3 条长度不同的直线，这 3 条直线中有 1 条直线和第一张卡片上的直线长度相同。如图 6 – 5 所示，直线的长度差异是非常明显的。被试者只要大声说出第一张卡片上的直线与第二张卡片上 3 条直线中的哪一条长度相同就可以了，通常情况下，被试者判断错误的概率小于1%。但是，如果群体成员开始时的回答就是错误的，会发生什么情况呢？群体对成员的从众压力，会导致不知情的被试者改变自己的答案，以求与群体其他成员一致吗？阿希想知道的就是这一点。为此，他做了这样的安排：让群体其他成员都给出错误回答，这一点是被试者所不知道的。而且，阿希在安排座位时，有意让不知情的被试者坐在最后，最后做出回答。实验开始后，先做了2套类似练习，所有被试者都做出了正确回答。但在做第3套练习时，第一个被试者做出了明显错误的回答，如图6-5中的C线与X线一样长，下一个被试者也做出同样错误的回答，再后面的人都是如此，直到不知情被试者为止。不知情被试者知道B线与X线长度相同，但别人都说C线与X线长度相同，他面临的选择是：自己可以公开地说出与群体中其他成员不同的答案吗？或者，为了与群体中其他成员的反应保持一致，而做出一个自己坚信是错误的选择？

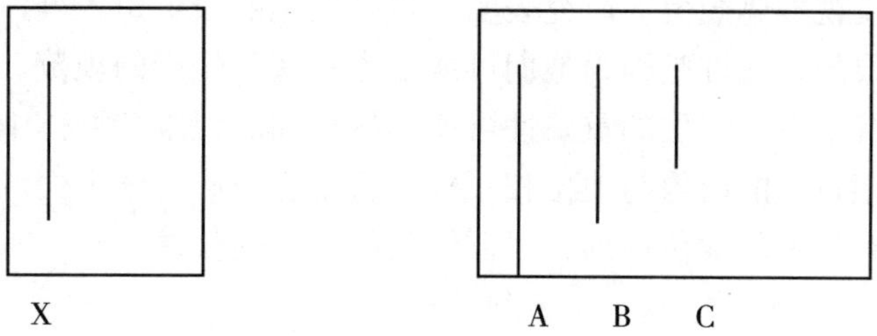

图6-5　阿希从众实验

资料来源：[美] 斯蒂芬·P. 罗宾斯、蒂莫西·A. 贾奇，《组织行为学》，孙建敏等译，中国人民大学出版社2016年版，第226页。

阿希的研究结果表明：在多次试验中，75%的被试者给出了至少一个从众答案，也就是说，他们明知道自己的答案是错误的，但还是顺从了，因为这个错误答案与群体其他成员的答案是一致的。平均每个从众者给出了37%的错误答案。这些实验结果表明群体规范能够造成成员的从众压力。

3. 地位

地位是指他人对群体或群体成员的位置或层级进行的一种社会界定，它渗透到社会的各个角落。地位是一种很重要的激励因素，尤其是在群体内部。地位与群体绩效密切相关。

在绝大多数组织中，地位都有正式的和非正式的两种。正式地位试图区分组织给予员工的职位权力的不同，往往采用不同的地位象征来反映个人在组织中的地位，如工作头衔、特权、额外津贴、从事更体面更容易被认可的工作的机会或者优越的工作条件。

地位象征能从多方面使群体受益。其一，能提醒组织成员时刻记住自己的角色，从而减少不确定性，保持相对稳定；其二，保证表现优秀的人有机会得到各种奖励；其三，通过强化群体的价值观，来增强成员的归属感。因此，组织会通过采用地位象征来强化成员的正式地位。

在组织中，非正式地位也普遍存在。这主要涉及个人某种角色的影响力，而并不是由组织正式认定的。例如，老员工和经验丰富的员工在同事中的地位可能会高一些；那些有特殊技能的人也可能被认为地位要高一些。有些组织中对女性工作价值的贬低和对少数族裔群体成员的歧视，也是非正式地位的现实例子。

地位高的人要比地位低的人影响力大。这一发现在三人爆破小组决策制定的经典案例中得到了很好的印证。爆破小组在决策中遇到困难，实验者向每个小组中地位较低的和地位较高的两个人分别提供同样的暗示，结果发现，尽管两人提出的解决方案一样，但由后者提出来比前者更容易被组内其他人接受。这显然与后者的地位较高有关，因为他们拥有较高的军衔，自然被当作更有经验的人看待，他们也因此更具影响力。

研究表明，地位对群体规范的作用以及从众压力有一些有趣的影响。与其他成员相比，地位较高的群体成员常常享有比其他成员更大的自由来偏离群体规范。医生会拒绝接受级别较低的保险公司员工所作的行政决定。地位高的成员比地位低的成员更能抵制从众压力。如果一名成员受到群体器重，而他又不需要或者不在乎群体给他提供的社会性奖励，他就很有可能漠视群体规范。研究表明，将高地位的成员引入群体可能会提高群体的绩效，但作用是有限的，或许是因为他们可能带来一些反生产的规范。

在不同的文化背景下，地位的重要性可能不尽相同。但维持群体中的地位公平感是十分重要的。员工希望自己的所得与地位相一致，否则会引起群体内失调状态，并导致调整行为。群体内通常有一致的地位标准，但群体间常出现地位冲突。

4. 群体规模

群体规模（group size）是指群体中成员的数量。那么，群体规模是否会影响整个群体的行为和绩效呢？答案是肯定的。群体规模会影响整个群体的行为，但这种影响的效果依赖于所关注的结果。研究表明，在完成任务方面，小型群体的速度要快于大型群体，个体在小型群体中的绩效往往更好。然而，当任务的复杂性与难度较高时，大型群体（人数 12 人以上）的绩效要优于小型群体，因为大型群体的资源数量与异质性要高于小型群体，所以大型群体在完成复杂任务过程中的工作效率要更高。

最有效的群体规模是由群体成员互动和相互影响的能力所决定的。群体成员间的互动受群体成熟度、群体任务、个体成熟度、群体领导沟通能力、潜力、冲突和任务活动能力等因素的影响。在有些情况下，最有效的群体规模是 3 ~4 人；在另一些情况下，超过 15 人的群体才是有效的规模。

20 世纪 20 年代末，德国心理学家麦克斯·瑞格尔曼比较了拔河实验中的个人绩效和群体绩效。他最初预计，3 个人一起拔河的拉力是一个人单独拔河时的 3 倍；8 个人一起拔河的拉力是一个人单独拔河时的 8 倍。但平均来看，一个人单独拔河产生 63 千克力，在 3 人组成的群体中，个人拉力强到了 53 千克力，在 8 人组成的群体中个人拉力强到了 31 千克力。有研究者利用类似的任务重复了瑞格尔曼的研究，这些重复研究基本上支持了瑞格尔曼的发现：随着群体规模的增大，群体绩效也会增加，但新成员的补充却降低了生产率方面的收益。从总体生产率来讲，4 人群体大于 3 人群体，但随着群体规模的增大，每个群体成员的生产率水平却降低了。

实验表明，个体在群体中工作时可能不如单独工作时努力，这种现象被称为社会惰化（social loafing）现象。社会惰化是指个体在群体中工作时不如单独工作时那么努力的倾向。是什么原因导致了社会惰化效应呢？一种可能是，群体成员认为其他成员没有尽到应尽的职责。如果个体觉得别人是懒惰或无能的，个体就可能会降低自己的努力程度，这样个体才会觉得公平。但如果只是不作贡献的话，还不足以被贴上“搭便车”的标签。对群体而言，真正社会惰化的人会以一种剥削的方式从其他团队成员那里获利。对社会惰化的另一种解释是责任分散。由于群体活动的结果无法归因到某个具体成员身上，因此个人投入与群体产出之间的关系就会变得模糊不清。在这种情况下，个体可能会试图成为一个“搭便车”者——趁机搭上群体努力的便车而不用自己花费太大的力气。这对组织行为学具有重要的意义。当管理者希望借助群体的力量来提升工作士气和团队精神时，他们必须能够识别个体的努力程度。如果做不到这一点，管理者就需要在员工满意度的提高和生产率的下降之间作出取舍。

防止社会惰化的方法有以下五种：第一，设立群体目标，使群体为之共同努力；第二，增加群体间的竞争，使各群体更关注自己的绩效；第三，开展同事评估，让每个人对其他成员的贡献进行评价；第四，挑选愿意在群体中工作，拥有较高积极性的成员；第五，如果可以的话，群体奖励在一定程度上按照每个成员的独特贡献来制定。

5. 群体构成

群体构成一般是指群体成员的同质性和异质性。从构型角度来看，群体可以分为同质性群体（homogeneity group）和异质性群体（heterogeneity group）。同质性群体是指群体成员在群体工作的某一或某些方面具有相似性；异质性群体是指群体成员在群体工作的某一或某些关键方面呈现差异。现有研究表明，同质性群体适合承担简单的、需要密切配合的常规性工作任务。同质性群体的成员在思想上比较统一，行为方式也比较相似，容易沟通和协调一致，因此较少产生矛盾冲突，决策的速度也比较快。但是，当同质性的群体处理创新型问题时，由于他们的思想和行为方式过于一致，解决问题的思路容易产生局限性，因此，有时人们需要异质性群体成员，以便在知识、经验、个性等方面形成互补。例如，有的公司招聘员工时不希望有太多来自同一所大学的应届毕业生，有些大学同班同学一起创业的结果并不理想等。

在组织变得更加多元化的过程中，群体构成具有特别重要的影响。一般而言，文化多元化群体的管理者应当有如下预期：群体成员间可能相互不信任；刻板印象也是问题之一，沟通几乎可以肯定会出问题。因此，管理者应当事先就认识到，这样的群体很难顺利运行，至少在初期是如此。管理者们可能需要花更多的时间帮助文化多元化群体在发展成熟的过程中跨越艰难的阶段，这样的群体可能需要比正常情况下更长的时间才能胜任任务。

四、群体内的互动过程

社会学把人们的交往联系称为社会互动，社会互动包括个体与个体的互动、个体与群体的互动、群体与群体的互动。互动双方始终是互相联系、互相依存、互相影响的。组织行为学研究的群体互动过程，是指群体为了完成某项任务，其成员与群体内其他成员或其他群体的成员之间发生的互动过程。群体互动过程包括群体内与群体间的互动过程。群体内互动主要包括群体内成员之间交流信息、群体处理决策、领导行为、权力运作、处理冲突等。本节用群体内互动过程的影响（见图 6－6）来解释群体内互动过程对群体成员产生的协同效应、社会促进效应、社会致弱效应和社会标准化效应。

潜在的群体有效性	+	过程增量	－	过程减量	=	实际的群体有效性

图 6－6　群体内互动过程的影响

资料来源：张新国，《组织行为学》，上海财经大学出版社 2014 年版，第 101 页。

1. 协同效应

协同效应（synergy effect）是指两种及两种以上的物质相互作用后产生的效果，不同于单个物质产生的作用之和。协同效应有正和负之分。从图 6－6 可以看出，当群体互动过程中的过程增量大于过程减量时，群体绩效就会表现出“1 + 1 > 2”的正向协同效应。例如，中国高铁技术取得的突破就是研发工程师团队正向协同效应的体现。当群体互动过程中的过程增量小于过程减量时，就会表现出“1 + 1 < 2”的负向协同效应。

2. 社会促进效应

社会促进效应（social facilitation effect）是指人们在共同工作或有人在旁边观察的时候，劳动效率会比单独进行时提高。例如，相关研究表明，自行车运动员单独训练时骑车的速度要比和多个运动员共同训练时慢 20%；工人一起绕鱼线比单独绕鱼线的效率要高 10%。社会促进效应是指由于满足了个体的心理需求、增长了勇气和信心，消除了单调疲劳，从而增强了个体绩效。

3. 社会致弱效应

社会致弱效应（social weak effect）是指个体在群体中所取得的工作绩效比其单独进行时要差得多的情况，这种现象与社会促进效应正好相反。社会致弱效应往往是劳动者感受到别人的关注而刻意想表现自己，担心出现失误，这会造成过于紧张而影响了实际工作的效果。当劳动者的绩效水平与工作激情的变动呈负相关关系时，就可以说社会致弱效应出现了。

4. 社会标准化效应

社会标准化效应（social standardization effect）是指在群体规范的制约下，群体的意见、观念和行为趋于相同的倾向。研究表明，单独情境下个体间的行为差异大于群体情境下成员间的行为差异。也就是说，人们在群体中常会失去个人的意识而采取一些非本人独处时所采取的行动。由于在群体情境下，群体成员的注意力往往从自我行为标准向群体行为标准转移，群体成员之间相互感染、盲目跟随以及从众压力的影响，使群体成员常常表现出趋同现象。

我们将群体成员互动过程中四种效应所产生的结果概括为两种——积极效果和消极效果。当群体内的互动过程带来积极效果，使群体的总产出量大于群体成员个人产出量简单相加之和时，就会出现“过程增量”，则群体实际绩效水平将大于群体潜在绩效水平；反之，当互动过程带来消极效果时，就会出现“过程减量”，从而使群体的实际绩效水平小于其潜在绩效水平。

五、群体思维

群体思维是指群体中的从众压力使得该群体难以批判性地评估那些不同寻常的、由少数派提出的或者不受欢迎的观点。当群体思维出现时，群体在无意识间选择了意见一致的方案而不是最好的方案，个体成员可能认为提出反对意见是不合时宜的。群体思维在许多组织决策的场合都会存在。

促成群体思维的主要因素有内聚力、领导者倾心的方案以及绝缘于专家意见。时间压力的增大和领导者未能鼓励批判性思考会进一步加剧最初的群体思维症状。在群体思维的氛围中，决策缺陷的可能性将会增加。群体很难做到评估所有的方案，他们将专注于少数几个方案。在讨论偏好的方案时，群体可能忽视了不明显的风险和缺陷。群体可能不再检验之前被拒绝的方案，即使在他们已经得到了新的信息之后。群体可能拒绝与其偏好不一致的专家意见，而只关注支持偏好方案的信息。

第四节　群体凝聚力

群体凝聚力（group cohesion）又称群体内聚力，是群体保持集合度的承诺程度，它来自促使群体成员留在群体中的各项因素。群体凝聚力是群体发展水平的指标。高凝聚力群体成员表现的心理感受是对群体的认同感、归属感和力量感。在凝聚力强的工作群体内，成员会互相吸引，认可群体的目标，并且在工作中互相帮助；在凝聚力不强的群体中，成员则互相不喜欢对方，甚至可能工作的目标不一致。从本质上讲，凝聚力就是一种整体感觉，一种集体精神，一种归属感。对于任何一个群体，群体凝聚力均具有十分重要的意义，它是实现群体任务目标以及群体成长与发展的必要条件。

一、群体凝聚力的影响因素

凝聚力是指成员之间相互吸引以及愿意留在该群体中的程度。有些工作群体的凝聚力高，原因可能是成员之间合作了很长时间，或者是外界威胁使得群体成员紧密团结起来。通常，人们认为工作效率高的群体有着较高的凝聚力。那些协调一致、团结合作、成员彼此喜欢的群体，会比缺乏合作、群体成员冲突矛盾较多的群体有着更良好的工作绩效。对于管理者来说，建设一个有高凝聚力的工作群体是非常必要的。

1. 群体成员的互动频率

群体凝聚力会受到群体成员在一起人际互动的频率的影响。群体成员之间的互动时间越长、次数越多，彼此相互了解得越透彻，在交流沟通和协作完成任务时的障碍就越小。此外，相处的时间越久，成员之间的关系就更为融洽，相互之间的吸引力就更强，整个群体的凝聚力就越强。

2. 加入群体的难度

一个外部人员想加入某一群体的难度越高，说明这个群体的凝聚力越强。在一个高凝聚力的群体中，成员之间一般具有更多的相似性，这种相似性为他们之间的交流合作搭建了一个良好的平台，有助于增强他们之间的凝聚力。

3. 群体规模

群体规模越小，成员之间彼此互动交流的机会就越多，大家会更加团结一致，但群体规模太小也会失去平衡，可能会出现难以调解的矛盾；与此相反，群体成员越多，群体成员之间的交流也就越困难。例如，一家公司刚成立的时候人数很少，员工相互间比较容易熟悉、交流，凝聚力比较强；公司规模增大时，很多员工相互之间都不认识，整体的凝聚力相应就会减小。

4. 群体成员的性别结构

研究表明，成员全部为男性的群体凝聚力要比成员全部为女性，或者成员既有女性又有男性的群体的凝聚力要低。因为与男性相比，女性的竞争性较弱、合作性较强，这就有助于增强女性群体或者混合群体的凝聚力。

5. 外部威胁

当一个群体受到来自外部的威胁时凝聚力就会增强。因为群体与外部的矛盾超越群体内部的矛盾成为群体的主要矛盾，群体会把主要注意力集中在应付外部威胁上，整个群体的凝聚力就会增强。例如，在人类历史上，当一个民族受到侵略时，整个民族会爆发出空前的凝聚力。

6. 以往的成功经验

人们都喜欢处于一个具有成功经验的群体中，成功的群体中成员的忠诚度更高，更愿意留在群体中。拥有成功历史经验的群体，一般都拥有较强的凝聚力和团队精神，这对于群体外部的人员往往具有较强的吸引力。因此，成功的企业进行人员招聘时具有更广的选择空间，可以吸引更优秀的人员。

二、凝聚力对群体生产力的影响

在群体绩效因素的研究中，有很多专门研究凝聚力和群体生产力的关系。高凝聚力的群体比低凝聚力的群体似乎更有效率，这在企业的研发部门中表现得最为明显。根据一项对群体特性和生产力的研究，群体凝聚力是唯一的与研发人员高绩效持续相关的因素，然而，从组织层面来说，当群体目标与组织目标一致时，高凝聚力群体的生产力可能高于低凝聚力群体。也就是说，如果高凝聚力群体的目标符合组织利益，则会带来组织生产力的提高。在前面的讨论中，我们假定凝聚力都是积极的，事实通常也的确如此。例如，人们都乐于加入凝聚力强的群体，在工作中有交叉的群体中，成员们参与活动更积极，也更乐意接受群体的目标；与凝聚力弱的群体相比，凝聚力强的群体的缺勤率会更低。毫不奇怪，高凝聚力的群体成员往往会共同努力，让群体工作成效显著，并且很少会主动离职。

然而，凝聚力强的群体也可能会产生问题。例如，如果一个具有很强凝聚力的群体的目标与组织的目标不一致，这个群体可能会对组织利益造成很大损害，甚至与组织利益背道而驰。因此，我们必须意识到，凝聚力是一把“双刃剑”，它既可以发挥积极作用，也可以带来消极影响。

案例讨论

金爵曼公司的成功之路

1982年，温兹威格和萨吉萨在美国密歇根州创建了金爵曼熟食店。他们都是美食爱好者，以用独特、传统的食材制作出味道鲜美的三明治和其他传统美食为傲。对于他们而言，从世界各国寻求各式各样的烹调方法，以及孜孜不倦地寻找最好的调味品（如国外的油、醋和橄榄等）显然已经成为一种享受。在保证高质量的服务及友好氛围的基础上，为了能够进一步拓展业务，他们二人将原来的熟食店概念进行了拓展，使之涵盖了一个与食物业务相关的社群，他们称之为金爵曼商业社群。如今的金爵曼商业社群不但包括最初的熟食店，还包括面包店、奶茶店等。创始人始终如一地强调高品质的食物、高质量的服务，并将服务顾客作为一项使命，时时刻刻为顾客着想。这些已经成为金爵曼企业文化中非常重要的一部分。

金爵曼商业社群用来管理业务与训练员工的最重要的工具，是其开发的特有“产品”——标准操作程序。这套程序涵盖了该商业社群顺利完成重要目标的关键程序。在培训期间，新员工会学习“销售食物四步法”。其中，第一步是了解食物，包括如何制作面包和保存橄榄，另外，对各类食物的做法规定了非常明确的步骤。该商业社群的“三步法保证完美的财务业绩”建议员工了解财务运作方式，以周为单位衡量财务业绩，并且确保所有员工能从财务业绩中受益。

随着金爵曼商业社群这个概念的成功传播，其他一些组织开始试图效仿，组织参加该商业社群的培训，学习其成功之道，并向其进行业务咨询。现如今，各行各业（如医院、旅店、银行、杂货连锁店等）都派送他们的员工去密歇根州学习金爵曼商业社群通向成功的步骤，这些步骤不但非常有效，而且能够切实地提高员工满意度，最终提高组织绩效。

（资料来源：[美] 珍妮弗 · M. 乔治、加雷思 · R. 琼斯，《组织行为学》，于欣、章文光等译，北京大学出版社 2010 年版，第 285 ~ 287 页。）

讨论题

1. 什么是商业社群？商业社群具有哪些特征？
2. 金爵曼公司的成功经验有哪些？

本章思考题

1. 构成群体的要素有哪些？
2. 群体的分类有哪些？
3. 群体发展的五阶段模型包括哪几个阶段？

4. 影响群体绩效和满意程度的因素有哪些？
5. 影响群体凝聚力的因素有哪些？
6. 群体凝聚力和生产效率之间存在怎样的关系？

本章重要概念

正式群体	非正式群体	群体发展五阶段模型	间断—平衡模型
群体结构	群体规范	协同效应	凝聚力

第七章

团队建设

本章首先阐述团队的概念和构成要素，了解群体与团队的区别、不同类型团队的特点和作用，以及团队的形成原因；其次阐述团队角色，理解团队角色理论及其应用；最后阐述高绩效团队的内涵、特征和如何建设一支高绩效团队。

【学习目标】

1. 了解群体与团队的区别。
2. 熟悉团队角色。
3. 掌握不同类型团队的特点。
4. 掌握高绩效团队的建设措施。

【引导案例】

我们真的算是同事吗？

1999 年，萨利·巴罗（Sally Barlow）从学校毕业，获得了 MBA 学位，之后她开始为一家总部在美国的日本银行工作，负责为商业信贷部门分析大型跨国企业的金融情况。萨利的分析很大程度上会影响总部的决策，而银行总部的决策通常都是上亿美元的贷款。

与萨利共同做分析工作的是加贺吉（Yoshi Kagami）和桑德拉·马库斯（Sandra Marcus）。加贺吉是一位日本男性，曾经在日本和美国分别工作过五年和三年，这八年的时间他都作为一个分析师在为银行工作，而桑德拉·马库斯同萨利一样也是美国 MBA 毕业，并且已经为银行工作了将近三年。虽然这三个人在一起工作后并没有过多交往，但是萨利和桑德拉的关系非常友善，他们会经常在一起吃午餐，而加贺吉则总是和其他日本雇员一起吃午餐。

一天，在吃午餐时，萨利告诉桑德拉，她觉得那些日本同事对她并不信任，有时在共事时她还觉得自己受到了排挤，萨利非常难过，她伤心地说："我有时候都觉得加贺吉对我们的态度不好，也像是在排挤我们一样。"桑德拉回应说："其实我也这么认为，所以我准备离开了，下周我就有一个美国银行的工作面试。"

（资料来源：［美］安妮·玛丽·弗朗西斯科、巴里·艾伦·戈尔德，《国际组织行为学——理论、案例、操练》，顾琴轩译，上海人民出版社 2014 年版，第 94 页。）

第一节 团队概述

本节主要阐述群体和团队的区别、团队的构成要素与特征，以及不同类型团队的特点。通过本节的学习，可以对团队有一个初步的了解和认识，为团队建设的理论知识学习奠定基础。

一、团队的概念

团队（team）由群体演变而来，指的是由少量拥有互补技能的人因相互认可而组成的相互作用、相互依赖并且具有共同目标的群体。当组织为了更加高效地开展竞争而进行结构重组时，它们将团队当作利用员工能力的一种更好的方式。在多变的环境中，团队比传统的部门结构或其他形式的长期部门更为灵活，反应也更为迅速。工作团队（work team）是指能够通过成员的协调努力产生正面协同效应，从而实现共同目标的团体。

二、团队的构成要素

团队的构成要素主要包括以下五个方面。

1. 目标

成功的团队能够将共同的宗旨转化为明确的、可测量的、实际的绩效目标。如果没有明确的目标，那这个团队就没有存在的价值。而且，团队目标必须同组织目标相契合，才能保证团队目标的顺利实现。根据目标设置理论，团队可以将自身的目标分解，分解后的目标分配给团队成员，最终团队成员共同实现团队目标。

2. 人

人是构成团队最核心的力量。两个及以上的个体就可以构成团队。团队成员必须包含发现问题、提出解决问题的建议并作出有效选择解决问题的人；具有技术专长的人；善于聆听、反馈、维护人际关系的人。团队中不同的人有不同的分工，承担的责任也不同，但最终目标——团队目标却相同，因此，在选择团队成员的过程中，应当考虑团队成员的技能经验、能力互补等问题。

3. 定位

定位主要体现在团队层面与个体层面，具体表现为团队在运行过程中应当思考的五个问题：（1）团队在组织中的地位；（2）谁来决定团队成员；（3）团队目标是什么；（4）团队激励成员的方式；（5）团队成员的角色分配。

4. 权限

团队领导人所拥有的权力大小与团队所处阶段有关。团队发展初期，团队成员需要与其他成员相互熟悉，这个时期，团队成员会感到混乱，团队中领导人的权限相对比较集中；随着团队的发展，团队中各成员明确了自身的角色、职能、规则，团队中领导人的权限相对较分散。团队权限的影响因素主要包括：（1）团队在组织中的地位与权力，如人事决定权；（2）组织结构。

5. 计划

计划是团队实现目标所需的具体方案，团队只有制订相应的计划，才能一步一步不断接近团队的最终目标，否则就是漫无目的地工作，甚至可能最终会偏离团队目标。

三、团队与群体的比较

团队与群体不同，我们要厘清团队与群体的差异。群体是为了实现某个特定的目标而聚集起来的一群人，群体成员之间并没有依赖性，随着群体人数的增加，群体成员之间的差异变得模糊，人数越多，越有可能表现出群体特征和群体本能，如从众行为。而团队则不同，贝尔宾认为，团队人数有限，人员都是经过管理者仔细选拔并结合到一起的，为完成共同的目标而承担不同的使命。团队的每个成员都会努力寻找自己在团队中的角色。因此，团队和群体的成长方式和聚集原因具有根本性的差异。

罗宾斯（Robbins，2013）将工作群体与工作团队的区别概括为以下四个方面。

（1）群体强调信息共享，团队则强调集体绩效。

（2）群体的作用是中性的（有时是消极的），而团队的作用往往是积极的。

（3）群体责任个体化，而团队的责任既可能是个体的，也可能是共同的。

（4）群体的技能是随机的或不同的，而团队的技能是相互补充的。

图 7－1 展示了群体与团队的区别。

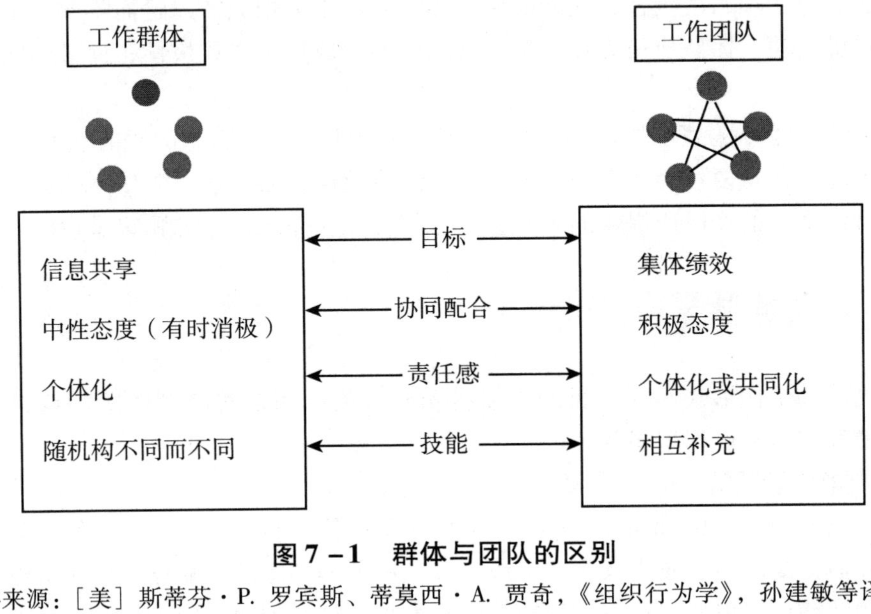

图 7－1　群体与团队的区别

资料来源：［美］斯蒂芬·P. 罗宾斯、蒂莫西·A. 贾奇，《组织行为学》，孙建敏等译，中国人民大学出版社 2016 年版，第 247 页。

四、组建团队的目的

管理者组建团队，可以提高劳动生产率、减少组织层次、满足快速决策的需要、实现团队成员的多样性、提高工作质量、提升顾客满意度等。

（1）提高劳动生产率。组建团队完成工作任务相较于组织成员单独完成工作任务的工作效率和工作绩效都要高，因为在团队工作中，成员角色分明、技能互补，会达到“1 +1 >2”的效果。

（2）减少组织层次。减少组织层次而相应进行的组织结构重组和规模缩减可以有效节约管理成本，从而使组织更好地为顾客提供服务。因此，组织应不断减少甚至消除管理层次，达到扁平化，这样可以减少中间管理层和监督人员的工作，使一线生产工人获得更多的自主权、承担更多的责任。

（3）满足快速决策的需要。团队内部往往具有较为通畅的沟通网络，促进决策所依据的信息能够迅速在成员之间传递，并且团队成员在决策过程中可以发挥各自所长，增强决策信息的丰富程度，提高团队群体决策的效率。

（4）实现团队成员的多样性。组织中员工由于自身条件各不相同，员工的需要也各不相同，而团队的存在使团队成员达到了求同存异，也就是说，即使团队成员的背景不同、生活经历不同，团队仍然可以迸发出活力。因此，团队成员的多样性有助于创新性想法的产生，可以增强团队整体的创造力。

（5）提高工作质量。当个体独自完成某一项工作任务时，他必须单独承担相应任务的责任，对风险的承担会让个体在完成工作时忽略一些工作细节，而当个体在团队中工作时，团队负责整个项目的责任，这能够使个体克服由于惧怕失败风险而不敢在工作中进行创新或突破的想法，团队成员责任共担，有利于调动成员工作积极性，促进团队工作质量的提升。

（6）提升顾客满意度。顾客满意度是组织成功的关键，满意的顾客会为组织带来生产和发展所需要的重复性经营活动。无论是在制造业还是服务业，工作团队通过集思广益为顾客设计制造出的产品或提供的服务会更加契合顾客需求，增加顾客满意度。

五、团队类型

根据团队的工作形式和存在目的可以将团队分为：问题解决型团队、自我管理型团队、多功能型团队和虚拟型团队。

1. 问题解决型团队

问题解决型团队（problem-solving teams）成员往往来自同一部门，他们每周会面几小时来讨论如何提高质量、效率和改善工作环境。这种类型团队的缺点在于成员没有实际权力来根据团队商讨提出的建议采取行动，成员参与决策过程的态度不积极。

在团队刚刚兴起的时候，采用的就是这种问题解决型团队的模式，如 20 世纪 80 年代广泛应用的“质量圈”就是这种类型的团队。质量小组成员为一些基础的管理者和一般员工，小组中大概有 6～10 人并且都是自愿加入，人数较少方便成员间相互交流沟通。小组定期举行会议，选择工作环境中共性的质量问题加以分析并提出解决方案。

2. 自我管理型团队

自我管理型团队（self-managed work teams）是真正独立自主的团队——自行提出并实施相关问题的解决方案。团队中通常有 5～15 名成员，这些成员承担一些本应由上级领导者承担的任务。自我管理型团队的任务可以是高度相关的，也可以是相互独立的，这种类型的团队还能承担一部分监督责任。

自我管理型团队拥有比其他类型的团队更大的自主权。一旦给自我管理型团队确定了团队目标，它就有权自主决定工作细节。这种类型的团队常常可以挑选自己的成员，并让成员相互评价工作成绩，其结果就是监督管理角色的重要性越来越低，甚至可能被取消。但自我管理型团队有一个很大的缺点：权力下放使团队成员获得更多的自主权，这虽然会提升团队成员的满意度，但有时也会相应地增加缺勤率和流动率。因此，在确定成立自我管理型团队之前，要先判断组织的成熟度和员工的责任感，然后再确定自我管理型团队的发展趋势。

3. 多功能型团队

多功能型团队（cross-functional teams）能促使来自不同领域的员工交换信息、激发新想法、解决面临的问题、协调复杂的项目。这种类型的团队成员往往由组织中等级高度类似却来自不同工作领域的员工构成，他们的共同目标就是一起完成一项工作任务。多功能型团队也存在一些缺点：由于团队成员拥有不同的知识、观念和背景，再加上工作任务复杂，团队建立初期成员可能需要较长时间的磨合；另外，多功能型团队对成员素质的要求较高。

4. 虚拟型团队

信息技术的快速发展，打破了人们传统交流方式的规则，使人们的交流不再局限于时间和空间的限制，移动办公和异地办公日渐增多，组织工作环境也发生了相应变化，虚拟型团队作为一种新的团队形式应运而生。虚拟型团队（virtue teams）是指利用信息技术把分散在不同地方的成员联系起来以实现某个共同目标的工作团队。例如，波音公司在制造波音 777 飞机时就采用了虚拟团队的形式。虚拟团队和传统团队的不同之处在于，虚拟团队使用通信技术打破了时空和组织边界的限制，加强了团队成员之间的联系和相互协作关系。它的主要优点为：可以实现对更广范围的资源进行整合；降低成本的同时提高组织效率；满足员工的低层次需要。

随着团队的兴起和发展，团队的类型也有了新的发展，一些新的团队类型开始出现，如跨部门与跨组织团队、学习型团队、跨文化团队等。其中，跨部门的团队消除了部门分割，提高了内部业务流程效率；跨组织团队是对传统组织边界的超越，是对外部流程或者说市场的重组；学习型团队的成员能够有意识地、系统地和持续地不断获取知识、改善行为、优化团队体系，使团队在变化的环境中保持良好的生存和健康和谐的发展；跨文化团队由来自不同国家、民族和地域的人组成。

第二节 团队角色

团队角色（team role）是指团队成员为了推动整个团队发展而在与其他成员交往时所表现出的特有的态度和行为方式。团队成员在团队中往往充当不同的角色。早在20世纪40年代，研究人员就对团体成员所担任的不同角色展开研究，提出了许多关于团队角色的理论，其中最具代表性的是梅雷迪思·贝尔宾（Belbin，1993）提出的团队角色理论。本节将具体阐述贝尔宾的团队角色理论及其应用。

一、团队角色理论

面对繁复的工作时，尽管个人的能力有限，但团队聚集了强大的力量。个体需要明确自身在团队中的位置，做好自己的本职工作，与团队中其他成员协调配合，才能最大化地发挥自己在团队中的价值，为团队目标的达成贡献力量。

贝尔宾教授通过在剑桥产业研究培训部长达9年的团队试验研究，提出了著名的贝尔宾团队角色理论（team role theory）。贝尔宾运用团队角色模型对不同特征的团队成员角色进行描述，以更深刻地认知团队中成员的行为。贝尔宾团队角色理论认为高效的团队工作有赖于默契协作。团队成员需要清楚地了解自己和团队其他成员所扮演的角色，了解如何在与其他成员互补的同时发挥自己的优势。贝尔宾认为一支结构合理的团队应该由八种角色组成，后来修订为九种角色。这九种角色分别为：创新者、实干者、完美者、推进者、技术专家、监督者、凝聚者、信息者和协调者。

1. 创新者

创新者（plant）的特点在于拥有高度的创造力、有个性、思想深刻而又不拘一格，知识面广、充满想象力、在团队工作陷入困境时能够发挥创新思维提出解决方案。但是，创新者往往好高骛远，高高在上，不拘礼仪，不重细节。创新者与他人合作时往往会过分强调自己的观点，这反而会降低推进速度。

创新者往往是非常稀缺和宝贵的。应提倡并鼓励成员张扬个性，如果只是让团队成员遵循既定的规章制度，创新者的优势就无法显现。从外界引入创新者能够冲击到目前的团队，促进创新性思维的形成。

2. 实干者

实干者（company worker）也称作探索者或者倡导者。实干者保守可靠，工作中勤奋努力，组织能力较强，实践经验丰富，计划性强，效率较高，会根据团队的需要完成工作，是完成团队目标的重要力量。但实干者灵活性不高，对没有把握的主意不感兴趣。

3. 完美者

完美者（completer finisher）也称为评价者。完美者追求完美，持之以恒，在团队中表现勤奋、认真，时刻充满紧迫感。完美者能够根据预期目标分步展开各阶段工作，坚持不懈地为目标的达成而奋斗。但完美者容易为小事焦虑，不太愿意放手，有时吹毛求疵。

4. 推进者

推进者（shaper）目标明确，工作热情高，办事效率高，能够主动思考问题的解决方案。推进者往往也是行动的发起者，他们效率极高，高压下也拥有充沛的精力，是团队快速行动的最高效成员。但推进者爱冲动，易急躁，缺乏耐心，好激起争端，不会以幽默的方式缓和紧张氛围。

5. 技术专家

技术专家（specialist）也称为总结者或者生产者。技术专家通常能够提供不易掌握的专门知识和技能，在团队中专心致志，主动自觉。通过技术专家专业性的支持和帮助，团队能够顺利渡过技术难关。但是，技术专家多局限于狭窄的技术或专业知识范围，沉迷于个人的专业兴趣，而几乎不能在其他方面为团队作出贡献。

6. 监督者

监督者（monitor evaluator）通常比较严肃、理智，遇事冷静严谨并能够作出精准判断。监督者善于分析和评估，考虑全面，往往能够帮助团队在关键性决策上作出正确判断。但监督者往往缺乏激发他人潜力的能力，监督者自身一般也很难被他人鼓舞和激发。

7. 凝聚者

凝聚者（team worker）性情温和，敏感，在意他人想法，乐于与他人合作。凝聚者交际能力强，能够调解团队中的矛盾和冲突，促进成员展开合作，是团队的凝聚剂。但凝聚者在危急时刻往往不能果断作出决策，他们往往把作决定看成会影响人际关系的有风险的事。

8. 信息者

信息者（resource investigator）性格外向，好奇心强，思维敏捷，交际能力强。信息者适合外联工作及一些持续性的谈判工作，善于搜集和分析数据，对事务能够作出理性判断。但信息者的兴趣和关注点容易转移。

9. 协调者

协调者（coordinator）遇事客观、冷静，自控力强，富有感召力，能迅速发现团队中成员的优势，善于协调团队中存在的复杂关系，是团队中的调节剂。协调者在智力和创造力方面并不出众，一般属于中等水平，这往往是他们的限制因素，有时团队目标实现后，协调者可能会把团队的成果据为己有。

团队是一个整体，每一种角色都有其不可替代的作用。一般来说，创新者提出看法建议，信息者补充信息、提供资源，实干者整理、建议运筹计划，推进者推进团队意见达成一致并朝向决策行动，协调者确定团队角色分工，监督者对团队成员作出评价，完美者查漏补缺，凝聚者克服团队分歧。团队角色的主要心理和行为表现如表 7－1 所示。

表 7－1　团队角色管理

团队角色	主要心理、行为表现
创新者	产生创新思想
实干者	倡导和拥护所产生的新思想
完美者	分析决策方案

续表

团队角色	主要心理、行为表现
推进者	提供结构
技术专家	提供技术指导并坚持到底
监督者	检查具体细节
凝聚者	处理外部冲突和矛盾
信息者	寻求全面的信息
协调者	合作与综合

资料来源：Belbin，Meredith. *Preface-Team Roles at Work*（Second Edition）. Team Roles at Work，2010：121.

团队建设可参照贝尔宾团队角色模型的理论框架，诊断团队各成员的角色状态，让成员更明确其在团队中应扮演的角色，使成员特点和行为更符合团队的需要，使团队工作更具效率。

二、团队角色理论的应用

贝尔宾团队角色理论自形成以来在很多大型企业（如波音、三菱等）都得到了广泛的应用，并取得了很大成功；此外，很多机构（如联合国、世界银行等）也采用了该模型。在团队管理过程中，此模型主要应用于以下三个方面。

1. 组建角色搭配合理的团队

根据团队角色理论，管理者要想组建一个团队，在关注成员的性格特点和职能特征的同时，还应强调成员间角色组合的合理性。一个好的团队需要九种角色相互权衡、相互制约、互补创新、并立前行、达到协同效应，最终实现团队目标。在实际团队合作中，根据团队目标和规模的不同，不一定要九名成员担任九种角色，有时会出现一位成员扮演多个角色或多个成员扮演一个角色的情况，但总体来说，团队中应当角色齐全，团队成员功能互补，才能组建一个高效的团队。

组建工作团队时，在团队成员选择方面，管理者应清楚成员的职能特征与性格特征，注重团队成员的角色分配，保证成员间能力互补；在团队分工上，应使团队成员自身的性格特征与职能特征同其在团队中所扮演的角色相匹配；在增补团队成员时，应在明确团队的角色组合现状后甄别、选拔团队空缺角色的成员，以保证团队角色不冗余、不空缺，维持团队成员的角色平衡。

2. 建设高效能的工作团队

根据贝尔宾团队角色理论，团队建设过程中，管理者需要把握团队成员之间的种种差异，并且为团队最终的统一整合作出贡献。团队从最初的阶段发展到最终的成熟阶段一定是经历过团队成员角色的冲突、磨合与适应的，一个有效团队的形成有赖于团队成员能否清楚地识别并扮演自己在团队中的角色。

影响团队成员角色有效性的因素通常包括角色模糊、角色超载和角色冲突。角色模糊是指个体所扮演的角色因接收到的相关信息明显不足而导致个人无法清楚获得自己的角色期望；角色超载是指因角色当事人面对过多的角色要求，无法在限定的时间内完成每一个角色的要求，或者是因觉得当事人能力和拥有的资源不足，无法应付职位的要求；角色冲突是指个人的行为与期望不一致，或违反组织命令指挥统一原则，角色冲突的主要原因是角色准备不足、实际团队角色和团队角色偏好不一致等。

以上三种因素都会影响团队的工作效率。为了使团队成员可以成功地在团队中扮演适合自己的角色，克服角色模糊、角色超载和角色冲突为团队成员带来的难题，首先，团队成员应该对自己在团队中的角色有一个清晰明确的定位，可以根据相关角色测评工具等推断角色状态；其次，团队成员要学习新的知识技能，使自己能够适应不同的角色要求，可以通过角色培训、角色交换等方法适应不同的角色、学习不同的技能；最后，团队成员可将自己扮演的团队角色融入自己的性格特征中，使自己与角色更加融合。

3. 发展动态平衡的工作团队

根据团队角色理论，有效的团队需要九种角色支撑。在团队发展过程中，应该关注团队合作的静态平衡与动态平衡。动态平衡是指当团队缺失某一团队角色时，团队中的其他成员能够自动承担起该团队角色，维持团队工作的正常开展。当今时代背景下，组织对团队成员的要求越来越高，人员流动也相对加快，团队能否正常运作，维持动态平衡至关重要。

维持团队的动态平衡需要增强团队成员的角色弹性。团队中每个成员都有自己特定的角色，角色不同导致成员在团队中的分工不同，而富有角色弹性的团队成员可以在团队成员缺失时主动补位，身兼不同的角色，增强团队的凝聚力和动态平衡能力。

就操作而言，可从两个层面来增加团队成员的角色弹性。在认知层面上，团队管理者可以通过引导个体对自身团队角色定位的潜在假设，改变个体对自身和其他团队成员的认知；在行为层面上，团队成员可以通过角色互换的方法了解团队中其他角色，逐步提高团队成员对不同角色的适应性，更好地促进团队的发展。

第三节 如何建设高绩效团队

高绩效团队（high performance team）是指团队成员对团队的组织能力高度认同，其成员具有极高的责任感，不仅对整个团队的成功负责，而且关注个人的成长与发展的团队，是一种能主动变革、高绩效运作以实现既定目标的团队。现代企业不但要组建团队，还要塑造高效团队，这样才能满足日益激烈的竞争需要。一些大公司都是塑造了许多高效团队，才取得了竞争优势。

一、高绩效团队的特征

高绩效团队为组织创造的价值、为社会作出的贡献是巨大的。高绩效团队通过团队成员的职能互补充分发挥成员的才能，提高其工作积极性，有助于组织在复杂环境中脱颖而出。一般而言，高绩效团队具有以下八项特征。

1. 清晰的目标

高绩效团队的成员都清晰地了解团队的共同目标、发展方向和行为原则，因为团队成员对共同目标的一致追求，每个团队成员都把个人目标升华到团队共同目标当中。

在高绩效团队管理中，首先要确定团队的目标和方向，这个目标须获得团队成员的认可，并让团队成员乐于献身于既定目标；其次，既定目标需要十分明确且富有挑战性，便于团队成员量化分解；再其次，团队对实现既定目标的策略应十分明确；最后，面对既定目标，团队中成员的角色应十分明确。高绩效团队有一个清晰的目标，不仅能使团队成员明白团队以及自身所追求的方向，更能激发团队成员的热情和创造力。

2. 相互的信任

成员间相互信任是高绩效团队的显著特征。一切友好关系都是建立在一定程度的信任的基础上的，团队成员信任其他成员是建立在相信其他成员的能力或者对其他成员有一定的了解或认同的基础上的。如果团队成员之间没有信任，是无法达到协同效应、实现高绩效的。

3. 相关的技能

高效的团队是由一群有能力的成员组成的。他们具备实现理想目标所必需的技术和能力，而且相互之间具有能够良好合作的个性品质，从而出色地完成任务。后者尤其重要，但却常常被人们忽视。有精湛技术能力的人并不一定就有处理群体内关系的高超技巧，高效团队的成员则往往兼而有之。

4. 一致的承诺

高绩效团队成员对团队具有高度的忠诚和承诺，为了能使团队获得成功，他们愿意去做任何事情。我们把这种忠诚和奉献称为一致的承诺。对成功团队的研究发现，团队成员对他们的群体具有认同感，他们把自己属于该群体的身份看作实现自我的一个重要方向。因此，承诺一致的特征表现为对群体目标的奉献精神，愿意为实现这一目标而调动和发挥自己的最大潜能。

5. 良好的沟通

高绩效团队成员通过各种交流方式进行良好的沟通。在高绩效团队中，团队成员通常愿意诚实地公开自己的想法（包括负面想法）；会了解、接受团队中的其他成员，使成员间关系融洽；会积极主动地聆听其他成员的意见，并重视不同的意见和观点。

6. 谈判技能

以个体为基础进行工作设计时，员工的角色由工作说明、工作纪律、工作程序及其他一些正式或非正式文件明确规定。由于高绩效团队中的问题和关系时常变换，因此团队成员的角色和职能任务也要相应地不断调整，这就需要团队成员能够在这种情况下与其他成员或者团队之外的组织中的成员进行谈判。

7. 恰当的领导

恰当的领导者能够让高绩效团队在自身的领导下渡过难关，因为他能下放权力，给团队成员足够自主的决策权，为高绩效团队指明方向，为成员带来自信，在团队成员遇到挫折时给予他们改变的可能性，让团队成员更了解自身潜力。在高绩效团队中，团队管理者通常并不直接干预团队内部的相关事宜，不控制团队的发展，但却能在危难之时为团队提供后盾与支持。

8. 内部和外部的支持

成为高绩效团队的最后一个必需条件就是适宜的支持环境。从内部条件来看，团队应拥有一个合理的基础结构；从外部条件来看，管理层应给高绩效团队提供完成工作所必需的各种资源。

二、建设高绩效团队的基本条件

第一，建设高绩效团队必须有业绩压力。高绩效团队成员都是有能力、技术精湛的员工，业绩压力会为高绩效团队带来工作动力，使团队成员时刻充满紧迫感。无论高绩效团队在组织中处于什么地位，具有挑战性的业绩目标会成为高绩效团队的动力。组织中的管理者需要为高绩效团队明确制定具有挑战性的、可实现的业绩目标，给团队施加压力，而不是迫于业绩需求或其他外在因素建立这一类型团队，这样才能获得预期的高绩效业绩。

第二，高绩效团队建设还需要良好的环境支持。良好的文化氛围、科学的经营管理、合理的资源配置、明确的职责分工、公平的激励机制等，都是高绩效团队快速成长的良好环境条件。只有在这样的环境中，员工才能感受到高绩效团队的魅力所在，将自己融入团队中，团队的合作精神和凝聚力才能得到充分激发并有效发挥作用。

三、建设高绩效团队的措施

高绩效团队虽然是一种行之有效的群体运作方式，但是这种形式本身并不能自动保证高效率的运作，此外，在高绩效团队实际运作过程中可能还会遇到更多的困难和问题，所以高绩效团队的组建并不意味着高绩效必然产生。要想真正发挥高绩效团队的作用，达到组织愿景，就必须创建高效的高绩效团队。要创建高绩效团队，必须解决高绩效团队管理中存在的问题，不断调整和完善团队自身，使高绩效团队成熟起来。建设高绩效团队一般从以下几个方面入手。

1. 确立清晰的团队目标

团队目标是高绩效团队存在的基础。根据马斯洛的观点，具有共同的愿景与目的是一个杰出团队的显著特征。由于个体的客观因素和主观看法不同，组织中不同员工的目标和期望也有着很大的区别，而要使团队高效运作，就必须有一个共同的目标，这一目标能够为团队成员指明努力方向。为了使团队的目标更符合激励的条件，在设计目标时必须坚持以下五点原则。

（1）明确原则。团队的目标、价值观、行为原则、指导方针等必须清晰明确，以保证团队成员有明确的努力方向。

（2）激励性原则。团队制定的目标应当充分发挥激励作用，鼓励、激发团队成员的主动性、积极性，充分发挥团队成员的创造力。

（3）切实可行原则。团队的目标不应该过高，也不应该过低，目标的制定应该根据团队和组织的内外部环境，以团队成员的能力和能够实现的愿景为基础，理性分析，综合判断。

（4）共识原则。团队的目标应该与团队中成员的价值取向相匹配，符合团队成员的一致利益。

（5）与时俱进原则。团队的目标也要根据情况适当更新或改变，否则就会丧失导向功能和动力作用。

2. 团队成员的选拔与培训

人才的选拔对于高绩效团队的构建至关重要。团队成员选拔出来以后，要对其进行适当的培训，以期促使团队成员形成共同价值观，并且提升成员的素质技能，为将来团队成员的协作、团队总体目标的最终实现打好基础。这要求组织中的管理者在选拔过程中充分考虑成员的个性特征与工作任务和团队角色的匹配程度，以充分发挥团队成员自身的潜力和主观能动性。

3. 培养良好的团队工作氛围

第一，健康和谐的人际关系能使团队成员之间从提防、排斥和怀疑转向开放、接纳和信任。信任是团队协作、正常运转最终实现团队目标的重要基石。团队关系的和谐有助于减少团队内耗、提高团队绩效，团队成员团结一心履行对团队的承诺有助于实现协同效应。第二，团队成员之间相互认可、称赞，会令团队成员感受到重视和被尊重，团队士气会上升，对团队绩效也是一个正向影响。第三，管理者与团队成员之间以及团队成员内部良好的沟通都会让团队工作进展得更加顺利，提升团队绩效。只有这样，才能真正体现团队的合作精神和凝聚力。

4. 有效的激励

具有较高的自我实现需要的团队成员对团队的期望更高。团队的管理者需要制定合适的激励机制，充分发挥激励机制的作用，建立合理有效的考核制度，才能有机会满足自我实现需要较高的团队成员对团队的期望。目前一些企业的绩效考核体系忽略了团队的整体绩效，公平性、公正性、公开性遭到质疑，也在一定程度上降低了对员工的激励程度。

5. 提高团队管理者的领导力

团队管理者在团队工作中至关重要。团队管理者本身必须以身作则、身先示范，并明确团队成员的角色和责任分工；管理者应该作为总领全局的核心人物，在团队中、在团队与组织之间、在团队与其他部门之间沟通协调；管理者应该对团队成员灵活授权，及时决策，提高团队成员的工作积极性。

6. 推动高绩效团队文化建设

高绩效团队文化是指高绩效团队成员在相互合作的过程中，为了实现各自的需要和团队的共同目标所形成的一种潜意识文化。高绩效团队文化建设应以全体团队成员为工作对象，通过宣传、教育等方式，实现成员意愿统一，规范成员行为，凝聚成员力量，为高绩效团队总目标作出贡献。高绩效团队文化建设可以贯穿高绩效团队管理的各个环节。

案例讨论

古巴导弹危机中的肯尼迪团队

古巴导弹危机始于1962年10月14日，苏联将导弹秘密部署在古巴，目的是为了保护古巴以防美国入侵；在古巴配置导弹以应对美国在土耳其部署的导弹时，美国U2轰炸机发现苏联在古巴布置导弹并且将瞄准目标定位在全美各大城市，消息立马震惊白宫，美苏两国对峙情势危急，核战争一触即发。

肯尼迪总统与其团队讨论了各种反应方式，包括容忍、外交解决、军事手段等。1962年10月16日至28日，肯尼迪兄弟每天开会，甚至征召前国务卿艾奇逊等外交界智者共商危机。在危机中表现最出色的当是肯尼迪总统的胞弟罗博·肯尼迪，他最开始是一个十足的鹰派，随着危机逐渐恶化，他反而从一个好战者变成了有理智、有计谋、有宏观思想的人。

当时白宫内部的会议，在一场又一场的辩论中，所有人才了解和发现原来曾和危险如此接近，任何决策都将改变世界的命运。肯尼迪不轻易开战的理念是以整体人民利益为考虑的极佳示范，但一边是苏联极具挑衅的行动，一边是白宫主战的鹰派要决一死战，让肯尼迪头痛不已。但他虽然承受了巨大的压力，却仍然能与他的团队保持冷静，运用智慧的外交手段，以强大的武力为后盾，坚守和平原则，做了最佳的危机处理。

白宫最简单的思考模式是，直接出动空军和导弹设施轰炸苏联在古巴的基地，不过这会产生循环报复，最终避免不了一场大战。肯尼迪团队沉住气，历经封锁策略与联合国外交手段，最后在冲突即将接近白热化时派出罗博·肯尼迪与苏联驻美大使私下接触，虽仍强调不妥协的立场，但保证美国绝不入侵古巴，并提出美国高层愿意撤离土耳其导弹作为交换，终于换来苏联同意，将导弹撤出古巴，和平解决危机。

在古巴危机中，肯尼迪最重要的改进就是组织了危机处理委员会，让委员会自由开放地讨论，所有参与者地位都是平等的，而且可以互相挑战并修正对方的论述。充分的讨论以及信息的完整收集，有助于肯尼迪团队作出正确的决策。

（资料来源：黄贺，《组织行为学：影响力的形成与发挥》，经济管理出版社 2015 年版，第 250 ~ 251 页。）

讨论题

1. 肯尼迪的团队是一个什么样的团队？
2. 肯尼迪在团队中发挥了什么功能？
3. 谁是肯尼迪团队中最重要的成员？

本章思考题

1. 工作群体与工作团队有什么区别？
2. 团队的形成原因有哪些？
3. 团队的构成要素包括什么？
4. 与问题解决型团队相比，自我管理型团队的优点是什么？
5. 根据贝尔宾团队角色理论，一个完整的团队应当具有哪些角色？
6. 高绩效团队一般具备哪些特征？
7. 如果你是一名高层管理者，你会怎样建设一支高绩效团队？

本章重要概念

工作群体　工作团队　团队类型　问题解决型团队　自我管理型团队
多功能型团队　虚拟型团队　团队角色　团队角色理论　角色冲突　高绩效团队

第八章

沟通、冲突与谈判

本章主要讨论组织情境下的沟通、冲突与谈判过程。首先，介绍沟通的概念与类型，引入沟通的过程，探讨影响组织沟通效果的障碍及实现有效沟通的对策；其次，描述冲突的概念与形成原因，介绍对于冲突的三种观点及冲突五阶段发展模型；最后，介绍谈判的概念与类型，描绘了谈判的过程。

【学习目标】

1. 掌握沟通的概念与过程。
2. 理解实现有效沟通的策略。
3. 理解冲突的内涵与形成原因。
4. 掌握冲突五阶段发展模型。
5. 了解谈判的概念与过程。

【引导案例】

无病毒的沟通

在2003年非典型肺炎（SARS）爆发时，世界卫生组织建议旅行者不要去受SARS影响的国家或地区，因此，大部分公司禁止去这些国家或地区进行商业活动或会谈。然而，对亚洲人来说，面对面沟通是商业沟通中非常重要的一方面，因此，无法见面成为一个新挑战。

美国最大的零售商沃尔玛在SARS爆发之前，平均每年会有500次在中国进行的产品发展商务会议。为了不影响业务，他们需要找到一种新的沟通方式。他们开始通过邮件商议产品的规格，并通过视频会议和供应商进行谈判。

这种沟通方式在SARS解禁后依然延续了下来。对于沃尔玛和其他公司来说，线上沟通的成本很低，并能降低产品的周期时间。回避面对面的沟通需求可能对跨文化沟通产生深远影响。埃里克·瑞安（Eric Ryan）每周六都会来中国一次，为他在美国的进口公司进行采购，他发现，由于SARS事件而流行的线上沟通方式，帮助人们克服了许多面对面沟通的障碍，让人们将面对面沟通以一种文化上可接受的方式转移到因特网上。

（资料来源：［美］安妮·玛丽·弗朗西斯科、巴里·艾伦·戈尔德，《国际组织行为学——理论、案例、操练》，顾琴轩译，上海人民出版社2014年版，第64页。）

第一节　沟通

沟通是将组织成员联系起来实现目标的手段，是计划、组织、领导和控制等职能得以实施和完成的基础。有效的沟通能够提升组织的效能。由于商业环境的变化及随之而来的挑战，管理者需要掌握有效的管理沟通技巧以适应这种转变。

一、沟通的概念、特点与意义

1. 沟通的概念

沟通（communication）是指信息或思想在两个或两个以上的个人或群体中传递或交换的过程。管理工作的方方面面都离不开沟通，都需要建立在信息有效传递的基础上，领导工作更不例外。管理者通过有效沟通才能够了解和影响他人的行为。

管理沟通（management communication）是指管理者为了实现组织的发展目标，在履行管理职责、实现管理职能的过程中，通过信息、媒介等方式和手段，有针对性、有目的性地将观点、信息、感情进行传递的过程。管理沟通作为管理者践行管理义务、实现管理职能的基本活动方式，以组织目标为指引，以管理义务、管理职能为基础，并以规范性、计划性、职务活动性为基本特征。企业中管理沟通的内容包括企业内部的沟通、企业与商业伙伴的沟通（商务谈判）、企业与政府和社团的沟通。本节重点介绍企业内部的沟通。

2. 沟通的特点

（1）沟通是一种具有双向反馈功能的程序。通过沟通，可以将信息接收者的意见和建议反馈给信息发送者。

（2）沟通的信息多种多样。被传送的不仅是语言文字，还包括动作、行为以及思想、观点、态度和其他各种情报。

（3）沟通具有目的性。主要目的在于加深沟通者之间的了解，增进群体和谐。

（4）在沟通过程中能促进人际关系的弹性和活力。

3. 沟通的意义

有效的沟通能激励组织成员、提高决策工作的效果与效率、激发员工的主动性与创造性，以及提升管理绩效。

（1）激励组织成员。员工的工作动力主要由外在的奖励体系以及工作自身的内在奖励组成。动力的大小不仅取决于工作量、从工作中取得的成就感，还包括员工的期望能在多大程度上得到满足。员工对工作的见解和组织对员工的激励很大一部分取决于组织内部的沟通效率。通过有效的沟通使企业的战略目标、绩效、员工需求等信息准确地在组织内进行传递，有利于领导者引领下属完成预期目标，有利于根据员工的需求更好地对员工进行激励，更有助于员工提升工作效率。通过沟通对员工的杰出工作及时给予奖励，可充分调动员工的积极性。

（2）提高决策工作的效果与效率。任何决策的制定都需要充分的信息，管理者需要从组织内部沟通中获得与决策有关的各种信息，进而作出决策，或者帮助相关人员作出决策以解决所面临的问题。工作人员也应积极地与管理者进行自下而上的沟通，提出自己的看法，为领导者的决策提供有用的信息，或者通过与领导的沟通自行决策。企业内部沟通为企业员工作出科学的决策提供了信息，增强了决策者的决策力和判断力。

（3）激发员工的主动性与创造性。通过组织内的有效沟通，员工积极参与工作。沟通有利于管理者及时、准确地收集、处理并传递相关信息，使决策更加科学化。组织内部没有沟通，员工就不能很好地了解企业的管理目标，也不能充分调动员工的积极性。如果管理者不懂得如何与员工进行沟通，可能会忽视员工的意见以至于挫伤他们的责任感。沟通充分体现了员工对管理的参与，有利于培养员工的主人翁意识，激发员工的主动性和创造性。

（4）提升管理绩效。绩效管理是由管理者与下属以沟通的方式完成的。双向沟通形式的绩效管理对下属、管理者以及组织都有益。沟通贯穿企业绩效管理的全过程，对管理者来说，绩效沟通是提升管理能力的过程；而对于员工来说，是对其工作有效性的衡量。通过管理者与员工之间有效的双向沟通可以达到提升组织绩效的成效。

二、沟通的类型与过程

1. 沟通的类型

根据分类标准的不同可以将沟通划分为不同类型。按照信息沟通的渠道可分为正式沟通和非正式沟通；按照信息沟通的媒介可分为书面沟通、口头沟通和非语言沟通；按照信息沟通的方向可分为垂直沟通、平行沟通和斜向沟通；按照信息发送者与接收者的地位，可分为单向沟通和双向沟通。

2. 沟通的过程

沟通是一个双向过程，具体包括 7 个要素，即传送者和接收者、信息、编码和解码、渠道、反馈、环境、噪声（见图 8－1）。

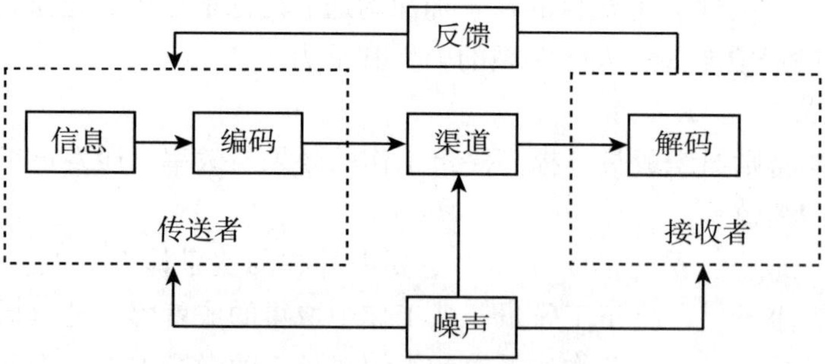

图 8－1　沟通的过程

（1）传送者和接收者。传送者和接收者是沟通的双方主体，也是沟通形成的发起人。沟通的过程中首先必须有传送者发送信息形成沟通的起点，其次有接收者接收信息形成沟通的终点，如此形成完整的沟通过程。当然，沟通还需要“反馈”环节，即接收者向发送者反馈接收信息的效果，这样才能形成有效沟通。

（2）信息。信息是沟通的主要内容，或者说是沟通的客体。在知识经济时代，信息的流通与共享影响着社会生活的各个方面，社会发展、组织运行和个人生活都离不开信息的获取。从广义上讲，沟通的信息包罗万象，不仅包括语言、文字、符号等，还包括思想、情感、态度、观点等，只要能在沟通双方之间流通并可以实现沟通目的的一切元素，都可以赋予“信息”的含义。

（3）编码和解码。由于信息的抽象性，传送者需要采取一定的方式将其转换为某些特定的符号或编成特定的文字形式，这个过程称为编码。解码与编码的过程相反，是指信息接收者将语言文字、其他形式的符号还原为信息，并理解信息含义的过程。完美的沟通应该是信息经过编码与解码后完全吻合。

（4）渠道。渠道是指由发送者选择的传递信息的媒介物，也称沟通媒介。最常见的沟通渠道是口头语言和书面文字，如面谈交流时采用的口头表达形式及书面交流时采用的书信、文件等形式。随着现代通信技术的发展，多媒体和网络技术也越来越多地应用于沟通过程，如一些用于人际交流的网络工具，如 E-mail、短信、微信等都已成为重要的沟通渠道。除了文字方面的信息，情感、态度也可以用于沟通信息，信息通过不同的表情和动作等传达人们的意思，这时身体也成为语言的沟通渠道。

（5）反馈。完整的沟通过程既包括成功传送信息，也包括信息的反馈。没有反馈的沟通极易形成无效沟通。反馈是信息接收者将收到并内化于心的信息传送给信息发送者，使发送者进一步核准接收者是否了解了信息，以便对信息内容作出进一步的调整。反馈能够有效地测度接收者是否及时、准确地接收信息，也能够进一步核准信息接收者是否明白被传递的信息。

（6）环境。沟通环境主要包含直接影响个体的区域环境、小型的人际网络，如家庭、学习、工作等；非直接影响个体的社会环境，如经济环境、政治环境、社会道德等。

（7）噪声。噪声是指所有妨碍沟通正常进行的因素，沟通的每个环节都存在噪声，噪声的存在会使部分信息丢失或者扭曲。

三、沟通活动的参与主体

从广义上讲，企业在沟通活动中的参与主体包括组织内部和外部所有的利益相关者。不同的沟通主体有不同的沟通动机，同时掌握着一定的信息资源；在沟通活动中他们既是信息的发送者，也可能成为信息的接收者。从员工—组织关系的角度，组织内的沟通参与者主要包括高级管理人员、人力资源专员、直线经理和一线员工四个群体。

1. 高级管理人员

高级管理人员处于组织的最高层级，掌握着大量有关企业整体经营状况的财务、管理制度和人员构成等方面的信息。在沟通过程中，高层管理人员根据传递信息和沟通动机的不同，借助于各种渠道参与纵向和横向的沟通。其中，横向沟通主要发生在高管团队内部，如董事会的例行会议、各执行董事间日常的信息交流等，沟通的目的在于传递有关企业战略层面的相关信息，协调不同职能和业务部门的资源配置和任务目标，统一组织发展的愿景和使命。

高级管理人员在纵向沟通中将企业的战略目标、部门绩效完成情况等组织层面信息向下级传达，并接受下属的信息反馈。信息的直接接收者既包括部门的直线经理，也有一线员工。为了创建并保持和谐的员工关系，高级管理者应积极鼓励员工表达对企业经营和管理的看法和态度，通过自下而上的沟通参与企业的日常管理和战略决策。在沟通渠道方面，高级管理人员对各种沟通工具的使用有最高的支配权，除了应用电话、网络等技术手段，还可深入各职能和业务部门，通过面对面交谈缩短与下属的沟通距离，及时、准确地了解员工的想法和态度，在直接参与沟通的同时，高级管理人员还应注意对沟通渠道的管理，及时诊断并清除信息正常流动的障碍，保持渠道的畅通。

2. 人力资源专员

人力资源部门除了直接参与不同方向上有关组织、群体和个人的沟通活动外，其主要任务在于为各沟通主体提供必要的培训和开发，提升其沟通技能。培训和开发的内容包括管理者组织间沟通、组织开发中的人际沟通、跨文化沟通，以及网络沟通技术的应用等。人力资源部门的各项管理实践担负着吸引、保留、激励和开发企业人力资源的职能。人力资源专员通过与员工在不同层面的沟通，可以了解其对工作的满意度水平以及对组织的承诺状况，为改善员工与组织的关系提供依据。

3. 直线经理

直线经理在纵向沟通中同时扮演着信息发送者和接收者的角色。作为信息接收者，获取高级管理人员传递的战略目标和组织使命；作为信息发送者，将组织目标和组织期待传递给部门员工。传统科层制的组织结构关注直线经理在沟通中的角色和作用，直线经理是高级管理人员和一线员工间信息传递的中间环节。出于保护自身利益的目的，直线经理可能会在沟通渠道上拦截部分有利于自己的信息。例如，限制员工掌握必要的组织信息，防止其通过晋升或培训开发等手段威胁到自己的管理者地位和既得利益；隐瞒员工在工作中的不满情绪，阻止高层全面了解下属的抱怨等。

在横向沟通中，直线经理作为组织间沟通的主体，在沟通中的作用是促进不同组织在工作流程中的相互配合，化解可能存在的部门矛盾。例如，直线经理在组织开发等活动中，需要与人力资源部门积极沟通，寻求必要的培训开发支持，同时将本部门的组织和人员信息提供给人力资源专员，以便其制订有针对性的开发方案；在营销等竞争性较强的业务部门，直线经理需要站在企业全局的高度，通过主动沟通来分享有限的组织资源和市场信息。

4. 一线员工

和谐的员工关系在企业沟通活动中的体现之一是发挥一线员工作为信息发送者的作用，倡导自下而上、纵横交织的信息传递方式。例如，员工在掌握大量事务性信息的基础上，希望了解有关企业的财务状况、发展愿景等战略信息，并通过反馈，将个人的职业发展规划、对组织战略以及管理制度等方面的态度传递给直线经理和高管人员，通过纵向的信息互动参与企业的管理活动；同时，员工在同事间的信息交流，能够促进其在工作中的相互配合，增进彼此了解和信任，分享个人的专业知识、技能和价值观，从而使员工客观地看待自己，改善对组织的认知状况。

四、组织沟通

组织沟通（organizational communication）是指在不同组织单元之间或组织内部各单元之间进行的信息传递，其信息的发送者和接收者是不同的组织单元。组织内部不仅包含人—人沟通，还包含部门—部门的沟通。由于组织中的人员有各自不同的角色并受到权力系统的制约，因而组织沟通比单纯的人际沟通更为复杂。如果不能建立起顺畅的信息传递渠道和有序的信息沟通网络，信息将很难在多个人之间进行有效的交流。根据信息传递渠道的不同，可将组织沟通区分为正式沟通和非正式沟通。

1. 正式沟通

正式沟通（formal communication）是指根据组织内部一定的原则、规章制度进行的信息交流与传递，如组织间的公函来往、组织间为签订合同而进行的沟通、高端会议、组织内部报告会议等。

正式沟通的优点在于，信息有较高的规范性、完整性和权威性，从而使得正式沟通信息约束力较强。其缺点在于，信息需要传递的层级较多，以至于缺少灵活性，传递速度慢，可能造成信息的真实性得不到保障。

正式沟通有多种沟通形式，包括上行沟通、下行沟通、平行沟通和斜向沟通，这些不同走向的沟通联成沟通网络。沟通网络表明了在组织中信息是怎样传递或交流的。正式沟通网络可以分为五类，即链式、轮式、环式、全通道式和 Y 式（见图 8－2）。

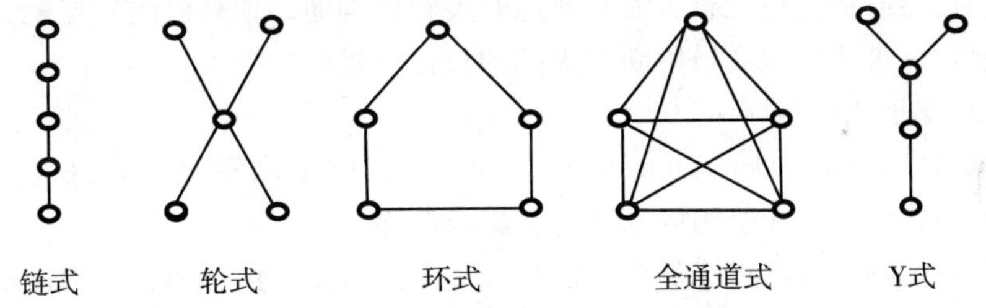

图 8－2　五种沟通网络结构形态

资料来源：徐碧琳，《管理学原理》，机械工业出版社 2012 年版，第 188 页。

（1）链式沟通。这是一种信息在组织成员之间只进行单线、顺序传递的犹如链条状的沟通网络形态。在这种单线串联式沟通中，在最外侧的个体只能与其相邻的一个内侧个体进行信息交流，内侧的个体可分别与其相邻的两个个体进行信息交换。成员之间的联系面很窄，平均满意度较低。信息经层层传递和过滤，容易失真，最终一个环节所收到的信息往往与初始环节发送的信息差距很大。在组织中，这种沟通方式可用于表示上下级之间纵向的信息传递，信息可以自上而下和自下而上的双向传递；另外，还可以表示成由领导者、中间管理者以及下属组成的控制系统。

（2）轮式沟通。轮式沟通网络中的信息是经由中心人物向周围多线传递的，也就是说，信息的发送者是信息的传递中心即主导者，并且参与信息的传递与回馈，属于控制型沟通网络，如集团总部与其子公司的沟通系统。这种沟通方式的准确度很高，解决问题速度快，主管控制力强，所以较为适合成员接受组织的紧急任务，既强调快速反应，又严格要求质量的情形。

（3）环式沟通。环式沟通可以看作把链条形态的两头沟通环节相连贯而形成的一种封闭式结构，它可以用来表示组织个体间享有平等的与两侧的个体同时进行沟通的机会，没有信息传递中的领导人物，集中化水平低，个体之间满意度较高。需要激发组织士气的组织可以选择环式沟通。

（4）全通道式沟通。这是一种典型的开放式网络系统。所有成员之间均可以没有限制和障碍地进行信息交流。采取这种沟通网络的组织成员往往相互间比较熟悉，成员地位的差异也比较小，他们可以直接、自由而坦率地发表各自的意见，合作气氛较浓，从而有利于集思广益、提高沟通的准确性，也有利于提高大家的士气、增进组织的合作精神。但是，这种网络沟通渠道太多，容易造成混乱，进而影响工作效率。

（5）Y 式沟通。Y 式沟通网络中有一个成员位于沟通的中心位置，这个成员既可以与提供建议的专家进行交流，也可以沿着等级链与下属进行交流。这种沟通网络集中化程度高，信息逐级传递，解决问题速度快，组织中领导人员预测度高，属于典型的直线—职能权力关系。现实组织中有些经常表现为 Y 式网络形态，如在主管、秘书和几位下级构成的纵向关系中，秘书的职位并不高但却常拥有相当大的权力。如果主管的工作任务非常繁忙，需要有人协助筛选信息和提供决策依据，同时还要在最大程度上实行有效控制时，采用 Y 式沟通是比较合适的。

上述五种正式沟通网络各有其优缺点，作为一名领导者，在实践中需要注意利用不同沟通网络的长处，避免其短处，进而有效地开展管理沟通，使自己的领导魅力在人际沟通中不断得以展现，带领组织成员不断向更高的目标迈进。

2. 非正式沟通

非正式沟通（informal communication）是指正式沟通以外的所有信息沟通方式，主要以非正式小道消息的方式在组织内部进行交流与传递。

非正式沟通能够满足组织成员在感情和心理上的需要，由于非正式沟通不必受规定形式或程序的种种限制，且沟通对象、时间及内容等方面都未经计划，因此非正式沟通的灵活性强、随意性强，信息扭曲和失真的概率也高。

非正式沟通的优点在于，沟通方式简单灵活，传递以及回馈速度快，员工可以利用非正式渠道及时获取并反馈信息，管理者也可以利用非正式信息进行科学决策。然而，非正式沟通的缺点在于，由于信息没有一定的标准加以掌控，信息的真实性难以保障，并且容易在组织内部形成非正式组织影响企业整体向心力。

每个组织中几乎都存在非正式沟通，一个组织对非正式沟通渠道的依赖性越强，越容易产生非正式信息。对非正式沟通的态度，传统的管理及组织理论并不承认这种沟通形式的存在；如果出现非正式沟通，也主张将其消除或降低至最低限度。但目前，越来越多的学者认识到，组织无法回避非正式沟通现象的存在，最好的解决方法是管理者尽可能让沟通系统公开化，从而对非正式沟通有更好的了解并采取相应的举措来应对，发挥非正式信息在组织中的作用。

第二节　沟通的障碍与对策

一、沟通障碍

在沟通过程中，由于存在着外界干扰及其他因素的影响，信息往往失真，不能正常传递。人际沟通和组织沟通中都可能出现各种障碍而导致沟通失去效率，一般来讲，影响有效沟通的障碍包括以下四个因素。

1. 结构因素

（1）地位差异。由于组织中建有等级分明的权力保障系统，不同地位的人拥有不同的权力，这就使得人们在信息传递过程中更关注信息的来源，其次才是信息的内容。同样的信息，由不同地位的人来发布，人们更关注信息的来源。组织地位差异经常会使得地位比较低的员工传递的重要信息得不到关注，而地位较高的人发布的不重要信息则得到不必要的过分重视，从而造成沟通障碍。

（2）信息传递链。通常来讲，信息的传递层级越多、到达信息接收者的时间越长，信息越容易失真。组织规模的大小往往影响信息传递的速度和质量，规模越大、等级越多，信息需要经过的路径就越长，信息失真程度就越大。

（3）空间约束。组织中员工工作岗位的性质往往局限了其所接触的个体，空间约束的存在不利于组织成员间的信息沟通与交流，并且不利于组织效率的提升。通常来讲，个体之间的距离与其沟通的频率成反比，空间约束会影响沟通的有效性。

2. 个人因素

个人因素主要包括两大类：一是情感因素；二是能力因素。就情感因素来说，个人是外倾还是内倾、依靠理性还是直觉，这些因素都会影响个人对信息意义的理解。就能力因素来说，个人的智力、经验、知识、思维、表达和沟通技巧等能力都会对沟通效果产生影响。例如，有些人可能不擅长口头表达，使用了不恰当的语言来表达自己的思想，或者使用了相互矛盾的口头语言和形体语言导致别人误解等，这些都会造成信息传递困难，从而产生沟通障碍。

3. 人际因素

人际因素包括信息发送者和信息接收者之间的信任感、相似度，以及信息来源的真实性。沟通是发送者与接收者之间的互动过程，信息传递是双向的，双方能否彼此信任是沟通能否有效进行的关键，双方猜忌只会减少彼此坦诚沟通的机会，甚至导致沟通的失败。信息接收者通过对信息发送者的诚信、信誉、客观性等情况的评估来判断信息的真实性。

4. 技术因素

技术因素主要包括语言、非语言暗示、媒介的有效性和信息过量。沟通的准确性、有效性与信息发送者的语言表述有直接联系。虽然语言只是某种特定的符号，但处境不同、经历不同的人对语言的理解可能存在偏差，产生不同的情感。沟通过程中的障碍还可能是由于沟通媒介选择不当造成的。各种媒介的特点与效率不同，各有所长，应当根据所传递的信息内容选择相匹配的沟通渠道和媒介。信息化时代，人们每天需要面临并处理大量良莠不齐的信息，信息的失真以及延误将造成严重的后果，同时大量的信息使得管理者与员工之间难以有效地进行沟通。

二、实现有效沟通的对策

通过以上论述不难发现，有效的管理沟通需要清除沟通过程中遇到的沟通障碍。所以，沟通技能的开发与改进对于有效沟通的实现起着至关重要的作用。

1. 建设有效的沟通技术平台

企业为了提升管理效率，希望使更多的沟通活动能够基于网络、电话等多媒体平台进行。因此，沟通工具的技术含量成为保证沟通渠道畅通的重要方面。一些企业在工作设计中设置了首席信息官（CIO），同时设置了技术保障部，它们的工作任务是监控企业沟通系统的运行状况，防止黑客利用计算机病毒窃取公司关键信息，同时有权监督全体组织成员的沟通活动，及时删除沟通渠道中的错误操作和不良信息。同时，通过沟通工具的技术创新和系统整合，企业正在逐渐将传统的人际沟通方式与现代化的沟通手段相结合，充分利用不同沟通渠道的优势，提升系统的使用效率。例如，很多跨国企业开始采用可视电话进行一对一的沟通或电话会议，既保留了面对面沟通中多元化信息的互动，又可以节省沟通时间，缩短沟通距离。信息管理系统和内部即时沟通平台的建设，使得企业各个职能部门和业务部门在工作流程中的沟通活动和信息管理可以基于网络系统开展，既节省了沟通成本，也提升了员工的工作效率。

2. 保证信息的完整性和有效性

一方面，有效沟通主张信息发送者发送的信息与信息接收者反馈的信息精确对称，具体指信息是全面且准确的。沟通双方在沟通过程中要掌握以下三方面的完全信息：沟通过程是否包含全部精确的信息；对于询问的问题沟通者有没有避而不答；是否根据沟通的要求提供之前不存在的信息。另一方面，面对大量的信息，沟通者要进行甄选，选择对决策有用的信息。

3. 实施组织开发与沟通环境建设

组织开发有利于增进组织成员间彼此的信任，使个体目标趋同于组织目标，并强化个体对组织价值观的认同。组织开发通常涵盖员工参与管理、人力资源干预、流程再造、个体沟通技巧的培训、组织内员工间关系的改善等。组织沟通效能的完善需要为员工提供适宜的沟通氛围。

4. 塑造有利于沟通的组织文化

塑造提供沟通机会的组织文化，营造平等、理解、信任的组织文化氛围。组织成员间也应相互接受并尊重彼此的不同，相互包容、求同存异，形成有效的沟通关系。

5. 开发员工沟通技能

沟通技能是每位员工都应拥有的特质，因其可以通过后天学习获得，所以组织需要将它包含在组织的开发项目中，如培训员工如何进行组织内部沟通、怎样进行跨组织跨部门的沟通、在沟通过程中怎样运用非语言技巧等。通过开发员工的沟通技能，使员工能更清晰、准确地传递自己的想法，有利于形成员工间互相分享经验知识的局面，能够帮助决策者得到与决策相关的信息，更能促进组织效率的提升。

第三节　组织冲突

相当一部分学者以及管理者一致认为，管理冲突的能力比领导、决策、沟通等职能更为重要。因此，组织内每位管理者都应具备管理冲突的能力。

一、冲突概述

1. 冲突的内涵

冲突（conflict）是指人们在情感或认知方面的不一致而引起的抵触、争执或争斗的紧张状态。具体可以分为感性冲突与认知性冲突。感性冲突是源自不信任、不喜欢、害怕、愤怒、怨恨等情感方面的矛盾，而认知性冲突是源自目标不一致、对事情看法不一致。

由于资源的匮乏、目标不同、期望不同、利益诉求不同等，冲突贯穿组织发展的始终，被认为是两个或两个以上的人或群体之间的意见分歧，一方认为另一方的行为影响了自身利益的实现以至于产生在情感上或认知上的分歧。在组织发展过程中，冲突可能存在于个人层次、群体层次或组织层次，不同层次的冲突具有不同的特点。

理解冲突的内涵，应注意以下三点：（1）冲突至少包含两个参与者，并且彼此之间形成相互依赖的关系；（2）参与者都有一定的分析判断能力，且冲突能够被参与者感知；（3）参与者间的目标彼此对立，某个参与者的行动引起其他参与者的反应，形成相互牵制的关系。

2. 冲突形成的原因

冲突形成的最直接的原因可以归为彼此之间的差异。这些差异可以分为信息差异、认知差异、目标差异和角色差异。

（1）信息差异。冲突双方在作出决策之前首先要做的是信息的收集，双方收集的信息可能较为不同，从而导致冲突双方所知晓的信息与已知的实际情况之间有差异。

（2）认知差异。尽管冲突参与者收集的信息不存在任何差异，但由于背景、观念上的差异导致他们对同样的信息产生不同的认知。

（3）目标差异。彼此依赖且相互关联的各方由于目标出现差异也会产生种种分歧。例如，企业中，生产部门注重产品的质量，而销售部门可能更重视产品的数量。

（4）角色差异。组织中成员间由于定位不同，也会产生相应的冲突。例如，当一个人的能力达不到他的定位时，他就会产生一种自我质疑，进而激发内在冲突。

3. 组织冲突的三种观点

根据学者们以往的研究，冲突主要存在以下三种观点。

（1）传统冲突观（traditional view of conflict）。与人们在20世纪三四十年代对群体行为所持的主流态度一致，传统观点认为冲突不利于组织的正常运转，甚至不利于组织目标的实现，应该避免或消除。

（2）人际关系冲突观（human relation view of conflict）。冲突是不可回避的，不一定会对组织产生不利的影响，甚至有可能提升组织绩效，应该正视它的存在。

（3）互动冲突观（interactionist view of conflict）。冲突对于问题的解决具有正向促进作用，适度的冲突是组织存在所必需的。适度的冲突能够推动组织的发展，反之，冲突也可能给组织带来破坏性的影响。

二、冲突过程

美国学者庞蒂（Pondy，1967）提出了著名的“冲突五阶段发展模型”，将冲突过程（conflict process）划分为五个阶段：潜在的对立或失调、认知与人格化、行为意向、行为和结果。

1. 阶段一：潜在的对立或失调

阶段一存在产生冲突的前提条件，虽然这些条件没有达到引发冲突的程度，但包含引发冲突的必要条件。组织内部若存在相互依赖关系，且个体之间存在较大的差异，那么潜在的冲突就无处不在。我们将这些前提条件概括为：沟通因素、结构因素和个人因素。

（1）沟通因素。信息交流双方由于各自的背景、经历不同对沟通中某些词语表达可能存在歧义，理解方面存在偏差，信息沟通不充分，曲解信息发出者的意思，以及沟通过程中存在的各种阻碍信息传递的因素都可能成为冲突的潜在因素。具体来看，信息接收者选择性接收信息、沟通技巧不同以及信息的不完整、不精确都难以形成有效沟通；此外，人们从非正式渠道获得的非正式信息可能有失真实性。以上沟通偏差都是冲突发生的必要条件。还有调研显示，沟通维持在一个合适的范围，才能产生正向促进效果，超过这个范围的沟通可能会导致沟通过度，少于这个范围的沟通可能会引起沟通不足，进而形成冲突的必要条件。

（2）结构因素。结构因素包括组织规模、专业化程度、职责划分、成员能否胜任目标、组织内的相互关联度、薪酬计划。大量研究表明，组织规模、专业化程度与冲突发生概率呈正相关关系。组织成员任职越久，越不易产生冲突；组织成员任职时间短且频繁“跳槽”的，越容易产生冲突。如果组织对于成员责任划分不够明确，会加剧组织成员间因争夺各种资源而产生矛盾，进而极易引发冲突。组织目标与个体目标不同也是冲突产生的导火索之一。薪酬方面，如果组织成员没有得到与其任务相匹配的薪酬时，也会加剧其与组织的矛盾。如果双方相关联程度较高，其中一方的利益牵涉到另一方时会引发彼此的冲突。

（3）个人因素。个人因素包括人格、情绪和价值观。人格在冲突过程中扮演着重要角色，如固执的员工很难与其他工作成员在某个合作项目上达成一致的认同，从而引发冲突，最终导致合作破裂。情绪也会引起冲突，如因早晨上班途中交通堵塞而愤怒不已的员工可能会把自己的这种愤怒带到早会上，这可能会激怒同事们，形成紧张的工作氛围。不同的价值观也会引起冲突，如对待同一个新闻报道，价值观不同的人会形成不同的见解，在肯定自我见解时也会否定他人的见解。

2. 阶段二：认知与人格化

如果阶段一中提到的一些条件对其中一方关心的事物带来损害，那么潜在的对立和失调就会在阶段二成为事实。

冲突需要有一方或多方意识到已经存在冲突的前提条件，但感觉到的冲突（perceived conflict）并不意味着冲突被人格化。当个体投入感情时，则会出现情感上的冲突（felt conflict），此时双方会感到焦虑、紧张、挫折或敌意。阶段二之所以重要，是因为冲突事项往往在该阶段被明确界定。在这个阶段，双方会确定冲突的主要内容是什么。此外，情绪能够显著影响认知。消极情绪可能导致我们过于简单化地处理问题，失去信任，从消极的方面来解读对方的行为；相反，积极情绪往往会促使我们更愿意发现一个问题的组成要素之间的潜在关系，采用更广阔的眼光和视野来看待整个情境，开发出更具有创新性的解决方案。

3. 阶段三：行为意向

行为意向（intentions）是认知与行为之间的一个过程。了解对方的行为打算、行为计划是我们采取应对措施的前提，很多矛盾逐渐加深的一个直接原因是没有正确评估对方的行为计划、行为意向。通常，一个人的行为意向未必被体现出来，在行为意向与行为之间往往存在较长的时间间隔。

托马斯和基尔曼（Thomas and Kilman，1977）利用两个维度——合作性（一方愿意满足对方愿望的程度）和主见性（一方愿意满足自己愿望的程度），确定了五种行为意向：竞争、协作、回避、迁就和折中。

（1）竞争（competing）。冲突一方只考虑自身的既得利益，完全忽略另一方的利益诉求。

（2）协作（collaborating）。冲突双方既考虑自身利益也考虑另一方的利益，努力寻求共同利益最大化，此时，他们会通过展开合作解决问题，并解释彼此之间的意见分歧，而不是迁就差异。

（3）回避（avoiding）。当意识到冲突的发生时，设法不参与冲突或者竭力避免它。

（4）迁就（accommodating）。出于维系双方关系的角度考虑，一方愿意牺牲自我利益而支持另一方的利益。例如，甲愿意支持乙的观点，尽管甲对该观点持保留意见，这就是迁就。

（5）折中（compromising）。冲突参与方愿意一起解决存在的冲突，尽管解决冲突的做法可能对双方都不利，即双方都愿意作出牺牲。

冲突参与方的行为意向会因对另一方行为意向的了解或者自身情绪的变动而有所改变。然而，一般来讲，每个个体通常只采用同一种或几种行为意向。一般可以从一个人的性格和智力来推测出其行为意向。

4. 阶段四：行为

因为行为环节是冲突过程中较为明显的环节，所以有关冲突的研究大多数集中于行为阶段。行为环节由冲突参与者的声明、行为和态度构成。对另一方行为意向的评估出现偏差或者行为实施过程中缺少经验，会使冲突行为可能与原来的行为意向不符。

冲突行为是一个互动的过程，所有的冲突都位于一个连续统一体的某一位置上，冲突参与方都试图最大化自身利益，不愿意按照另一方的意愿解决冲突。当冲突位于连续统一体的低端时，冲突因其破坏性较小容易被控制与制止，当冲突位于连续统一体顶端时则容易对组织活动造成严重的破坏。例如，战争是比较有代表性的位于连续统一体顶端的冲突，会给国家和人民带来严重的灾难。

5. 阶段五：结果

经过上述四个阶段的发展变化，冲突参与者之间的相互作用会产生一系列结果。这些结果可能促进组织发展，也可能抑制组织发展。按其对绩效的影响可分为功能正常的冲突（建设性冲突）和功能失调的冲突（破坏性冲突）。

（1）功能正常的冲突（建设性冲突）。这种冲突能促进组织成员畅所欲言，清晰地表明自己的看法，有利于激发组织的创造力，从而有效地避免思想的僵化，有利于促进企业的变革，有利于促进组织成员内化组织价值观，最为重要的是，建设性冲突有利于组织效率的提升。研究发现，一些情况下，建设性冲突能够使管理者的决策更加科学。

（2）功能失调的冲突（破坏性冲突）。这种冲突往往给组织带来消极影响，具有较强的破坏性，不利于组织效率的提升和组织目标的实现。具体表现为降低组织向心力，挫伤组织成员积极性、创造性，降低组织成员的满意度，减弱组织成员彼此之间的信任感。严重情况下，破坏性冲突可能会威胁到组织的生存。

第四节　组织谈判

谈判是解决冲突双方矛盾的一种沟通方式。例如，劳资双方的谈判，供应方与需求方之间的谈判，管理者与上下级、同事之间的谈判等。谈判的关键因素至少包括谈判各方的偏好不同、谈判过程以及需要达成一致目标。

一、谈判的内涵与类型

1. 谈判的内涵

谈判（negotiation）是双方或更多方就一个相互间存在分歧的问题达成一致的过程。谈判具有以下五个基本特征。

（1）谈判是双方自愿的活动，任何一方都可以拒绝谈判，或在任何时间退出谈判。

（2）谈判是以某种利益追求的满足或冲突的解决为长期目标的。由于双方都对现状不满，因此谈判中的一方总是企图说服另一方接受或理解自己的现实，当双方都各有所得时，谈判是成功的。

（3）谈判参与者的实力、谈判艺术影响谈判参与者利益的实现。

（4）谈判具有两重性：竞争性和合作性。由于资源缺乏、目标不同，谈判双方在分享利益时难免会存在冲突，体现出一定的竞争性；同时，双方在认知能力方面的差异会提高他们的合作意识。谈判竞争性与合作性的共存，使谈判具有较高的魅力。一个出色的领导者必然具备优秀的谈判技巧。

（5）谈判被视作解决冲突最行之有效的方法，相对来说也是最节约社会成本的方式。

2. 谈判的类型

按照不同分类标准，谈判有以下几种分类方式。

（1）根据谈判目的的不同，谈判包括三种基本类型：交易型谈判、决策型谈判和争端解决型谈判。

交易型谈判（deal-making negotiation）通常指双方为进行一种价值交换而进行的谈判，如消费者购买商品的行为、公司与员工就薪酬的谈判等。

决策型谈判（decision-making negotiation）通常指谈判目标与双方利益都相关的谈判，如谈判双方就某一方案进行商讨，以便找出对彼此都有利的最佳决策方案。

争端解决型谈判（dispute-resolution negotiation）通常指谈判双方通过有效谈判减少意见不合进而打破以前的僵局，以便使事件得以维系。例如，线上消费者就网购赔偿金额与网购平台的协商活动可以被看作争端解决型谈判；员工与老板就拖欠工资金额方面的谈判等。

（2）根据谈判涉及的资源总额的不同，谈判可以分为两种类型：分配谈判和综合谈判。

分配谈判（distributive negotiation）。对于一份固定大小的利益，参与分配的各方就分配份额进行协商，如同零和游戏，任何一方获得的收益就是对方收益的减少。以购买汽车为例，一名消费者在报纸上看到一则旧车出售的广告，并且这款车是他很中意的一款，他去看了车，发现很合意，因而想买下来。车主报了卖价，可是价格却超出消费者预算之外，于是二人对价格开始进行协商。这种谈判过程就是分配谈判。

综合谈判（integrative negotiation）。这种谈判力求实现双赢，谈判参与方都认为资源是可扩张的。当谈判涉及较多问题时，由于这些问题对于自身的重要程度和优先程度存在前后顺序，双方会将涉及的问题进行组合，就对于自身没有太大意义的问题作出妥协，同时也希望另一方能就对自己重要的问题作出让步，以便实现二者利益最大化。例如，一家家居鞋生产厂的营销部门与一家零售商商量好一宗订单，金额很可观，营销部门通知财务部门零售商的赊销情况，但财务部门拒绝了这一做法，原因是这家零售商有拖欠付款的记录，但由于这笔收益可观，营销部门与财务部门都不想失去这笔订单，但又考虑到坏账情况，于是双方衡量了他们所有可能的选择，最后的解决方案是零售商需要提供银行担保才能提货。

分配谈判和综合谈判在目标、动机、利益和信息共享方面是不同的（见表8-1）。相比之下，综合谈判比分配谈判更胜一筹。综合谈判是一种着眼于将来、谋求共同发展的谈判方式，这种谈判力求双赢，实现共同发展，有益于谈判双方关系的稳定。而分配式谈判的谈判双方彼此利益相互对立，不利于谈判双方的合作，反而会加剧彼此之间的憎恨。

表 8-1 分配谈判与综合谈判对比

特点	分配谈判	综合谈判
目标	获得尽可能多的“蛋糕”	把“蛋糕”放大，使双方满意
动机	零和	双赢
利益	相互对立	相互融合或一致
信息共享	低	高

资料来源：徐盛华，《组织行为学》，清华大学出版社 2015 年版，第 191 ~ 192 页。

然而，现实生活中我们很难发现综合谈判，主要原因在于综合谈判需要较为严格的条件，这些条件的缺失很难使谈判继续维系，如谈判双方所涉及的信息是否透明、相互需求的敏感性、彼此之间是否存在信任感、是否具有较强的灵活性等。大多数组织并不能满足以上几个条件，因此谈判往往建立在为赢而不惜任何代价的动力基础上。

二、谈判过程

谈判由准备与计划、界定基本规则、阐述与辩论、讨价还价与问题解决、结束与实施五个阶段组成。

1. 准备与计划

谈判前需要做一些准备工作，弄清谈判目标，搜集谈判所需信息，选择合适的谈判人员等。

谈判目标范围由顶线目标、底线目标和现实目标组成。顶线目标是指谈判所能达到的最佳效果，往往是另一方所能接受的最大限度。底线目标为谈判的最低标准。现实目标为谈判可以争取或妥协的范围。谈判信息就是与谈判有关的各种数据、资料。谈判的过程是双方谈判人员沟通、互动的过程。具体来讲，可以从以下方面来做准备工作：冲突为什么发生、另一方对于此次谈判的理解、另一方想要达到的目标、另一方对自己目标的态度、另一方坚持自己立场的程度、另一方的利益诉求等。谈判能否成功不仅取决于谈判人员的业务素质、心态素质，还取决于是否做好充足的事前准备，以及对另一方是否有充分的了解。

搜集好谈判所需要的信息，就要制订切实可行的谈判方案，制订双方在本次谈判中的最低接受方案（BATNA）。最低接受方案是个体对于谈判协议可接收的最低价值标准，它决定了在谈判中双方可接受的最低价值水平。只要谈判协议涉及的价值高于对方的最低接受方案，谈判就会继续持续下去；反之，如果提议低于对方的最低接受方案，则提议不被对方所接受，就需要换另一个谈判方案。

2. 界定基本规则

制订好谈判计划，就需要与对方一起商议谈判的规则框架，包括谈判的参与者、谈判的地点、谈判期限、谈判范围、谈判陷入僵局执行何种程序等，此外双方还将交换最初的提案。

3. 阐述与辩论

双方交换观点后，需要阐述各方对相关问题和利益的立场，包括双方对谈判问题的理解、谈判涉及的问题；双方的利益诉求，也就是双方希望通过谈判得到哪些利益；双方的核心利益；双方关于谈判所持态度等。这一阶段双方彼此阐明自身的立场、条件并进行辩论，彼此交换意见与看法，主要涉及阐述谈判的目的、面对的问题、如何解决这些问题、双方利益如何保障等。

4. 讨价还价与问题解决

谈判过程的实质是一个为达成协议而相互妥协的过程。在这个阶段，谈判双方毫无疑问都需要作出妥协。

5. 结束与实施

这一阶段主要是将已经谈妥的协议正规化、合同化，并制定相应的落实和监督程序，包括签订协议、落实协议和谈判总结等。部分重要的谈判，需要双方把控细节信息，如与金钱有关的大型设备销售协议、财产租赁协议、劳动合同等。同时要记录好谈判结果，以保障双方都清楚地理解谈判协议，正式签订协议之前，双方人员要对谈判协议进行核实，避免表述不清的条款、存在歧义的条款。协议中应包含如何落实这份协议的有关表述。

谈判完成后，谈判双方要做好关于这份谈判的评价，如这份谈判结果是否达到预期效果、谈判中谁的表现较为优秀、是否存在妨碍谈判的因素、谈判的时间把握、谈判是否达到对方的预期目标，以及这次谈判有哪些需要借鉴的内容等。

案例讨论

后劲抗争事件

台湾中油股份有限公司（以下简称“中油”）1945 年于上海创设，1949 年迁移至台湾。中油于 1968 年在高雄市楠梓区建立第一座轻油裂解工厂，1975 年在高雄炼油总厂兴建第二轻油裂解工厂，1978 年在高雄县林园乡石油化学工业区兴建第三轻油裂解工厂，生产乙烯、丙烯、丁二烯、苯等基本原料，供下游石化工厂工业制造合成纤维、塑料与橡胶之用。1984 年，第四轻油裂解工厂于林园乡石油化学工业区完工。

由于重经济、轻环保的缘故，高雄后劲地区的民众常年忍受烟囱中排出的各种污染。在发现小孩罹患脑癌比率比其他地区偏高、居民罹患各式癌症的消息不断，加上当地抽出的地下水会燃的生存威胁下，民众抗议不断。

1987 年后劲地区民众对中油厂兴建第五轻油裂解工厂（以下简称“五轻”）非常不满，情绪终于爆发出来。1987 年 7 月，居民在中油总厂向领导诉苦，并搭起帐篷、竖起标语；8 月，召开村民大会，成立反五轻自立救济委员会，开展反五轻环保抗争运动，更有甚者攀上中油公司的燃烧塔，誓言如果不停盖五轻厂就不下来的激烈抗争运动。

双方对峙之下，中油考虑到经济发展的需要，兴建五轻势在必行，于是承诺减少环境污染的总量，并给予一定金额的补偿，这笔款项创下台湾地区反公害回馈金的最高额纪录，被用作医疗及水、电、瓦斯的补贴和居民的奖学金之用。中油答应数年后迁厂的要求，但居民仍持质疑的态度，并成立炼油厂迁厂促进会。如果企业不能与当地居民好好沟通并如期履行承诺，迁厂抗争活动可能再次被引爆，这次会更难处理。

（资料来源：黄贺，《组织行为学：影响力的形成与发挥》，经济管理出版社2015年版。）

讨论题

1. 中油在与当地居民的沟通过程中可能遇到哪些障碍？
2. 假如你是中油的高层管理者，如何与当地居民进行有效沟通？

本章思考题

1. 简述组织冲突的过程。
2. 简述谈判策略与谈判过程。
3. 简述沟通的重要性与沟通的过程。
4. 正式沟通与非正式沟通有什么区别与联系？
5. 沟通过程中可能发生哪些障碍，如何克服这些障碍？

本章重要概念

冲突　　组织冲突　　谈判　　组织谈判　　沟通　　沟通网络

正式沟通　　非正式沟通　　沟通障碍　　有效沟通

第九章

领导理论

本章首先描述领导的内涵、作用与领导过程；其次阐述一系列经典领导理论；最后介绍领导理论研究的新进展。

【学习目标】

1. 掌握领导的概念和作用。
2. 理解领导过程。
3. 理解领导者与管理者的区别与联系。
4. 掌握各种领导理论的特点及适用性。

【引导案例】

埃森哲的技术领导世界

埃森哲是一家国际性的咨询、技术和外包企业，在48个国家聘用的员工总数超过10万人。这家公司正在将自己的领导模式转向由管理者承担教练的角色。然而，它的独特挑战在于如何管理分散在世界各地的下属。

埃森哲公司解决这一问题的方法之一是尽可能依靠团队。埃森哲公司首席领导官莱德说："我们没有总部，因为我们是一个虚拟的组织，我们的领导团队会集合到某处开会，这是我们的工作方法。"

另一个相对便宜的方案是组建虚拟的团队。埃森哲公司技术实验室的产品支持远程培训、会议和数据共享。埃森哲和微软组建了一家独立的、名为Avanade的合资公司提供这些产品供销售。此外，埃森哲近来还将公司的在线培训系统捐赠给肯尼亚的一家机构用于护士培训。

埃森哲公司将技术方案进行调整以适应不同的情境，但技术传递的信息则是不变的。莱德说："当然，你必须特别注意人们文化和自然风格的差异。"但是，埃森哲发现，不管在世界什么地方，人们对于如何培养领导以及这项工作的重点的认识却是一样的。尽管完成的方式可能不同，但内容却是一样的。

（资料来源：[美] 里基·W. 格里芬、格里高里·摩海德，《组织行为学》，唐宁玉、刘伟译，中国市场出版社2010年版，第319页。）

第一节　领导概述

一、领导与管理的概念辨析

1. 领导的内涵

不同的文化背景赋予领导不同的定义，如领导是领导者指挥和影响个人、群体实现共同目标的过程；是在目标实现过程中，领导者对追随者施予的一种影响等。关于领导的内涵，本章主要从以下几点进行阐述。

（1）领导是一个变化的过程。在领导过程中，领导者与追随者之间是相互影响的。领导者带领、影响追随者实现既定的目标，不同情境下，领导者有时也担任被领导者的角色，好的领导者知道如何被有效地领导，并起到良好的带头作用。

（2）领导具有较强的目的性。领导活动的目标往往为组织的目标，领导活动的目标就是领导者带领组织成员实现组织预期目标的过程。在协调组织目标和个人目标的过程中，领导扮演十分重要的角色。

（3）领导意味着领导者对追随者施予的影响力。影响力产生于领导者带领追随者实现共同目标的过程中，在这一过程中，领导者通过带头示范作用、辅之以有效的沟通方式和激励手段，使追随者心甘情愿地与其向着共同的目标而努力。同时，领导者需要客观地勾勒出组织所面临的机会与威胁，为组织成员设定明确的组织目标，这样才能进一步增加领导者的影响力。

（4）领导是一门艺术。具有较高领导素养的领导者能同时兼顾组织成员目标以及群体目标，也就是能巧妙地将个人目标与组织目标相结合，使组织成员心甘情愿地追随领导者。此外，有关领导技巧的培训需要理论与实践相结合，在实践中不断丰富理论。

2. 领导与管理的区别与联系

组织的两种不可或缺的职能——管理与领导，在企业绩效提升过程中起着关键作用。第一次和第二次工业革命使生产力飞跃发展，传统生产要素不能再满足组织的生产需要，管理作为第四种生产要素应运而生。领导理论的出现要晚于管理理论，霍桑实验后，开始兴起行为科学与领导相结合的研究方法。有关管理的最简单的解释为，通过高效利用组织内的资源，达到既定的目标；而管理者通常被理解为借用别人的力量完善事情的人。关于领导的通俗定义为，领导者通过自身影响力带领追随者实现目标的过程。

管理的功能在于维持秩序，而领导的功能在于推进变革。

（1）领导与管理的联系。领导作为管理的一个职能，二者之间既存在共性也存在差异。管理活动的正常进行需要领导者有效地指引和带领；领导的目标需要管理的有效实施才能实现。只有发挥两者的协同作用，才能给企业带来更高的绩效。

（2）领导与管理的区别。二者的区别主要有：其一，领导侧重设定目标、勾勒愿景，采用创新的方式应对各种非常规问题，领导者通过自身的影响力、有效的沟通方式和激励手段促使员工克服困难实现预期目标；管理主要强调管理者通过计划、组织、控制等行为解决常规问题以实现企业目标。其二，领导侧重从宏观层面设定长期性的战略目标，本质是领导者与追随者间的追随关系；而管理行为强调管理者凭借正式的职位从人的行为上进行规范。其三，领导通过人与人之间的相互关系，致力于将不同的个体团结在共同的组织目标下；管理强调管理者通过授权给员工的方式，监督、指导员工按照必要步骤生产产品。

有关管理与领导的划分不能割裂来看，当一个管理者既具备优秀的管理职能又具备指引、带领组织成员实现预期目标的影响力时，他兼具领导和管理双重身份。

二、领导的作用

领导的作用主要包括指挥、协调、鼓舞与激励。

（1）指挥。在组织运行过程中，领导者需要从宏观层面出发，客观地分析企业所面临的机会和威胁，合理地设定组织目标和为达到目标所依赖的战略路径，并引领、指导组织成员实现战略目标。

（2）协调。领导者要具备协调个人之间、组织与个人之间各种矛盾的能力，协调各方面朝着预期的目标努力，及时纠正偏离组织目标的行为。

（3）激励与鼓舞。激励即领导者通过了解并满足被领导者的需要，使他们积极主动地朝着既定的组织目标努力。鼓舞强调领导者通过自身的人格魅力形成较好的带头示范作用，在团队间形成头雁效应，激发下属心甘情愿地支持领导者，营造同舟共济的协作氛围。

三、领导者与领导过程

1. 领导者

领导者是引领、指导组织或者个人实现既定目标的个人或集体。狭义上，领导者指领导者个人；广义上，领导者指领导班子集体。领导决策的有效性通常取决于领导者个人行为与领导者集体行为的双向互动，领导班子集体中最高领导者的个人行为与决策的有效性密切相关。

领导者作为领导行为的主体与追随者之间的关系是双向影响的，但二者的影响程度不同。领导者对追随者的影响强度要远远高于追随者对领导者的影响强度，基于这种差异，领导者对追随者的领导行为才能高效地实现。一方面，领导者与追随者都是组织的成员，拥有共同的组织目标；另一方面，领导者又是团队的代表，与其他追随者之间形成领导与被领导的关系，在组织目标实现过程中扮演着设定组织目标、监督以及决策、指导的角色。

2. 领导过程

科学化过程和艺术化过程是领导过程的两个主要方面。基于不同的层面，领导者扮演着不同的角色。

（1）科学化层面。领导的科学化过程主要强调领导者的科学决策。在这一过程中，领导者主要在科学决策程序的控制与决策的最终选择方面发挥重要的作用，同时领导者的价值观、能力、个人素养也是影响决策的相关性因素。当决策付诸实施时，领导者主要承担指挥协调的责任，其凭借自身的影响力引领组织成员朝着预期的目标奋斗。一方面，领导者引导组织成员理解决策目标并熟知实现既定目标的战略路径；另一方面，领导者通过各种激励措施鼓舞、激励组织成员尽最大努力实施已有的决策。

（2）艺术化层面。对领导情境的判断、用人和授权以及对领导方式的抉择是艺术化层面的主要因素。在这一过程中，领导者要合理地发挥协调和激励的职能。具体来讲，协调指领导者要协调好成员之间、组织与成员之间的各种活动，促使全体成员团结一致地为预期目标奋斗。由于成员间的需求层次不同，领导者应根据具体情况采取相应的策略对组织成员进行激励，从而提高追随者的积极性，并使组织目标与个体目标相协调。例如，如果领导者发现部分追随者有足够的实力做好一件事情，则领导者不需要进行指导，否则，可能会由于领导者的不信任引发这部分员工的怨恨。

第二节　领导理论

领导是一个动态互动过程，领导的有效性取决于领导者个人素质、被领导者与环境三者的相互作用。领导理论的发展先后经历了三个阶段：领导特质理论阶段、领导行为理论阶段和领导权变理论阶段。

一、领导特质理论

领导特质理论（trait theories of leadership）是早期最主要的探讨领导的理论，这一理论饱受争议。领导特质理论认为一个领导者的成功与其所具备的特质密切相关，早期研究的热点为通过综合分析成功领导人所具备的特质，归纳出发展个人领导能力的依据。然而，学者们通过研究发现，某些特质对于不同人产生的效果不一定相同，在不同的情境下效果可能也不同。人际关系学派的兴起促使人们将人际关系纳入领导的研究领域。

作为领导理论发展的第一阶段，特质理论的主要作用在于测度成功领导者所具备的品质特征与其绩效方面的关联度。领导特质可以定义为领导者为了实现既定目标而应具备的相对稳定的性格，包括行为、思想和情绪的习惯性模式等，不同个体之间存在差异，领导者的行为会受到其特质的影响。

1. 领导特质理论概述

关于领导特质理论的研究最早起源于心理学家对领导活动以及行为的研究，试图从成功的领导者身上找出共有的品质特征。心理学家们做了大量研究，希望找到决定领导力的关键因素以及领导者与追随者间的差异。早期的特质理论认为部分成功领导者的特质是与生俱来的，即天生所具有的形象或者品质特征使其成为领导者。于是，将领导者个人品质特征与领导有效性相结合的研究逐渐演变为领导特质论。

领导特质理论假设：领导的成功与否和领导者的特质之间具有关联性。

领导特质理论的研究发展过程大约分为以下四个阶段。

第一阶段：伟人特质研究。这一阶段的研究认为，领导者具有与生俱来的个性、能力等特质，并非后天塑造出来的。所有有效的领导者都具备相同的、一定数量的特质，不具备这些特质的人不能成为领导者。这一阶段较为符合封建统治者的需要。

第二阶段：领导者特质研究。这一阶段的研究认为，领导者具有有别于追随者的特质，然而这些特质包括在后期实践中培养的特质，如社会特质、社交特质、能力特质、生理特质等。但迄今为止，人们并未发现某一特质能精确地将领导者与追随者区分开来。这一阶段较为符合官员的需求。

第三阶段：与有效领导活动相关的领导特质研究。对于这一阶段的研究，研究成果相对较少。主要观点认为不是所有具备领导特质的人都能成为领导者或者有效领导。研究并未发现与有效领导有较强相关性的特质。另有研究表明，单一特质并不能决定能否成功领导，而是取决于各种特质组合与情境的适应性。

第四阶段：变革时代领导特质的研究。这一阶段的研究表明，变革时代需要领导者具有变革特质。区别于追随者的特质是有效领导的前提条件，领导者虽然不能做到尽善尽美，但必须善于学习、勇于创新、主动承担责任、具有克服困难的决心和良好的认知能力。

2. 斯托格迪尔的六类领导特质

美国俄亥俄州立大学工商研究所的斯托格迪尔（Stogdill）教授是“伟人论”的主要代表人物之一。他在进行大量的研究之后发现，人格特征理论并不具有普适性。斯托格迪尔通过回顾1948～1970年有关人格特征的研究发现，某些特质确实会促进有效领导的实现，但同时指出，领导者的一些特质可能会随着环境的变化发挥不同的作用。斯托格迪尔（1947）将领导特质归纳为六大类。

（1）身体特性，如外貌、身高、精力等。但这方面的研究并不能充分地说明身体特性与领导成功与否存在必然的联系。

（2）社会背景特性，如领导者的教育程度、经济地位、灵活性等。这方面的研究也具有相对的矛盾性，不足以证明社会背景特性与有效领导具有直接相关性。

（3）智力特性，如认知能力、判断能力、果断性、表达能力、知识的掌握程度等。大量的研究表明，智力特性确实会与领导有效性具有一定的相关性，但并不显著，也就是说，其他因素的存在会影响两者之间的关联程度。

（4）个性特征，如适应性、诚实、正直、热情、积极、上进心、自信、独立、反应敏捷、作风民主等。人们发现个人特征与领导特质存在一定的关联度。

（5）与工作有关的特性，如高成就需要、超越自己的欲望、责任心、坚韧、独创性、重视任务的完成等特性。研究发现，这些特性对领导成功与否具有积极的影响。

（6）社交特性。研究表明，成功的领导者具有善于交际、良好的处理人际关系的能力、灵活的交际手段、善于合作等特质。

斯托格迪尔的研究揭示了一些有效的领导者确实在个人特质方面存在一些共性，有助于人们加深对领导者素质的认识。但同时，有效领导者的某些特质也会因人而异，因此，斯托格迪尔的研究还存在一定的局限性。

3. 鲍莫尔的十项领导特质

美国普林斯顿大学的威廉·鲍莫尔（William Baumol）教授是现代领导特质理论的主要代表人物之一。他从美国企业的角度研究领导者的特质，提出了领导者应具备十大条件。

（1）合作精神。即能够与他人一起工作，取长补短，共同完成某项任务，发挥团队精神，实现工作效率的最大化以及双赢和多赢的局面。

（2）决策能力。即能够理性地根据可获得的信息权衡利弊并作出科学化的判断决策，保证组织正确的前进方向。

（3）组织能力。即能够高效利用组织内的资源如人力、财力、物力等，协调好组织成员间、组织与成员间的关系和活动，以保证组织目标的实现。

（4）精于授权。即授权既能体现出领导对员工的信任，也能考验员工的真正实力，要做到有的放矢，大权独揽、小权分散，并建立合理的奖惩体制。

（5）善于应变。即领导者具有较强搜集信息的能力，当发生突发事件时能够及时地作出对组织有利的决策，能够灵活地处理事务，不墨守成规。

（6）敢于求新。即有创新意识、创新思维，不断推陈出新，对新事物有敏锐的洞察力。

（7）勇于负责。即在上级、下级的关系中要保持高度的责任感，敢于担当。

（8）敢担风险。即理智地分析企业所面临的机会和威胁，敢于承担企业改革过程中所面临的风险。

（9）尊重他人。即平易近人，有亲和力，能够倾听、重视、接受别人的意见或建议。

（10）品德高尚。即在品德方面能够受到下属以及社会人士的敬仰。

4. 德鲁克的领导特质观

著名管理学家德鲁克（Drucker，1996）在《卓有成效的管理者》一书中指出，通常来看，杰出的管理者都有很高的知识水平以及认知能力，然而这些认知能力、知识水平与其有效性并没有显著的关联。一个人的才华只有运用于实践才能真正发挥其价值。

德鲁克认为，在类型方面、能力方面、性格方面，很难将有效管理者与无效管理者区分开来。有效性是通过后天在实践中培养出来，并以学习方式获得的一种习惯。

他认为，一个有效的领导者必须具备以下五个主要的习惯。

（1）善于利用时间。此习惯是有效性的基础，时间是稀缺性资源，有效的领导者必须学会珍惜时间和高效地利用时间。

（2）注意贡献。有效的领导者应该首先明确努力重心，一个杰出的领导者会将自己的重心放在事业成功上，为了事业的成功而努力奋斗。

（3）善于发现和用人之所长。有效的领导者能够发现别人的长处给组织带来的价值，做到知人善任，同时能够在工作中合理地运用好自身、上下级的长处。

（4）能分清工作的主次，集中精力于少数主要的领域。鉴于人的能力和时间有限，有效的领导者能够建立一套有效的工作秩序，并将精力集中于重要的领域。

（5）能作出有效的决策。有效的领导者能够从实际出发，权衡企业面临的机会和威胁，利用信息作出科学的决策。

有关优秀的领导者应该具备哪些特质的问题，学者们站在不同的角度给出不同的答案。然而，一些特质确实是有效领导的前提，如知识储备、自信、决策能力、正直、创新意识、合作精神等。但具备这些特质的领导并不一定都能取得成功，需要结合具体环境具体分析。

领导特质理论从领导者先天特质以及后天培养的特质出发，对有效领导以及领导特质的关系进行了初步的体系化研究。由于领导特质理论只是探讨了领导的内在品质，因此其结论缺乏一定的说服性。其缺陷主要有以下几个方面：首先，研究者考虑的角度不同，故对领导者应具备的特质以及对各种特质的认识存在很大的分歧；其次，没有将追随者对领导者的影响考虑在内；最后，没有考虑情境因素在领导有效性中发挥的作用。

二、领导行为理论

领导特质理论只是从领导者的品质特征出发，考虑其对领导有效性的影响。然而，领导者所具备的特质只是领导有效性的必要条件，成功的领导活动还取决于领导者的领导方式等因素。

领导行为理论（behavior theories）盛行于 20 世纪 40 ~ 60 年代。领导行为理论认为，主要是领导者的行为方式而不是人格特征促使他们成为领导者，人们可以通过一些培训项目的学习提升领导技能。所以，领导者行为理论主要分析领导者的行为和领导风格。行为理论大致可以分为两大类：一类是基于职权运用进行研究的领导行为理论，这类研究主要有勒温（Kurt Lewin，1939）的三种领导方式、坦南鲍姆和施密特（Tannenbaum and Schmidt，1958）的领导行为连续统一体理论、利克特（Likert，1961）的四种管理方式等；另一类是基于行为与态度取向角度的研究，主要有领导行为四分图理论、管理方格理论等。

1. 勒温的三种领导方式理论

有关领导方式的研究可追溯到心理学家勒温（1939）的研究。领导方式理论主要研究领导者的不同工作方式类型对下级所造成的影响，勒温以权力定位为基本变量，认为领导者在领导过程中表现出的领导方式主要分为专制领导方式、民主领导方式和放任型领导方式三种。

（1）专制领导方式。该领导方式将权力定位于领导者个人。领导者靠权力和强制命令进行领导，其主要特点为：其一，独断专行，从不考虑别人的意见，所有决策都由领导自己决定；其二，领导者大权独揽，不把任何消息告诉下属，极少甚至不让被领导者参与决策，被领导者只能察言观色、奉命行事；其三，这种领导者认为权力来自领导地位，对被领导者严加管治，凭借个人看法对下属予以褒贬、奖惩；其四，领导者预先安排一切工作程序，下级只能服从；其五，领导者几乎不参与群体活动，与下属缺乏感情交流。

（2）民主领导方式。该领导方式将权力定位于群体，领导者以理服人、以身作则，使每个人做出自觉的、有计划的努力，这种领导者从建立良好的人际关系着手去管理，认为其权力是由追随者赋予的，是一种民主的领导行为。其主要特点为：其一，在领导者的协助、鼓励下，群体讨论并决定如何制定政策，而非领导者一人制定；其二，在工作安排上，会将追随者的能力、兴趣和爱好考虑在内；其三，对下属的工作不加以过多的干涉，保证其较大的工作自由，保证其有足够的灵活性和选择性；其四，主要使用非正式的权力和权威，而不是靠职位权力使人服从，与别人谈话时多使用商量、建议和请求的口吻；其五，积极参加团体活动，经常同下属进行情感交流，拉近与下级的心理距离。

（3）放任型领导方式。该领导方式是一种俱乐部式的领导行为，权力定位于组织中的每一个成员，领导者对下级的做法不干涉、完全放任。这种领导者仅仅从福利方面考虑管理，认为权力来源于下属的信赖。领导者对工作事先没有布置、事后不作评价，群体只达到了社交目标，而没有达到组织目标。其主要特点为：其一，决策完全由个人、团体自行摸索，领导者不多参与、不干涉，极少运用权力；其二，工作缺乏积极性、主动性，工作效率最差；其三，只提供工作所需的条件，较少对工作进行指示，领导者从来不安排任务的分工与合作。

勒温在实验中发现，在专制型领导的团体与民主型领导的团体中，成员间的关系与成员行为有巨大的差异：民主型的领导团体中，成员间相处融洽，而专制型的领导团体中，成员间攻击性言论比较多；民主型组织中，以工作为中心的接触多，成员间团队意识较强，而专制型组织中下属对领导者很服从，但表现自我、引人注目的行为较多；民主型的领导团体中成员具有主人翁意识，而专制型领导团体中成员大多以自我为中心；遇到困难时，民主型组织中成员团结一致、凝心聚力攻坚克难，而专制型组织中成员彼此推卸责任，没有人愿意组织工作；民主型组织的成员对集体活动有较高的满足感，相比之下，专制型组织成员没有满足感。

勒温根据实验认为，专制领导方式通过严格管理能达到工作目标，然而群体成员没有责任感、士气低落、缺乏积极性、内部没有活力，变革中的组织、员工成熟度低的组织可以采用这种领导方式；放任型领导方式由于强调活动自由，很少约束，因此工作效率最低，适用于各种协会、学术团体；民主领导方式是现代组织广为采用的领导方式，以知识型为主导的组织中较为常见，同时也是工作效率最高的领导方式，适用于高科技公司、跨国公司，以及其他具有创新性的工作领域。

2. 领导行为连续统一体理论

坦南鲍姆和施密特（1958）提出了领导行为连续统一体理论，认为领导行为是包含了各种领导方式的连续统一体，民主与专制是领导风格中的两种极端情况，这两者之间还存在着七种有代表性的中间状态的领导方式（见图 9－1）。图 9－1 显示了一系列不同民主程度的领导方式，不难发现：领导应根据实际要求，将专制和民主适当地结合起来，不能机械地选择民主或专制方式。

领导行为连续统一体理论认为，有效的领导方式受多种因素的影响，但主要与领导者、情境、下属三方面有关。

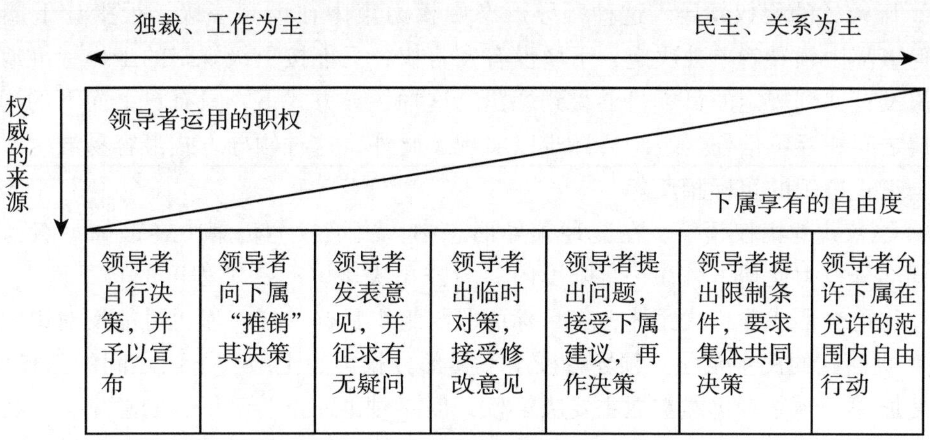

图 9－1　领导行为连续统一体

资料来源：孙志成、刘明霞，《组织行为学》，东北财经大学出版社 2013 年版，第 172 页。

（1）领导者方面，主要包括领导者的个性、价值观、对追随者的信任，以及对某些领导方式的偏好等。

（2）下属方面，主要包括追随者承担责任的意愿、独立性的需求度，以及是否充分理解组织目标等因素。

（3）情境方面，主要包括组织的价值、组织规模、时间压力、团队合作经验等。坦南鲍姆和施密特认为，关于领导方式的判断需要结合具体情况综合判断是否合宜。偏向于专制的领导者比较注重工作，并运用职能权力影响下属；偏向于民主的领导者给下属较大的自由，比较注重员工以及人际关系。根据连续统一体理论，成功的领导者应结合自身能力、下属的能力与任务，选择适宜的领导方式。

领导行为连续统一体理论的积极意义在于：领导者充分重视追随者的作用，增强彼此之间的信任感，尊重并满足追随者的心理诉求，一定程度上给予他们管理权与决策权，加强双向交流沟通；此外，他所提到的民主式管理取代专制式管理的做法对于现代社会具有较大的借鉴意义。

3. 利克特的四种管理方式

美国密歇根大学教授利克特通过研究 7 个高生产效率的企业和 10 个低生产效率的企业发现，在高生产效率的企业中，只有 1 个采用以工作为中心的领导管理方式，其余 6 个公司的领导管理方式以人为中心；另外 10 个低生产效率的企业中，只有 3 个采取以人为中心的领导管理方式，其余均以工作为中心。在这一背景下，利克特等人探讨了以工作为中心和以人为中心两种领导方式哪种更有利于生产效率的提升，通过对生产效率与领导方式的关系的研究，提出了支持关系理论。该理论认为，单纯依靠奖惩来调动积极性的管理方式将被淘汰，只有依靠民主管理，考虑下属职工的处境、想法和希望并从内心调动员工积极性，让员工认识到自己的价值和重要性，才能开发人力资源。领导者支持员工，能增强员工对领导者的信任进而支持领导者，即相互支持的原则；反之，专制式领导的管理达不到民主体制所能达到的生产水平以及下属所拥有的满足感。利克特通过大量调查研究，在其 1961 年发表的《管理新模式》中将领导方式分为以下四种。

（1）压榨式的集权领导。这种领导形态中权力集中在最高一级，很少让下属参与决策，任何事都由领导者单独决定，下属没有发言权，只能按上级规定的工作标准或方法执行，下属没有达到规定的目标将会受到惩罚。这种领导方式下，只有自上而下的沟通，领导与下属之间相互不信任，组织目标难以实现。此外，这种领导方式最容易滋生非正式组织，并与正式组织的目标相反。

（2）仁慈式的集权领导。在这种领导形态中，决策权力仍集中在最高一级，通过授予中下层部分权力使得下属在一定限度内参与公司决策，有一定程度的自下而上的沟通。组织中往往也会形成非正式团体，其目标可能与组织目标一样，但也可能反对组织目标。

（3）协商式的民主领导。领导者授予下属部分权力，上级与下级之间的信任感增强、沟通程度加深，领导者仍然掌握主要决策权，但同时也注重聆听下属的意见，并在取得下级的同意后再作出决策，某些情况下，下属可以决策一些具体问题。这种领导方式下的大多数非正式组织会支持组织目标，但也存在少数反对组织目标。

（4）参与式的民主领导。领导者充分信任下属，上下级处于平等的地位，既有领导与下级间的双向沟通，也有同事之间的平行沟通；决策高度的分权化，在一定范围内，授予下属自主决策权；非正式组织和正式组织合二为一，个体目标与组织目标相一致，所有组织成员都为组织目标而努力。表 9 – 1 对比了四种领导方式。

表 9 – 1　　利克特归纳的四种领导方式

组织变数		压榨式的集权领导	仁慈式的集权领导	协商式的民主领导	参与式的民主领导
上下关系	信任程度	对下属无信心	有主仆之间的信赖关系	有相当的但不完全的信任	有完全的信任
	交往	极少交往或交往在恐惧和不信任下进行	在上级屈就、下属惶恐的情况下进行	适度的交往，并在相当的信任下进行	深入友善的交往，有高度的信赖
	沟通程度	只有自上而下的沟通	有一定的自下而上的沟通	双向沟通	上下左右完全沟通
工作激励	奖惩	恐吓、威胁、惩罚和偶尔的奖励	奖惩并用	奖励为主，偶尔惩罚	奖励，启发自觉性
	参与程度	极少参与决策	决策权在上层，下级在一定限度内参与	上层作主要决策，下层可对具体问题作决策	完全参与
非正式组织		与正式组织目标相对立	目标不一定与正式组织对立	很可能支持正式组织目标，偶然反对	与正式组织融为一体

资料来源：徐碧琳，《管理学原理》，机械工业出版社 2012 年版，第 154 页。

利克特指出，对人的激励有四种：经济激励；自我激励（成长和自我实现的需要）；安全激励；创造激励（好奇心、对新经验的需要和创新）。在上述四种领导方式中，只有参与式的民主领导是按照这种需要建立起来的，因而是效率高的管理方式。利克特进一步提出了贯彻参与式民主领导的三条准则：首先，领导者通过应用支持关系原则，保证下属将自身的经验和知识看成对自身价值的一种支持。其次，运用集体监督和集体决策。由于每个下级的领导同时也是上级的成员，运用组织内这种联系效应，将组织连接成一个整体。组织内的成员与组织都要树立远大理想目标，通过这些目标的实现，不仅实现了个体目标，也实现了组织目标。

4. 领导行为四分图

最全面而且被研究较多的行为理论是美国俄亥俄州立大学提出来的，斯托格蒂尔和沙特尔两位学者通过开展关于领导问题的调查，最后从结构维度和体贴维度出发总结出领导行为的两大特征："抓组织"和"关心人"。"抓组织"是以工作为中心，主要通过组织机构的设置、权责利划分、确立组织目标、制定工作程序、设立意见交流渠道等来控制、引导下属的行为。"关心人"主要指以人际关系为中心，关心追随者的需要，尊重追随者的意见，注重追随者的感情问题，赋予追随者更多的工作主动权等。研究结果发现，两种领导行为在一个领导者身上有时一致，有时不一致。它们并不是相互矛盾、相互排斥的。因此，斯托格蒂尔和沙特尔认为领导行为是两类行为的具体结合。领导行为可以用四分图来表示，分别以组织维度和体贴维度为横纵坐标，直观地显示出四类基本的领导行为（见图 9 -2）。

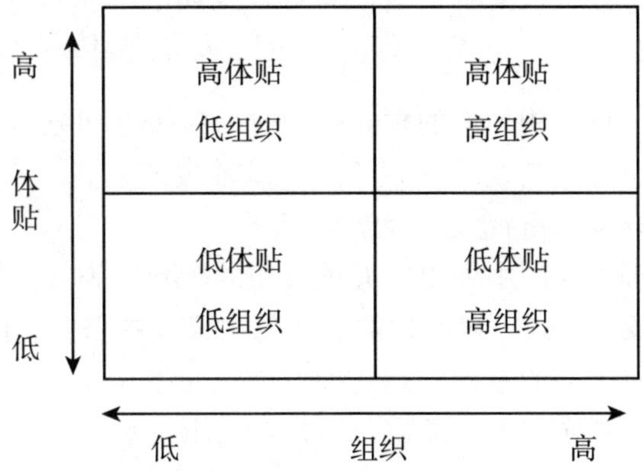

图 9 -2　领导行为四分图

资料来源：张新国、吕晶晶，《组织行为学》，上海财经大学出版社 2014 年版，第 198 页。

"抓组织"和"关心人"不是绝对对立、相互排斥的，而是对立统一的关系，它们既相互矛盾又相互促进。一般来说，领导者为了实现组织目标，易于把精力倾注于抓组织，偏重于完成工作任务而忽视关心成员生活。实践表明，只有关心成员生活才能更有效地领导，更出色地完成组织目标。如果只关心成员生活，不顾生产和工作任务，不但生产不能提高，也不能提高成员的生活水平，满足成员合理的物质和精神需要。

5. 管理方格理论

管理方格理论（management grid theories）是研究领导方式及其有效性的理论，是由美国得克萨斯大学的行为科学家布莱克（Blake）和莫顿（Mouton）在 1964 年出版的《管理方格》一书中提出的。两位学者发展了领导风格的二维观点，在四分图的基础上提出了方格图。

布莱克和莫顿指出，在关心人的领导方式和关心生产方式的领导方式之间，可以有使二者在不同程度上相互结合的多种领导方式。该理论以关心生产为横轴，以关心人为纵轴，并将横纵轴平均划分9等分，整个矩阵图由81个方格组成。这就把领导者的领导行为划分为许多不同的类型（见图9－3）。

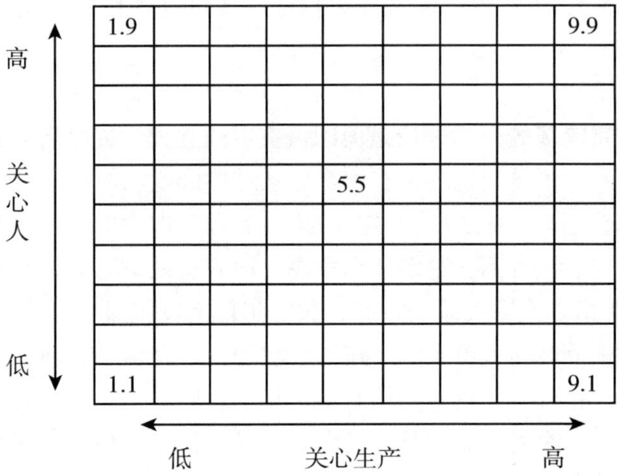

图9－3 管理方格图

资料来源：张新国、吕晶晶，《组织行为学》，上海财经大学出版社2014年版，第198页。

根据管理方格理论，评价领导者的领导行为时，应按这两方面的行为程度在方格图中寻找交叉点，这个交叉点就是其领导行为类型。横轴数值越高，表示领导者越重视生产；纵轴数值越高，表示领导者越重视人的因素。

布莱克和莫顿在管理方格图中列出了五种典型的领导行为（见图9－3）。

（1）1.1为贫乏型领导方式。对必须的工作付出最少的努力，同时也不关心下属，对指挥、监督、制度等没有足够的重视，是一种不称职的领导。

（2）1.9为俱乐部型领导方式。领导者不关心工作效率，也不关注生产任务，只注重支持和关怀下属以及搞好人际关系，这种领导方式认为只要组织内部充满轻松友好的气氛，组织绩效自然会提高，是一种轻松的领导方式。

（3）9.1为任务型领导方式。领导者的重点在工作效率的提高和任务的完成上，不太注意人的因素。在这种独裁的领导方式下，会使员工丧失进取精神以及创新精神。

（4）9.9为团队型领导方式。领导者既关心人，也关心生产，通过协调和综合各种活动，将组织集体的目标和个人需要有机地结合起来，促进工作和生产的发展，使对二者的关心一体化，以提高士气并发扬集体精神，是一种最有效的领导方式。

（5）5.5为中间型领导方式。领导者对人和生产的关心度虽然都不高，但能保持平衡。遇到挫折总想得过且过，追求正常的效率和令人满意的士气，安于现状、创新不够，是一种中间式领导，长远来看，这种领导方式会使企业落伍。

通过对以上五种领导方式的探究，绝大多数学者认为团队型领导方式最佳，中间型领导方式次之。管理方格理论是提高管理水平和工作效率的有用工具，领导者可以根据管理方格图较为清楚地判断自己的领导方式，并掌握改进的方向。总体来说，在领导行为类型和群体工作绩效之间的一致性关系方面，众多的领导行为理论达成了共识。但是，领导行为理论也存在较大的弊端，其没有重视情境因素在有效领导中所起的作用，领导权变理论弥补了这一弱点。

三、领导权变理论

随着领导特质理论和领导行为理论研究的进一步深入，很多研究者开始将情境因素考虑在内，由此产生了领导权变理论。20 世纪 60 年代之后，领导理论研究进入了第三阶段，即权变理论阶段。该理论关注的是领导者、领导者行为和情境的相互影响，研究目的在于探究领导方式与组织效能的关系。

领导权变理论（contingency theories）认为，领导是一种动态的过程，领导行为的效率不仅取决于领导者的特质和行为，还取决于具体的情境和场合，如被领导者的条件、组织气氛、工作性质、时间要求等。其有效性会随着领导者的特点、领导者的行为和所处情境的变化而变化。下面具体介绍 4 种有代表性的领导权变理论。

1. 费德勒权变模型

关于权变理论的研究最早可追溯到心理学家费德勒（Fiedler）。他认为领导者的特质、行为可能在一定的环境内有效，这种环境是组织内部因素与外部因素的结合体。他于 1962 年提出了费德勒权变模型（Fiedler's contingency model of leadership），指出任何领导都可能成功，关键取决于领导特质、领导行为是否与所处的环境相适应。适宜的环境会给管理者营造一个影响、控制下属行为的有利氛围。

（1）费德勒权变模型第一步：确定领导方式。费德勒理论的前提是，领导者应该在何种范围内采取以关系为导向和以任务为导向的领导方式。因此，他设计了一种称为"最难共事者问卷"（least preferred coworker questionnaire，LPC）的工具来分析领导方式，通过被调查者对问卷的回答来判断他们的领导方式。如果领导者用积极正面的词汇形容最难共事的伙伴，就认为他是一个关系型领导，比较注重上下级之间的尊重和信任；如果一个领导者用消极负面的词汇形容最差的共事伙伴，则认为他是一个任务导向型的领导者，比较注重工作任务。

（2）费德勒权变模型第二步：确定情境。费德勒把影响领导风格的环境因素归纳为三个方面——职位权力、任务结构和领导者—成员关系的质量。

① 职位权力（position power）。即领导者对追随者所拥有的正式权力（即雇佣、解雇、训诫、晋升和加薪）等。

② 任务结构（task structure）。即工作任务的程序化程度、任务范围，以及明确而清晰的目标。

③ 领导者—成员关系（leader - member relations）的质量。即团队的氛围、领导者对下属信任、信赖和尊重的程度等。

（3）费德勒权变模型第三步：领导方式与情境的匹配。费德勒模型的第三步是根据这三项权变变量来评估情境。领导者—成员关系或好或差，任务结构或高或低，职位权力或强或弱，三项权变变量综合起来，便得到八种不同的情境或类型。其中，若三个情境因素的组合是好的、高的、强的，即三个条件都具备的，是领导最有利的情境；若组合是差的、低的、弱的，即三个条件都不具备的，是领导最不利的情境。按照这个三维结构模式，可以将八种不同类型的情境分为三类：有利的、中间状态的、不利的。

当领导者的作风与情境相匹配时，会达到最佳的领导效果。费德勒通过大量研究得出：在环境因素十分有利或者十分不利的情况下，任务导向型领导方式都是最佳的选择，独裁的领导者会指定任务结构，对下属有绝对的权威；关系型领导者在情境因素一般的情况下效果最好。

鉴于个体领导风格的稳定性，提高领导有效性可以从以下两方面着手：在现有情境下更换领导者；改变情境来适应领导者。

2. 领导生命周期理论

领导生命周期理论（leadership life cycle theory），又称情境领导理论（situational leadership theory）。该理论认为领导的有效性与下属的成熟度密切相关，正确领导方式的选择与下属的成熟度相结合，会带来比较成功的领导活动。此理论将成熟度（maturity）定义为：个体完成某一具体任务的能力和意愿，由工作成熟度与心理成熟度组成。工作成熟度包括一个人的知识和技能。工作成熟度高的下属不需要他人的指导，可凭借其自身拥有的经验、知识、认知能力来完成任务；心理成熟度高的下属具有良好的自我激励，不需要他人的外部激励。

情境领导模式使用的两个领导维度与费德勒的划分相同：任务行为和关系行为。但是，情境领导理论更向前迈进了一步，提出每一维度有低有高，从而组合成以下四种具体的领导风格。

（1）命令型（高任务—低关系）。领导者对下属的工作进行详细具体的指导，领导者定义角色，强调指导性行为，不重视激励。

（2）说服型（高任务—高关系）。领导者决策，既给下属以较多的指导，又注重维护和下属间的关系，重视激发和鼓励下属的积极性。

（3）参与型（低任务—高关系）。领导者与下属就工作问题共同决策，领导者的主要角色是提供便利条件与沟通。

（4）授权型（低任务—低关系）。领导者提供极少的指导或支持，对下属几乎不加指点，由下属独立自主地开展工作。

成熟度的四个阶段包括：不成熟（R1）、初步成熟（R2）、比较成熟（R3）和成熟（R4）。

（1）不成熟（R1）。追随者不仅没有能力完成任务，也不愿意执行任务。

（2）初步成熟（R2）。追随者愿意完成任务，但限于缺乏相应的技能。

（3）比较成熟（R3）。追随者有能力执行任务但却没有积极性。

（4）成熟（R4）。追随者不仅愿意执行任务而且还有能力执行。

在图 9 -4 中，关系行为、任务行为和下属成熟度之间存在一种曲线关系，这条曲线被称为领导生命周期理论曲线。当下属从不成熟走向成熟时，领导者可以适宜地减少对活动的指导以及相关的关系行为。在第一阶段中（R1），领导者需要给予下属明确的指导以及严格的控制，高任务—低关系的领导方式是最佳的选择。在第二阶段中（R2），随着下属稍微成熟时，领导者可以采取高任务—高关系的领导方式即说服式领导，高任务可以弥补下属能力上的欠缺，高关系能充分调动下属的积极性。在第三阶段中（R3），当下属比较成熟，有足够的能力胜任工作时，领导者可以减少干预和约束，领导者的主要工作是了解下属的需求，做好激励工作，进一步提高下属的积极性，这时适用低任务—高关系的领导方式。最后，第四阶段（R4），由于下属既有较高的能力又愿意主动承担责任，因此领导者不需要做太多事，由下属自我管理，领导者应选择低任务—低关系的领导方式。

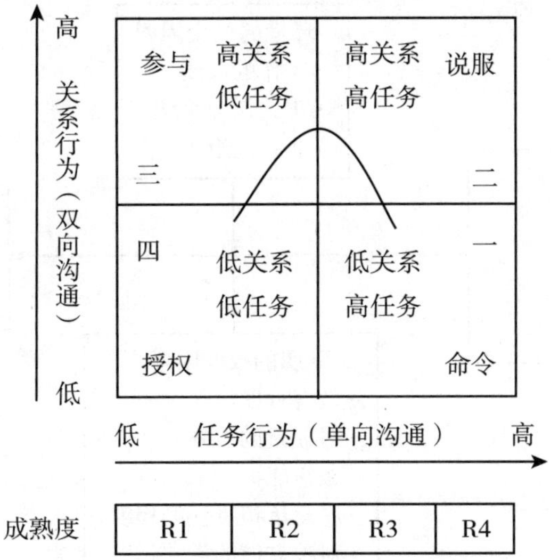

图 9－4　领导生命周期理论曲线

资料来源：徐碧琳，《管理学原理》，机械工业出版社 2012 年版，第 159 页。

3. 路径—目标理论

路径—目标理论（path-goal theory）已经成为当今最受人们关注的领导观念之一，是 R. J. 豪斯（R. J. House，1971）开发的一种领导权变模型。

路径—目标理论认为，领导者的工作是帮助下属找到实现目标的路径并排除实现目标的障碍，使他们能顺利实现目标，并辅之以必要的指导和支持，从而确保个体目标没有偏离组织总目标，使他们能在更大程度上因目标的实现而获得满足。

豪斯通过研究表明，高任务—高关系的领导方式不一定是最成功的领导方式，还应将环境因素考虑在内。路径—目标模式确定了以下四种不同的领导类型。

（1）指导型领导者让下属知道期望他们做什么，并就如何完成任务提供一定的指导意见、完成工作的时间计划，并激励下属遵守准则。

（2）支持型领导十分友善，和蔼可亲，平易近人，平等地对待员工，理解员工的需求。

（3）参与型领导注重与下属磋商，并在作出决策之前充分考虑下属的建议，对达成目标的各种建议采取非常认真考虑的态度。

（4）成就导向型的领导善于提出富有挑战性的目标，并相信下属能达到规定的要求，坚信下属能最大限度地发挥自身潜力，这类领导者善于激励下属的成就自信心以及激发他们的责任感。

如图 9 -5 所示，路径一目标理论指出，在领导行为与结果的关系中存在两类权变变量或情境变量，这两类分别是下属控制范围之外的环境（工作群体、任务结构以及正式权力系统）和下属个性特点中的一部分（感知能力、控制点和经验）。下属的个性特点决定了个体如何解释环境和领导者的行为特点，环境因素决定了作为补充所要求的领导行为类型。这一理论指出，当环境结构与领导者行为相比重复多余或领导者行为与下属特点不一致时，均不能达到有效领导。

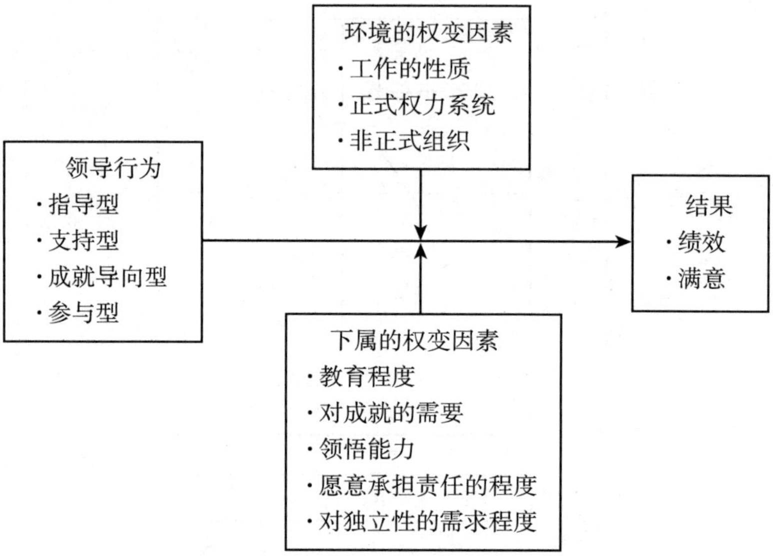

图 9 -5　途径—目标理论

资料来源：孙利虎、师曙光，《组织行为学》，北京师范大学出版社 2013 年版，第 199 页。

四、领导理论的新发展

1. 领导归因理论

领导归因理论（attribution theory of leadership）主要用于厘清原因与结果之间的联系。人们常常将一件事情的发生归因于某种情况。在领导的框架下，归因理论被认为是领导者对其他个体行为原因的解释。运用领导归因理论，学者们发现，成功的领导者通常被描述为具有一些特质的人，如较强的沟通能力、聪明、正直、积极乐观、勤奋、知识渊博、果断等。学者们发现，高绩效—高关系模型的归因与成功领导者的归因相似，即无论何种情况，人们都倾向于高绩效—高关怀型的领导者。

在组织方面，领导归因理论解释了人们喜欢将组织中绝对积极或绝对消极的工作业绩归因于领导的原因；此外，此理论还解释了为什么当组织面临经济危机时，首席执行官会受到严重波及，而无论他们是否牵涉此事；它同时也解释了首席执行官因极好的财务状况而赢得人们称赞的原因，无论他们对公司的边际贡献为多少。

2. 魅力型领导理论

R. J. 豪斯（1992）从组织行为学角度发展了魅力型领导理论（charismatic leadership

theory)。他提出魅力型领导具有由非凡的自身特征导致的魅力，能对下属产生深远的情感上的影响，使得下属表现出对领导的追随，对工作和组织产生更高的满意度和绩效。魅力不能独立存在于领导者特质中，而是产生于领导者个人特质、行为、追随者的需要以及环境的相互作用中，是领导者特质、追随者特质以及环境相互作用的结果。领导者的主要特质有：自信、知识渊博、有责任心、机智灵活、正直、独立、具有上进心、不墨守成规、有远见，并且能够信任下属等。这些特殊的特质成为追随者崇拜魅力型领导的原因之一。

3. 变革型领导理论

20 世纪 80 年代，美国政治社会 J. M. 伯恩斯（J. M. Burns）在其经典著作《领袖论》中提出了变革型领导理论（transformational leadership theory）。本章中介绍的大多数领导理论，如俄亥俄州立大学的研究、费德勒权变模型、路径—目标理论讨论的都是事务型领导者（transactional leaders）。这些领导者通过为下属设立明确的目标，指引、协调并激励下属朝着组织目标努力。而变革型领导者（transformational leaders）则激励下属超越自身利益实现组织利益，并能对下属产生意义深远的影响。变革型领导帮助下属用新观念看待问题，从而改变下属已有的过时看法，能够激励和鼓舞下属为实现群体目标付出更多力量。

事务型领导与变革型领导并非相互对立、彼此矛盾。变革型领导是在事务型领导的基础上发展而来的。相比事务型领导，变革型领导更能调动员工的积极性，此外变革型领导也相对更有魅力。有相当多的研究表明变革型领导好于事务型领导。例如，学者们通过对美国、日本、英国军队的官员进行调研发现，变革型领导无论在哪个层面的评估都好于事务型领导。所以，相比于事务型领导，变革型领导意味着高生产率以及高职工满意度。

4. 基于价值观的领导理论

20 世纪 90 年代，豪斯教授及其工作组提出了基于价值观的领导理论（the value-based leadership theory）。价值观在领导者激发下属过程中起了非常重要的作用，尤其是当下属需要完成与自身利益不相关的工作时。在激发下属的过程中，领导者向组织输入核心价值观，以此为契机，通过沟通、激励等方式使下属认可并内化核心价值观，增强下属的自我效能感。

基于价值观的领导对下属的影响过程如下：

（1）明确表述一个清晰的、有吸引力的愿景，如组织的核心目标、组织的核心价值以及基本原则。

（2）用强烈的、富于表现力的方式来传达愿景，找到可信的理由说服下属实现愿景。

（3）传递实现愿景的信心与决心。领导者为实现目标的信心与热情能够很有效地传递给追随者；相反，如果领导者对目标抱有迟疑态度，那么下属不可能相信组织未来的目标。

（4）传达信息，相信下属有足够的能力实现组织目标。

（5）领导者以身作则，树立榜样角色以强化内在于愿景的价值观。

（6）授权追随者去实现愿景。

案例讨论

温世仁的领导风格

温世仁是一位不可多得的科技型文化人才，25 岁任职金宝电子公司总经理，后来担任英业达集团副董事长。温世仁先生生前大力投入文化以及公益事业，凭借兢兢业业的工作态度、勇于创新的工作精神、慈爱悲悯的胸怀赢得众人的敬重。所以，当他过世时，大大地震惊了社会。

他突然辞世后，其部属回忆起他那浑然天成的领袖气质，大力赞扬他有过人之处。对于工作，他从不给部属压力，而是以身作则，“工作投入就是人才”，他常提到，“领导要有宽广的心、包容的心、全心投入的心”。白手起家的企业家很多，只有温世仁事业成功后，转而将全力放在对人的关怀上，他亲自参与中国大西北部的开发，运用企业现有的技术与资源来开发一个贫困落后的小山村——黄羊川，协助农村群众脱离贫困。

温世仁是一位保持人文关怀的科技人，勤奋耕耘书田，有许多著作。与漫画家蔡志忠先生一起创办明日工作室，鼓励年轻人坚持阅读与创作，他认为文化是经济发展的灵魂，科技需要根植于文化，因此致力将中国文化、诸子百家的思想传到全世界。著有《英语直通车》《秦时明月》《企业的未来》《新经济与中国》等许多著作，并在中国推行“千乡万才计划”、实践“西部大开发10年可成”的想法，他的梦想是能够给国家带来更多的帮助，给全世界中国人带来更多的益处。

他是一个怀抱梦想的实践者，以及一位正直、积极进取、勇于创新、慷慨的领导者、慈善家。作为一个公司的领导，他用自身人格魅力给组织树立正确的风向标，通过以身作则激励并感染着员工。

（资料来源：黄贺，《组织行为学：影响力的形成与发挥》，经济管理出版社2015年版，第197页。）

讨论题

1. 请分析温世仁的领导风格是什么？
2. 领导者的魅力在组织中能够起到哪些作用？

本章思考题

1. 什么是领导？什么是领导者？
2. 领导的职能有哪些？
3. 领导理论发展分为哪几个阶段？
4. 列举2~4个有代表性的领导行为理论，并简述其主要内容。
5. 列举2~3个有代表性的领导权变理论，并简述其主要内容。

本章重要概念

领导　领导者　领导职能　领导特质理论　领导行为理论
管理方格理论　领导权变理论　费德勒模型　路径—目标理论

第十章

组织文化

本章首先介绍组织文化的概念与特征、组织文化的维度与类型，以及组织文化的发展背景；其次介绍了组织文化建设的程序和方法，以及变革组织文化的挑战。

【学习目标】

1. 认识和掌握组织文化的内涵、特征与类型。
2. 掌握组织文化的维度构成。
3. 理解组织文化的发展演变。
4. 掌握组织文化建设措施。

【引导案例】

壳牌公司再一次更新19世纪的文化

壳牌石油公司成立于1892年，1907年与皇家荷兰公司合并。英国公司和荷兰公司保持着双重组织结构，拥有各自的总部、董事会和股东。皇家荷兰/壳牌还保持着传统的19世纪的组织文化，由资深高级经理（称为“祖父”）作出重要的决定。这一体系创造出一种传统的回避风险的文化。壳牌公司的文化被认为是神秘而骄傲、秘密而自大的。

在20世纪90年代，管理者们开始更新壳牌公司的文化，更加重视效率。当其他能源公司通过合并实现增长和节省成本时，壳牌公司的CEO穆迪·斯图亚特爵士却坚持壳牌公司依靠自己的力量获得成功。管理者们现在不再由“祖父”们指定，而是对任何申请这一职位的人开放。一位高级经理说：“过去的做法让我们无法将最有才能的人安排在最需要的岗位上。”现任CEO范德伟补充道：“有才干的新手出任关键职位让壳牌公司激动起来。”

为了震动自鸣得意的管理层，外部顾问建议公司使用新的程序。其中一项建议被称为“玻璃鱼缸”，这是为了克服对变革的抵制和建立组织共识。具体来说就是让反对群体决策的人单独坐在“圆圈”的中央。“玻璃鱼缸”可以减少对变革的抵制，但会导致群体思维的增加。

有段时间，新文化似乎开始奏效。2001年瓦特爵士出任CEO，公司的石油储备和利润持续增加。但是，到2004年早期，情况已经很明显了，这些变化并不是改善。创新技术导致公司高估了石油储备，但这只是会计账面上的资产。2004年1月，壳牌公司减计了1300亿美元的石油储备会计价值，令投资者极为震惊。

由于董事会监督不足，问题很难暴露。一位壳牌公司高级经理说：“对董事会成员的照顾和关心已经成为一项艺术。我们其实并不关心他们，我们只提供很少的信息。”壳牌公司的前任首席经济学家卡铂同意这一看法："董事会主要是一种装饰。"

调查发现，高层管理者早就知道问题的存在，他们将问题掩盖起来，多年来，公司对揭发者一直不予理睬。管理者们一直在高估石油储备，因为他们的报酬是和储备量联系在一起的。这一压力，再加上公司盛行的群体思维，导致了掩盖真相的行为。对手公司的一名高管这样评论壳牌公司："如果人人都坐在独木舟的一侧，那么他早晚会翻船。"

壳牌公司的董事会决定揭露真相，发起公司的激烈变革。一位内部人士说："要么自己动手，要么等外人替我们动手。"今天，范德伟是公司的领导，他承诺在公司内部强化服从文化。他的第一个重要步骤是将壳牌的双结构进行合并以增加责任。

壳牌公司还进行了其他变革。新的报酬方案将绩效报酬与股票价格而不是会计结果挂钩。然而，壳牌公司也发现很难改变长期以来形成的文化。一些高管仍然拒绝外部的思想和价值观。2004 年 11 月，范德伟说："壳牌公司不再依靠大师，我们将依靠自己。"

（资料来源：［美］里基·W·格里芬、格里高里·摩海德，《组织行为学》，唐宁玉、刘伟译，中国市场出版社 2010 年版，第 432 ~433 页。）

第一节 组织文化概述

一、组织文化的概念

组织文化具有三个特征：第一，组织文化不被个体所看到、触摸到，但却可以通过组织中的活动被感知到；第二，组织文化与个体是否喜欢无关，而是与个体如何感知有关，组织文化是描述性的；第三，组织文化在个体间具有相似的描述，无论个体在各方面差异如何。

每个人都有独特的个性，影响着我们的行为方式以及与他人交往的方式，我们用热情、创新、随和或保守等描述人的个性特征。一个组织同样具有个性，这一个性可以被视为组织文化。组织文化是指由组织成员共享的态度、价值、行为模式和期望所组成的一个认知框架，是组织在长期实践中逐渐形成的被成员普遍认可并遵循的价值观念和行为准则，在很大程度上影响着员工的工作方式。

组织文化可以看作组织的"树根"，为组织这棵"大树"提供生长必需的养分，是组织生命发展的根基，为组织稳定发展提供保障。公司根基系统的强度最终决定了该组织在市场的效益。因此，组织文化的重要性无论怎样强调都不过分。

二、组织文化的特征

（1）共同性。组织文化是组织内共同认可和分享的价值观念与假设，是成员间相同的认知和行为方式。某种认知或行为被越多的组织成员所认同，那么组织中反映这种认知和行为的文化就越强势。

（2）独特性。不存在具有完全一致个性和价值观的两个人，也不存在具有完全一致组织文化的两个组织。组织文化反映出组织的独特性。

（3）稳定性。即组织文化的惯性，是指当内外部环境发生变化时，组织成员的认知和行为在一定时期内不会依据变化做出改变，可能会在相当长的时期内不能同步发生变化。稳定性对组织发展常形成阻力，具体表现为人们总是依照心理定势去思考问题、解决问题、处理事情。当组织发生变革时，组织成员会产生一种莫名的恐惧，并有所抵触。组织成员为了保持个体认知的完整性和内心的平衡，常常只接受那些自己想得到并对自己有利的信息，而忽视那些对自己构成挑战和不利的信息。

（4）隐藏性。组织文化对成员的影响是潜移默化的，组织成员在不知不觉中受到组织文化的影响。在稳定运转的组织中，成员很难明确感知组织的文化是什么，只有在组织内外部环境发生变化，或是成员离开原组织到另一具有不同文化的组织中时，才会清晰体会到原组织的文化。

（5）预测性。组织文化反映了组织成员相同或相似的价值观和行为方式，根据某一组织的文化特征可以对该组织在某种环境下可能的反应作出预测；另外，也可以根据不同组织的文化特征对处于相同环境下这些组织可能的反应作出预测。

三、组织文化的类型

世界上有多少不同的组织，就存在多少种不同的组织文化。虽然每个组织会在多个方面具有独特性，但也可以发现根本的组织文化中重要的相似之处。组织行为学家开发了一些有用的方法来识别组织文化的类型，其中一种最普遍的分析方法是对立的价值观框架。根据这种分析方法，组织文化的差异表现在两组对立的价值观上：（1）相对于外部环境，强调稳定性和控制，更重视灵活性和自主决定权。（2）相对于外部环境，更重视内部事务中的情况。通过结合上述两组价值观，科学家能识别我们所描述的组织文化的四种类型。

1. 等级导向文化

拥有等级导向文化的组织重视内部事务，并且强调稳定性和控制。在这些组织中，最有效的领导者是优秀的项目协调者，他们处处强调组织平稳营运的重要性，并依靠正式规则和政策进行营运。政府机构和大型企业通常可以归入这个类别。以麦当劳为例，其营运的关键在于维持效率和提供可靠的产品，为此，麦当劳设计了一本长达350页的营运指南来规范生产设备的使用和生产工序。有时强调等级导向文化的组织因为过分强调内部事务而忽略了对外部环境的关注，专注于内部稳定以致不能作必要的改变，结果出现了严重的问题。

2. 市场导向文化

拥有市场导向文化的组织同样重视稳定性和控制，与此同时，它们也强调外部导向。在这样的组织中，组织的核心价值强调竞争性和生产力，并处处关注绩效结果。它们仔细辨认市场环境，一旦决定竞争领域，就会采取一系列强有力的策略以达到目的。市场导向文化的经典例子或许是通用电气公司。在很长一段时间里，通用电气公司在前首席执行官杰克·韦尔奇的领导下，要求各营业单位必须在各自的市场上占据第一或第二的位置。韦尔奇对未能达到标准的营业单位的处理方式很简单：整顿、出售或者关闭。韦尔奇的成功在于宁可大刀阔斧、快刀斩乱麻，也不小打小闹缓缓推进。从这一点来看，通用电气公司在营运方式上与小公司无异。

3. 家族导向文化

拥有家族导向文化的组织重视内部事务并强调组织营运的灵活性和自主决定权。组织成员高度认同组织目标并拥有强大的凝聚力，这样的组织可以说近乎宗族家族而非经济实体。由于拥有家族导向文化的组织工作环境和睦如家，家族导向文化比任何其他组织文化更受欢迎。

在拥有家族导向文化的组织中，压倒一切的重点是在处理外部需要时如何发挥出组织的灵活性。这可以通过发挥优秀员工的能力来实现。适合说明家族导向文化的一个例子是诺基亚公司。诺基亚公司的员工福利是公司最优先考虑的事项。在众多高科技企业中，诺基亚公司强调集体领导。简言之，家族导向文化组织的工作环境一般比较令人愉快，关注增加员工工作的乐趣。当然，关注工作环境是很重要的，但关注企业存在的商业目的也很重要，必须平衡二者的关系。

4. 随机制宜导向文化

拥有随机制宜导向文化的组织强调外部环境的同时重视灵活性和自主决定权。这种随机制宜泛指组织能够突破组织内部的官僚主义以夺取先机、解决问题和取得结果。因此，随机制宜是与阶层主义和官僚主义对立的一种组织形式。现代企业的特点是，能灵活地迅速应对经营环境的变化。拥有随机制宜导向文化的组织大多是公认的有创新精神的成功企业，会经常评估企业为了将来生存需要做出哪些努力。拥有随机制宜导向文化的组织多见于软件开发行业和电影制作行业。在这些行业，人们普遍认为创新的产品和服务是其成功的根本。毫无疑问，研发导向的组织大多拥有随机制宜导向文化。例如，以生产创新产品闻名于世的美国大公司3M公司在过去的100年中推出了超过55000种创新产品，在促进公司内部创新的过程中，公司早期的领导者之一威廉姆·麦克耐认识到以人为本和冒险精神对于创新的重要性。麦克奈在1984年提出的随机制宜三原则为：向下属授权以鼓励员工采取主动；容忍出现的错误并宽大处理；以建设性而非破坏性方式提出批评。

四、组织文化的结构

组织文化的结构是指组织文化各种内容和形式之间的关系。通常将组织文化分为三个层次：表层、中层和深层。

1. 表层

表层组织文化即实体文化，是由组织成员创造的产品和其他物质设施等形成的实物文化，可以被成员看到、感知到。表层组织文化是不同组织文化间相区别的明显的外部形态，主要包括组织所生产产品的结构和形态、成员工作和休息环境、组织中文化设施等，如具有花园式厂区、宏伟的办公楼、整洁的车间、先进的生产与管理设备、舒适安静的工作环境的企业，往往充满活力、实力雄厚。

2. 中层

中层组织文化即制度文化，是组织规章制度、管理条例和成员行为方式的总和。它是组织之间、组织与其他社会文化子系统之间相互区别的重要特征。组织规章制度对成员行为进行了统一规范，以促使组织目标达成。规章制度包含了组织理念的某种内涵，体现了组织的某种要求，具有意义的明确的制度规定能够促使成员积极自觉地遵守，降低组织监督成本。

3. 深层

深层组织文化即精神文化、观念文化，是组织文化的核心层，是组织成员社会意识和经营意志的总和。深层文化渗透在组织文化的中层和表层，通过中层和表层表现出自己的独特性。深层组织文化形成于组织生产经营活动过程中，是反映本组织特征的独有的意识形态和文化观念，主要包括组织精神、组织道德、价值观念、组织目标和行为准则等。

现代组织文化的三个层次展现了组织文化不同层次的有序结构：表层的实体物质文化是组织文化的外在表壳；中层制度文化相当于组织外壳的支撑，是组织观念形态的转化；而深层的精神文化正是组织观念形态的展现，是组织文化的核心。

五、组织文化的作用

在探讨各种各样的文化价值对组织创造独特价值的推动时，可察觉到组织文化是一种推动组织发展的无形力量，会对组织营运带来深远的影响。事实上，文化在组织中扮演多个重要的角色。

（1）组织文化增强成员的身份认同感。组织成员间共有的价值观和行为方式的定义越明确，成员对组织使命的认同感越强。例如，美国西南航空公司的员工认同公司创始人赫布·凯莱赫（Herb Kelleher）提倡的在工作中创造乐趣和玩笑的做法；西南航空的员工对公司的归属感比其他航空公司要高，员工的流失率比其他航空公司要低。

（2）组织文化增强成员对组织的使命感。在拥有强势及超越性组织文化的组织中，成员能够把自己置身于组织整体利益之中，认为组织利益高于自身利益，并投身于组织中根据组织目标努力工作。

（3）组织文化明确并强化行为准则。清晰的组织文化能引导员工的言行，清楚地界定他们的行为准则，这对新加入的成员特别有用。从这一点来看，组织文化可以使组织内部个体的行为比较稳定，不同的个体在不同的时间可做的事因组织文化的存在已形成规范。例如，在一家推崇顾客满意文化的公司，员工清楚公司对他们行为的期望，尽最大努力满足顾客的需求。

六、组织文化的演进

文化学科兴起于19世纪末，人们对文化的认识大致经历了以下三个阶段。

（1）第一阶段（19世纪下半叶到20世纪初），这一阶段文化被视为人类的精神表象，是对信仰、心理、思维等的反映。

（2）第二阶段（20 世纪上半叶），这一阶段兴起了功能主义理论，该理论将对文化的认知从精神层面扩大到社会层面，从社会结构、功能形态等角度解释文化。

（3）第三阶段（第二次世界大战后），这一阶段对文化的研究从传统乡土社会和未开化社会研究转向现代都市社会研究，从传统农业文化研究转向现代工业文化研究。文化学的兴起为组织文化的繁荣奠定了基础，人们开始从文化等“软”因素来研究管理问题。

20 世纪 80 年代初，企业竞争的日益国际化使一些美国企业受到其他国家发展环境和企业的冲击，尤其是日本经济的腾飞和日本特有的管理模式。以美国为首的西方学者开始反思传统管理模式的有效性，试图完善组织行为理论，学者通过研究日本企业的管理模式，发现组织文化等“软性”因素在组织发展中起着重要的作用，组织文化从此成为管理界的新宠（陈宏，2006）。

威廉·大内（William Ouchi）的《Z 理论》、特雷斯·迪尔（Deal）和艾兰·肯尼迪（Alan Kennedy）的《企业文化》、阿索斯（Assos）和沃特曼（Whatman）的《追求卓越》三部著作，掀起了组织文化研究的高潮。企业界的实践对组织文化研究也起到了推动作用。巨型跨国公司都有自身独特的文化，一些寻求发展的公司也相继探索并创建自己的文化，这些公司对文化的探索，刺激了学者对组织文化的研究，同时也为研究工作提供了生长的土壤。

七、组织文化的影响因素

组织文化受多种因素影响，主要有以下七类。

1. 民族文化

社会由人及文化组成，人类学家常用社会文化领域中共享期望、价值观念和态度等来诠释组织文化中个体、群体和组织的关系。例如，民族文化可以通过学习达到共享，不同的族群在审美观、宗教、态度、法律、语言和教育等领域形成界线，而且信仰、仪式、规则、风俗、人工制品和以人口为特征的各种习惯又可以通过学习而传承。此外，民族文化包含于国家文化中。价值观念、规范、习俗和仪式在长期中逐步发展并形成，受语言、政治、宗教和其他文化等各个方面的影响。社会中的个体和群体在该过程中起着文化传承的作用。民族文化及其亚文化影响着组织的相互作用和行为方式，如营销、雇佣方式、薪酬方案等。是否具备妥善处理民族文化差异的知识、尊重和灵活性，已经成为企业管理者需要认真考虑的重要因素。学会在受民族文化差异影响的世界中经营企业，是管理工作的必然要求，了解民族文化和各种组织文化的特征对管理者十分重要。

2. 价值观念

价值观念是人们对自身情感需要有意识的表达，并据此指引自身的行为方式。个体的价值观念引导着其工作和生活行为。价值观念由一代人传递给下一代人，并且通过教育体系、宗教、家庭、社区和组织传播。

3. 管理方法

组织文化是从最高管理层树立的典范发展而来的，并在很大程度上取决于最高管理层的行为方式和管理风格。同时，工作群体的特质、高层和基层管理者的领导方式和管理方式、组织特征等因素的相互作用也会影响组织文化。

4. 工作群体

工作群体的特征会影响个体对组织文化本质的理解，如对工作任务的承诺直接影响对文化的理解。承诺是员工对工作和组织的一种负责态度。工作群体是否是一个高承诺的团体在很大程度上会影响个体对组织文化的理解。另外，工作中的障碍及其解决方法、群体的士气和友谊状况也会影响工作群体对组织文化本质的理解。

5. 管理者的领导风格

管理者的领导风格与组织文化相互影响。若管理者对员工态度冷漠，这个组织文化可能比较消极；若管理者关心员工的工作成长，并以身作则，则会对该组织产生积极影响。

6. 组织特征

组织文化也受组织特征的影响，如组织的规模和复杂性等。大型组织往往倾向于高度的专业化，复杂的组织往往会雇用更多的专业人员和专家。另外，大型和复杂的组织还会制定出更多的制度、程序和规定来规范行为，并且组织的集权程度等因素也会对员工的自主性造成影响。

7. 管理过程

组织文化也会受到管理过程的影响。报酬和绩效直接挂钩的企业容易形成追求成功的文化；开放和自由的沟通制度容易促成参与和创造性的文化；容忍冲突和处理风险的态度对团队工作有很大的影响，它们往往决定着企业革新和发明的数量。

第二节　组织文化的理论模型

组织文化理论的研究领域中至今还没有一个统一的模型，目前处于几种模型并存的局面。这些模型是在 20 世纪 80 年代发展起来的，对目前关于文化的研究和实践仍然有重要影响。管理者应当评估各种模型所描述的各个部分，找到适合本组织的战略价值观和文化价值观的部分。

一、大内模型

大内（Ouchi）是第一批对企业文化进行具体分析的研究者之一。他对三类企业群的组织文化进行了分析，包括典型的美国企业、典型的日本企业、Z 型美国企业。在分析中，大内从七个方面对这三类企业进行了对比。他指出，典型的美国企业的文化明显不同于典型的日本企业和 Z 型美国企业，这些不同之处很好地解释了一些日本企业和 Z 型美国企业成功的原因。

1. 对员工的承诺

根据大内的分析，典型的日本企业和 Z 型美国企业的共同点是试图保留员工。因此，除非不得已，这两类企业不会裁员。在日本，这通常表现为终身雇佣，尽管近年来的经济衰退导致一些日本企业打破了传统的终身雇佣制。在一些日本企业，员工入职往往意味着永远不会被解雇。在Z型企业，这一文化价值观的表述则是长期雇佣。在日本体系下，员工是不可以被开除的；而在Z型美国企业中，员工和管理者可以被开除，但只有在他们的绩效无法被接受时才会这样做。

大内认为，典型的美国企业对员工没有做出这样的组织文化承诺。当然，即使在美国，通常在不同企业工作过的员工和管理者的数目也不是很多。但是，这些企业中的文化期望表明，如果遇到企业财产损失、所有者变动或合并，企业可以让员工或管理者离开。例如，当富国银行买下亚利桑那州的第一州际银行时，它的计划是在亚利桑那裁员400人，而在全国范围则裁员5000人。然而，在收购完成8个月之后，富国银行在亚利桑那实际裁减800人，在全国范围内的裁员达到了10800人。

2. 评估方法

大内观察到，在日本企业和Z型美国企业中，对员工和管理者的评估需要很长时间。因此，在这些企业中晋升的速度比较慢，晋升的决定需要同与被晋升者有接触的人员进行广泛交流之后才会作出。而在典型的美国企业，文化价值观则认为晋升决定应当快速作出并且主要以定量数据为依据，这一价值观倾向于鼓励短期行为。

3. 职业路径

大内进一步发现，在日本企业和Z型美国企业中，职业路径通常跨越几个不同的职能。在日本企业中，这一价值观导致了极为宽泛的职业路径，员工需要在6~7个不同的业务部门中获得经验。Z型企业的职业路径相对狭窄一些。在典型的美国企业中，职业路径更为狭窄。大内的研究指出，绝大多数美国管理者通常只有一至两个不同部门工作的经验。大内认为，狭窄的职业路径反映了许多美国企业专业化的价值观。

4. 控制

任何组织都必须通过控制来实现行动的协调。绝大多数日本企业和Z型美国企业认为，控制应当通过非正式的和含蓄的机制来实行。在这些机制中最有效的一种就是组织文化。相反，典型的美国企业则借助于明确的指导来实行控制，包括工作描述、权力说明、各种规则和程序。从功能的角度来看，组织文化可以被视为主要是一种基于共享规范和价值观的社会控制手段。控制来自知道某些重要的人正在注意我们的行为，并且会告诉我们做得对或是不对。在组织中，控制可能来自正式的资源，如组织结构或主管；也可能来自社会资源，如组织文化。大内认为，在典型的美国企业中，控制基于正式的组织机制，而在日本企业和Z型美国企业中，控制的社会性色彩更强，它们来自组织文化中共同认可的规范和价值观。

5. 决策

日本企业和Z型美国企业对群体决策有一种强烈的文化期望，并且以充分的信息分享和共识为原则。而在绝大多数美国企业中，个体决策被认为是适当的做法。

6. 责任

责任与组织实行群体决策还是个体决策关系密切。然而，在这一点上日本企业与Z型美国企业却表现出差异。大内发现，日本企业呈现强烈的集体责任的文化规范，也就是由组织整体而不是个人承担群体决策的责任。而在典型的美国企业和Z型美国企业中，通常由个体承担决策的责任。个体决策和由个体承担责任在逻辑上是一致的，群体决策和群体承担责任也是如此。但是，如何解释Z型美国企业的群体决策和个体责任之间的矛盾呢？大内认为，这一矛盾可以通过我们前面讨论过的缓慢的和定性的评估方法得到解释。当管理者第一次运用群体作出决策时，很难判断结果来自管理者的影响还是来自群体的品质。然而，如果管理者长期与各种不同的群体一起工作，并且这些群体的绩效都很好，那么可以认为管理者在领导群体方面水平较高。因此，这一群体决策的结果可以证明管理者责任有一定影响；反之，如果管理者多次未能有效地管理群体，则他也应当对群体决策结果缺乏绩效承担责任。

7. 对人的关心

大内研究的最后一项文化价值观是对人的关心。日本企业和Z型美国企业的主导价值观是对员工和管理者的全面关心。全面关心是指不仅关心工作，而且关心家庭、爱好、信仰、新希望、恐惧和野心。在典型的美国企业中，对人的关心仅限于工作场所。对员工的全面关心而不仅是工作或任务导向的关心可以减少员工离职。

二、彼得斯和沃特曼模型

汤姆·彼得斯（Tom Peters）和沃特曼比大内更加明确地提出组织文化与绩效间的关系。他们挑选出一组高度成功的美国公司，试图描述为它们带来成功的管理实践。他们的分析很快转向了这些成功管理事件背后的文化价值。

1. 偏爱行动

成功的企业偏爱行动，这些企业的管理者能够在信息不完备的情况下作出决策。他们认为，对许多重要决策来说，信息永远也不可能完备。在这些情形下，推迟决策就等于不作决策，因为与此同时其他企业也可能会获得已经出现的商业机会。偏爱行动的组织文化导致更高的技巧。

2. 靠近顾客

重视顾客的组织文化可以取得更高的绩效。顾客是当前产品信息的来源，是未来产品设想的来源，也是企业当前和未来财务绩效的来源。专注于顾客，满足顾客的需要，这些都是卓越绩效的来源。

3. 资质和创业精神

成功的企业打破了大型企业常见的创新缺乏和官僚主义的困境。它们的做法是将企业分割为更小、更便于管理的单位，然后在这些小的部门中鼓励独立、创新的活动。在这样的组织中经常流传着底层工程师冒险影响重大产品决策的故事，或者是一位不满于产品开发速度的基层经理实行了一项新的、高度成功的营销计划。

4. 依靠员工提高生产力

像大内一样，彼德斯和沃特曼相信成功的企业将组织成员视为最重要的资产，组织的目的就是让自己的成员得到成功。组织文化的基本价值观相信，待人以尊重不仅是正当的做法，而且对企业本身也是有利的。

5. 深入基层的管理

彼德斯和沃特曼注意到，他们的研究对象坚持高层管理者与企业的基层业务单位保持接触。这是一种组织期望，反映了一种深刻的文化规范。管理者不应当在紧闭的办公室门后进行高高在上的管理，而应当在工厂、设计师和研发部门中时常走动。

6. 业务专注

卓越企业的另一项文化价值特性是不愿意涉入专长之外的领域。这些企业拒绝多元化的概念，不在不相关的产业中进行收购和运营。这一观点现在被表述为企业应当依靠自己的核心能力，或者说应当专注公司最擅长的业务。

7. 简化结构

成功的企业管理层次相对较少，人员也较少。在专业和卓越的企业中，管理者的重要性不仅取决于向他报告的员工人数，还取决于他对组织绩效的影响。这些企业的文化价值观向管理者们传达的信息是，员工和绩效，而不是员工的人数，才是最重要的。

8. 严密与松散并存

成功组织的最后一项特性似乎有些自相矛盾。严密与松散并存是可能的吗？答案在于这些企业的价值观。企业的组织非常严密，因为所有的成员都必须理解和相信企业的价值观。这一共同的文化是强大的黏合剂，将整个企业紧密团结起来。另一个方面，企业的组织又是松散的，因为主管和员工的人数较少，规则和规定也较少，从而促进了创新和风险承担，能够做到快速的反应。松散的结构之所以可能，恰恰是因为组织中成员间共同的价值观。当员工需要作出决策时，可以将自己的选择同组织的基本价值观进行对比。通过参照共同的价值观，员工可以自己作出决定。在这一意义上，共同文化价值观的严密结构成为较少行政控制的松散结构的前提。

第三节　组织文化建设与变革

一、构建组织文化的条件

1. 组织环境

组织环境是企业所面临的外在现实环境，既包括所有组织共同面对的一般共性环境，如政治环境、经济环境、法律环境、道德环境等，也包括各个组织所处的特殊环境，即由于不同组织所处行业不同、生产的产品不同等而形成的各自特定的环境。例如，轮船公司的生产地点在伦敦，而轮船的生产需要生产商与各个行业企业进行协调配合，这些具体的条件形成了轮船公司身处的一个特定的环境，也成为构成企业文化特性的因素。

2. 组织价值观

组织价值观是指影响组织各个方面的、占据统治地位的思想和信念，即组织文化的核心。成功的组织往往具有被其成员所认可、信奉并遵循的价值观。当价值观融入成员的价值体系之后，会形成一定的行为规范和准则，在工作群体中形成巨大的精神力量。内层核心价值观需要通过榜样人物、典礼或仪式、文化网络等外层符号系统加以表达。

3. 榜样人物

榜样人物是指组织中具有较高威望、影响力的人物。从这些榜样人物身上能够感知到组织的价值观。榜样人物既是成员模仿的典范，也是组织文化的象征和传播者。榜样人物可以是组织的创始者或领导人，也可以是普通的员工，只要他在岗位上倡导组织的核心价值观，努力工作并取得突出的成绩，就有可能成为组织的榜样人物。

4. 典礼或仪式

典礼或仪式是组织在例行事务中有计划地进行的，为促使组织价值观健全发展的活动方式。例如，肯定成绩的奖励仪式、新闻发布会和文体活动的传播与社会仪式、工作仪式、管理仪式等。这些典礼或仪式既体现了组织对成员的期望与要求，又以生动形象的形式向成员灌输了核心价值观，它使本来抽象的组织价值观变成具体的、有形的东西。

5. 文化网络

文化网络作为传播组织价值观和榜样人物思想及行为方式的渠道，是各级不同成员间进行沟通的连接。通过文化网络，组织文化具备了一定的传播媒介，在一定程度上，文化网络通过虚拟的方式构建了组织各成员间密不可分的依赖关系，维系组织文化网络需要组织结构、组织成员、组织团队等各方面的协调，同时也需要依靠组织文化的内容丰富文化网络，使文化网络得以向外延伸与发展。

二、构建组织文化的步骤

1. 分析外部因素与内部偏好

首先，要分析组织所处的外部环境的特征，从较深层次理性地分析这种客观环境给组织生存发展带来的挑战和机会。其次，要分析组织大多数成员（包括高层团队）的个人特点、需要和偏好。例如，什么样的组织成员会认为有意义？组织成员喜欢什么样的文化？这种文化能够促进成员高效率的工作吗？最后，将外部环境与内部主观偏好进行对比，进而再由组织领导团队进行平衡和取舍。

2. 提出核心价值观

组织应将外部的客观环境与内部成员的主观偏好相结合，建立组织文化的深层部分。需要考虑的方面包括：（1）组织应该确立哪种核心价值观；（2）组织应该建立什么样的基本假设；（3）组织的核心目标和愿景是什么。组织的领导者在构建一个被组织成员共同认可的核心价值观时，既要突出组织的个性，又要顺应社会的潮流；既要听取自己内心的愿望，又要了解组织成员的想法；既要民主，又要集中。不同组织中领导者对组织文化的形成有不同的影响：一些组织强调领导文化，组织文化受领导者偏好的影响；也有一些组织文化是由组织成员讨论、集思广益形成的，反映了大多数组织成员的态度和愿景。

3. 设计外层符号系统

组织可以设计一系列的符号来体现组织文化，可以通过下列问题提示来设计组织文化的内容。

（1）组织的标志应该如何设计？

（2）建筑物风格、颜色如何设计？装修装饰和办公家具应有什么样的特点？

（3）员工的服装服饰应该如何设计？员工应该体现怎样的面部表情和精神风貌？

（4）应该陈列哪些照片？摆在什么地方？

（5）标语应该如何设计？应该在什么位置放置标语？

（6）如何设计制作员工手册，以及组织对外宣传的书籍、资料和录像带？

（7）应该设计哪些礼仪活动？应该有什么特色？

（8）应该在组织中树立哪些正面的典型人物？

（9）组织领导人应该做什么样的报告？

（10）公开提倡什么样的观点？应当选择何种方式传播领导者言论？

4. 设计统一性

组织文化的里层和表层设计完成之后，必须评估其是否一致和统一。实际上，绝对的内外一致很难实现，在组织发展过程中，常常会出现内外不一致的情况，如组织已经提出新的核心价值观，但外部的符号还没有进行调整。在设计组织文化时，应该规定可接受的内部核心价值观与外部有形文化符号不一致的程度。

5. 实施组织文化

在实施组织文化的过程中要回答和完成以下一些基本问题。

（1）在资源有限的组织中，领导者应当分析在当前的环境和条件下导入组织文化时最重要的是哪些方面？

（2）在什么时候导入选定的文化内容是最有效的？新成员刚加入组织、组织面临变革转型、组织取得成功或是组织遇到重大危机时？

（3）在什么地方导入这种文化最为有效？在组织的某个地区分部、某个部门或是某个特殊群体？后续如何展开推广？

（4）应该让哪些人来参与实施组织文化？由组织高层领导进行宣讲、人力资源经理进行解释或是普通基层优秀员工现身说法？

（5）组织成员应该通过哪种方式理解和掌握组织文化的核心内容？通过组织领导做报告、人力资源经理或外请专家来授课或是组织内部举行经验交流会？

6. 评价实施效果并改进

在评价组织文化的实施效果时，经常按照下述几方面问题设计问卷进行调查统计。

（1）成员对组织文化的内容理解吗？哪种方式最易被成员接受？

（2）组织文化实施对成员的心态和行为有什么影响？都有什么表现？成员认同和支持该文化吗？接受哪些方面？反对哪些方面？为什么？

（3）组织文化对组织的业绩有什么影响？哪些指标上升了？哪些指标没有发生明显改变？哪些指标下降了？

（4）组织文化的实施是否达到了预期目的？应该如何调整文化的内容以及实施方法？

三、维持组织文化的措施

组织文化在建立起来以后，需要不断地强化和维持，具体包括以下几方面措施。

1. 组织成员筛选

要维持组织确立的全体成员必须遵守的核心价值观和行为方式，关键是要控制好组织成员的进出环节。

第一个环节是招聘。组织必须建立一套符合组织文化的人员招聘渠道和招聘面试筛选体系。员工在通过面试进入组织后应当有试用期，通过组织文化标准对其进行衡量，确定其是否可以转正。

第二个环节是选拔。组织应当建立体现组织文化的价值观、行为和业绩标准，并选定榜样人物，以激励成员。

第三个环节是解聘。组织通过考核和观察，解聘那些行为和价值观与组织文化背离的且通过多次教育和培训都不能改变的成员。

通过这三个环节，就可以对成员强化组织文化。需要强调的是，要想持续保持组织文化的活力，组织需要选聘不同类型的成员，而组织中各类成员数量的占比需要根据组织战略、主流文化和分支文化的关系进行调整。

2. 正式培训

组织首先需要通过正式的培训活动让成员理解组织文化。一些组织通过建立师徒制传递组织文化，如麦肯锡公司建立导师制，对每一位新员工分配一名导师，由导师向新员工传递麦肯锡的文化和工作方式。还有一些组织鼓励成员间形成不同的非正式群体，通过开展各种非正式活动将成员聚集在一起，分享和传递组织的文化，如公司举行聚餐旅游活动、周三下午的茶歇等，这些可以使成员在一起进行交流，容易形成共同的价值观和行为规范。

3. 绩效考核

组织文化需要通过建立业绩考核、薪酬激励和惩罚等系统，让组织成员能够真正对组织文化中倡导的价值观和行为规范身体力行。一个良好的业绩考核系统应当对成员价值观、行为方式等全方位进行考核，使成员能够发现自身与标准要求间的差距。一个良好的薪酬激励和惩罚系统能够对成员行为表现及时进行回馈，符合规范要求的应予以表彰，不符合规范要求的应受到惩罚。

4. 可视化管理

组织可以通过一些可视化的手段让成员随时体会到内部文化氛围。例如，对于组织文化中的核心价值观和行为要求、代表组织文化的各种标识、一些关于优秀成员事迹的照片等，都可以在组织中展现出来，以维持和强化组织文化。

5. 激励手段

组织文化得以强化的最重要的因素是成员看到了受组织文化影响带来的绩效的提升。一个良好的领导者，能够带领全体成员取得好业绩，并从中获得激励。组织成员了解到内部文化和企业绩效之间的相互关系，才能真正支持和认可组织文化，这是维持和强化组织文化最重要的利益基础。

四、组织文化的传播

组织文化传播的形式多样，其中比较普遍的形式有以下四种。

1. 故事

每一个组织都有自己的故事，无论是成功的还是失败的，而组织创立和发展的故事对组织成员具有很大的影响力。例如，20 世纪 90 年代初期，美国首富沃尔玛连锁店的创始人山姆·沃尔顿，虽然拥有 65 亿美元的财富，可是生活一如往昔，开着已经开了 10 年的小货车，工作时穿法兰绒衬衫和卡其裤，住小木屋，外出住便宜的旅馆。

2. 仪式

美国一家化妆品公司每年的颁奖年会上，公司员工都积极参与，盛装出席。公司按业绩高低奖励优秀女性员工粉色跑车、钻戒等，以公开表扬杰出员工，并激发大家积极性。

3. 实质象征

美国加州大学伯克利分校给获得诺贝尔奖的教授们提供了一种特别的停车证，他们享有在校内任意停车的权力。天登公司总部提供各类运动场地供全体成员使用，包括游泳馆、篮球场、瑜伽练习场等。通过这些措施，组织向成员表明其重视员工的态度，以激励员工力争上游。

4. 语言

一个组织成立久了，会产生属于自身的独特的语言，成员通过学习这种语言以表现他们对组织文化的接受并使组织文化得以传承。组织文化是组织所要传达和发扬的价值取向，任何组织都不应忽略组织文化的存在。

五、组织文化的变革

到此为止我们一直假定组织文化可以提高组织的绩效。在这种情况下，通过学习组织文化和运用这些文化帮助新员工进行社会化是非常重要的，因为这些活动有助于组织的成功。然而，正如大内、彼德斯和沃特曼所发现的，不是所有企业的文化价值观都支持高绩效。大内认为，日本企业和 Z 型美国企业拥有绩效支持型的价值观。彼德斯和沃特曼则指出了成功企业所拥有的能够加强绩效的价值观。由此而来的暗示是，没有包括在彼德斯和沃特曼研究中的企业的价值观想必是绩效破坏型的。那么，在一个价值观属于绩效破坏型的企业中，管理者应当怎样做呢？

当然，这些组织的高层管理者应当努力改变自己的组织文化。然而，这是一件非常困难的工作。从各个方面来看，现有组织文化都会抵制变革，因为它们是组织基本的价值观，被视为天经地义的，并且已经通过故事或其他符号得到了有效的传播。如果管理者打算改变组织文化，他们实际上是在改变人们对哪些行为适当和哪些行为不适当的基本假定。从传统组织向以团队为基础组织的变革就是一个组织文化变革的例子。尽管存在着这些困难，某些组织还是从破坏绩效的文化变革为增强绩效的文化。下面我们简要讨论文化变革过程中的一些重要因素。

1. 符号管理

研究表明，组织文化是通过故事和其他符号媒介得到理解和传播的。如果这一看法是正确的，有意变革组织文化的管理者应当尝试用支持新文化价值观的故事和传说代替过去的故事和传说。他们可以创造能够产生新故事的情境。假定传统上组织的价值观是员工意见不重要。在管理者开会时，第一层员工的意见和想法通常会以愚蠢或不切实际为理由而被拒绝。公司中的故事将叙述试图对第一层员工给予积极性反馈的管理者如何受到上司的训斥。假定高层管理者打算创建一个新的故事，表明基层管理者的想法是有价值的，那么他可以预先告诉下属做好准备在随后的会议中主导讨论。这名下属在会议上的成功将会成为一个新的故事，可能会取代过去很多关于基层意见无关紧要的故事。

2. 变革的困难

组织文化变革是一个长期和困难的过程。一个主要的问题是高层管理者会在不经意间恢复过去的行为模式，即使他们已经决意实施新的文化价值观。例如，一位已经接受了基层员工想法有价值文化的高层管理者可能会对一位下属的意见提出激烈的批评。他的这一行为将创造出一个新的故事，支持过去的价值和信念。经过这次事件之后，基层管理者也会得出结论，认为老板只是希望员工提出看法，但也只不过到此为止。无论老板说什么，或者他的行为如何保持一致，信誉毕竟受到了损害，变革将变得更加困难。

3. 变革的稳定性

组织文化的变革过程始于变革的需要，再经过一个过渡阶段，在此过程中组织做出采用新价值观和信念的努力。从长期来看，成功实施文化变革的组织会发现新的价值观和信念与旧的价值观和信念一样稳定和具备影响力。价值系统倾向于自我强化，一旦建立就很难改变。因此，如果组织能够将文化从破坏绩效转向增加绩效，新的价值观将会保持很长时间。

案例讨论

全食市场公司的组织文化

绝大多数大型超级市场都是标准化的仓储式环境，只提供最低限度的顾客服务，实行中央集权的官僚主义式决策。全食市场公司的 CEO 麦凯指出，这些商场实行的是命令与控制模式，其有一个通用的公式。类似于在大众市场玩足球游戏，千万不要丢球，不要犯任何错误。2005 年，全国最大的超级市场，拥有 3750 家店面的克罗格（Kroger's）公司亏损达到 1 亿美元。

但是，全食市场公司却做到了与众不同。2004 年，这家拥有 160 家连锁店的超市获利 1.37 亿美元。它拥有一种独特的企业文化，用麦凯的话来说，它是一只大刀阔斧的篮球队。我们全场压上，但是并不确切地知道下一步会发生什么情况。这家公司出色的绩效是否应当归因于其独特的组织文化？1978 年，得克萨斯大学的在校生麦凯开设了一家名为 Safer Way 的微型食品店，这家店慢慢扩大，改名为全食市场公司，麦凯在此过程中学习了日本的管理技术，全食市场公司由此形成了民主、参与、平等、创新、团队化和透明的组织文化。

民主——所有的决策都在达成共识或员工充分讨论的基础上作出。参与公司独立宣言写作的员工多达 60 名。宣言中所表述的价值观包括了对高品质自然和有机食品、顾客服务以及“支持团队成员成就卓越和快乐”的承诺。

参与——全食市场公司信奉的原则指出，决策应当尽可能靠近执行地并且应当吸收受决策影响的人士参加。商场是由员工设计的，在当地销售的产品也是由员工挑选的，连定价也是由员工决定的。麦凯则避免参与本地的决策，并且声称自己所喜欢的决策是别人作的决策。

平等——高管薪酬不超过一线员工工资的14倍。与此形成对比的是，克罗格公司CEO迪龙的年薪为370万美元，是员工平均工资的122倍。全食市场公司每位员工都有资格获得期权，49%的期权授予非高管员工。

创新——全食市场公司鼓励员工进行实验。每家店面的团队领导每年不经申请即可决定的开支数额为10万美元。麦凯说，我们希望他们尝试不同的做法，如果他们成功了，我们会进行研究并进行复制和改进。

团队化——经过为期4周的试用期，团队成员对是否向这名新员工提供永久雇佣进行表决，这需要2/3的同意票。团队成员对招聘决策非常认真，因为他们的报酬取决于团队的绩效。

透明——全食市场公司公布的财务数据比绝大多数公司发布的更多，而且这些数据大多是面向员工公布的。每位员工可以查询全食市场公司任何一位员工的报酬数据。

其他文化因素也对全食市场公司的成功作出贡献。麦凯是一位成本控制专家，出行时乘坐商业航空公司的经济舱，邀请来访的管理者住在自己家里。由于必须确认有机食品的供应品质，与供应商的关系是十分重要的。全食市场公司与供应商的关系多种多样，从家庭农场到制订USDA有机食品标准。

全食市场公司极为重视社会责任，将公司5%的税后收入捐给慈善事业，员工每年可以有20小时从事社区服务，每位员工有权决定50美元由公司支付的慈善捐款的对象。公司创建了动物同情基金会，支持肉类生产商改善农场动物的生活条件。

过去5年来美国杂货店的销售增长了2.5%，同期全食市场公司的年度增长率为19%。前任总裁希特将业务成长归功于快乐的顾客，而快乐的顾客是独特文化的产物。顾客可以体验食品和环境，但他们真正体会到的是工作文化。公司的真正秘密是工作文化，是工作文化提升了商场对顾客的吸引力。

（资料来源：［美］里基·W. 格里芬、格里高里·摩海德，《组织行为学》，唐宁玉、刘伟译，中国市场出版社2010年版，第454～455页。）

讨论题

1. 全食市场公司组织文化的基本假定和价值观是什么？
2. 请运用大内的模型分析全食市场公司的组织文化。

本章思考题

1. 组织文化具备什么样的特征？
2. 对组织文化怎样进行分类？依据是什么？
3. 在企业中如何建设组织文化？有什么具体的方法吗？请举例说明。
4. 组织文化是如何演进发展的？
5. 组织文化是如何传播的？
6. 组织文化变革的难点在哪里？

本章重要概念

组织文化 等级导向文化 市场导向文化 家族导向文化

随机制宜导向文化 组织文化建设 组织文化变革

第十一章

组织变革

本章首先阐述了组织变革的概念与类型，分别从个体层面和组织层面分析了引发组织变革的动因；其次介绍了组织变革研究领域的相关理论模型；最后剖析了阻碍组织变革的关键因素，并介绍了克服组织变革阻力的管理措施。

【学习目标】

1. 掌握组织变革的概念与类型。
2. 理解组织变革的动因。
3. 理解组织变革的过程模型。
4. 理解组织变革的阻力。
5. 了解克服组织变革阻力的措施。

【引导案例】

某光学仪器厂的组织变革

某光学仪器厂主要生产照相机、测量仪器等，老厂长因年事已高提出了辞职，厂里经过民意调查以及当地机械厅的批准，推举秦某为新厂长。秦某大学毕业后就来到该光学仪器厂担任技术员，后来又被厂里送去攻读企业管理，秦某获得硕士学位后回到厂里任厂长助理，很快升到副厂长的职位。秦某早就认为本厂要想走上兴旺发达之路必须要调整组织结构，于是上任后首先进行了组织结构的调整，没想到碰到了大钉子。

该厂全部职工 2400 人，行政科室共 56 个。例如，管生产的有生产科、生产准备科、生产计划科、生产调度科 4 个科室，每个科室都有科长、副科长各 1 人，同时还有几名科员。全厂科室干部 800 多人，占全厂职工人数的 1/3。科室人多，推诿、扯皮现象严重。秦某决定将科室合并成 22 个，精简的干部都充实到第一线。这一方案在厂务会上很快通过，并得到了全厂职工的支持，但实施的过程却像捅了马蜂窝，被精简的干部都挤满了秦某的办公室和家里，找他谈话，坚持不执行精简方案，说情者更是络绎不绝。结果厂里科室不安心工作，造成报告、文件大量积压，生产指挥不灵，产品质量也出现问题。副厂长劝秦某停止精简机构，以免给厂里造成更大的损失，秦某进退两难，不知如何是好。

（资料来源：夏洪胜、张世贤，《组织行为学》，经济管理出版社 2014 年版，第 231 ~ 232 页。）

第一节 组织变革的概念、类型与动因

移动互联网时代，没有哪家公司处在特别稳定的环境之中，组织变革关系到组织的生存与发展，即使那些在市场中占据支配地位的公司也必须进行变革。"不变革则灭亡"已经成为当今全球范围内管理者的共同呼声。管理人员面对复杂多变的组织内部条件和外部环境，需要及时大胆地进行组织变革，以保证组织的可持续发展。

一、组织变革的概念

组织变革（organizational change）是指组织为获取持续性竞争优势，根据内外部环境的变化，以主动调整的方式对组织当前的结构、规模、制度和沟通渠道等方面进行修正和完善，促进组织效率，保证组织良好运作，实现组织持续性发展。

为了对组织的权力结构、组织规模、沟通渠道、角色设定、组织与其他组织之间的关系，以及对组织成员的观念、态度和行为，成员之间的合作精神等进行有目的的、系统的调整和革新，以适应组织所处的内外环境、技术特征和组织任务等方面的变化，提高组织效能，所有的组织都会不断地进行一定的变革。组织管理部门需要不断调整工作程序，录用新的干部或员工，设立新的部门或机构，改革原有的规章与制度，实施新的信息技术，等等。组织总是面临各方面的变革压力，有来自竞争对手的、信息技术的、客户需求的各种压力。

二、组织变革的类型

根据不同的分类标准，组织变革有不同的类型划分方式，本章主要介绍四种组织变革的分类方式。

1. 按照组织变革的实际运作进行划分，组织变革可分为四种类型

（1）战略性变革。战略性变革是组织对其使命和长期发展战略所做的变革，产生的影响贯穿组织的各个部门。若组织决定展开战略扩张，则需考虑进行并购重组的对象、方式以及企业文化融合等问题；若组织选择进行战略收缩，则需考虑如何剥离以及剥离哪些关联业务的问题。

（2）结构性变革。结构性变革是指组织根据内外部环境变化对组织的结构进行相应的变革，重新对组织中的权力和责任进行分工、协调，使组织结构更具灵活性。

（3）以流程为主导的变革。以流程为主导的变革是指组织在其发展目标的指引下，结合现代信息技术等对组织业务流程活动进行重新构建。这种变革类型在组织结构与组织文化、产品质量与服务、产品成本等各个方面都会产生重大影响。

（4）以人为中心的变革。以人为中心的变革是指组织通过培训和教育等方式，使组织成员具有相同或相似的价值观、态度和行为活动的变革。人员是组织最为重要的因素，只有当全体成员观念和态度一致时组织才能更好地发展。

2. 按照变革的程度进行划分，组织变革可分为两种类型

（1）渐进型变革。渐进型变革的提倡者把变革看作一个过程，通过这个过程，组织在某一段时期以一种渐进的方式应付面对的问题或达到组织的目标。渐进型变革强调组织的调整变化要适应个体的接受能力，变革应当在适当的范围内逐步进行。渐进型变革具有以下三个特点：在组织生命周期中经常发生；稳定地推进变革；影响部分组织体系。

（2）激进型变革。激进型变革的提倡者认为，变革需要失败或危机来激发，只有当个体面临着现有组织无法克服的困难时，他才会去创造和接受新的解决办法。激进型变革需要全面彻底地转变组织体系，即不仅需要对业务流程进行变革，组织结构和组织文化也要作出相应的调整。激进型变革具有以下三个特点：在组织生命周期中不经常发生；全面转化；影响整个组织体系。

3. 按照变革对象进行划分，组织变革可分为三种类型

（1）以组织为重点的变革。以组织为重点的变革是指以组织中组织任务和组织结构为主要对象进行的变革，包括组织目标、运营方向、职权关系、协调机制、集权化程度以及其他组织结构。

（2）以人为重点的变革。以人为重点的变革是指以组织中的人员为主要对象进行的变革，包括组织中影响组织运营的个体因素，如态度、知识、价值观、行为、岗位、人际关系等。

（3）以技术为重点的变革。以技术为重点的变革是指以组织中将组织投入转化为产出的技术为主要对象进行的变革，包括所有层面的与生产有关的活动与方法，如工作方法、使用设备的改进等。

4. 按组织所处的不同环境状况进行划分，组织变革可分为两种类型

（1）主动性变革。主动性变革的企业积极研究企业面临的机遇和威胁，从而有计划地进行变革。

（2）被动性变革。被动性变革的企业在遇到问题后被迫作出反应，进行变革。

三、组织变革的内容

组织变革一般从三个维度展开：组织结构、技术和人力资源管理方面，且各领域的变革相互关联。

1. 从组织结构方面进行变革

从组织结构方面进行变革主要是对组织的基本组成部分或组织总体设计进行改变。组织基本组成部分的改变包括：改变组织的部门或单位，改变职位及权责范围，改变各部门之间关系的协调，调整管理幅度和管理层次以及授权范围等。组织总体设计的改变是指选择或设计一种新的组织结构形式。

组织结构的变革首要解决的是关于权力集中度的问题。领导者需要结合内外环境与个人思想理念，决定对各部门进行权力下放还是权力集中，也可能对管理幅度进行扩大或者缩减调整，或是改善部门之间的协作方式。对工作内容的调整是最为普遍的变革。

组织结构的变革涉及三个方面：变革内容的复杂性，包括对分工程度、协作方式、工作设计、管理幅度等的变革；针对集权度的变革，包括对决策权集中或者分散程度的变革；变革的规范性，即通过严格的标准对工作活动进行规范。

2. 从技术方面进行变革

从技术方面进行变革主要是指组织对生产流程和方法的变革。组织的技术水平是指将原料转变为产出的整个过程中的能力。在科技高速发展的时代，组织必须能够迅速作出反应，技术变革对一个组织来说具有特别重要的意义。技术方面的变革包括对设备的更新、机械化及自动化程度的提高、作业流程的升级改造、信息沟通系统的智能化等。

3. 从人力资源管理方面进行改革

从人力资源管理方面进行改革，即对组织中成员的改革，涉及影响组织运营的个体因素，包括态度、价值观、行为活动、人际关系等。从人力资源管理方面进行的变革假设人是推进或者妨碍组织改革的重要因素，采用的方法有人员间的权力重新分配、对组织人员进行再培训、开辟沟通渠道鼓励下级人员献计献策等。

一个著名的例子就是斯坎伦计划（Scanlon plan），该计划是以美国 20 世纪 30 年代劳工运动领导人斯坎伦命名的，是许多公司采用的劳资计划。这项计划规定：每位成员得到的奖金数额与他们为公司工作效率的提升所作的贡献成正比；建立工作改进委员会进行跨组织层级工作的协调。斯坎伦计划鼓励员工承担更多责任，赋予了员工与下级部门共同治理公司的权力，对组织人员间关系产生了巨大的影响。这种方法以及其他方法，如 T 型集体训练法、方格训练法和交往分析法等，都是改变组织内影响个人行为的各种力量的方法。

人是组织中最宝贵的资源，是实现组织所有变革的基础，人员的变革也是组织变革中最复杂、最深刻、最难把握的。组织中人员的行动决定了可以作出哪些变革，无论是从组织结构方面着手进行的改革，还是从技术方面着手进行的改革，都离不开人的作用，都需要首先对组织成员的态度和观念进行改变。

四、组织变革的动因

组织内外部的环境总是处在不断的变化中。当组织结构及其运行与其所处的内外环境不相适应时，其核心竞争力就会慢慢消失，组织原有的优势不复存在。面对内外环境的这种变化，组织只有进行变革，才能在与内外部环境的互动中恢复其适应性，获得竞争优势。因此，一个拥有持续生命力的组织，必须根据内外环境的变化，及时进行调整以实现自我的发展与完善，进行组织变革。

具体来说，推动组织进行变革的因素可以分为外部环境因素和内部环境因素。

1. 外部环境因素

诱发组织变革的外部环境因素有很多，总结现有研究成果，主要分为以下几个方面。

（1）社会经济环境的变化。一般而言，繁荣的经济环境给组织提供了良好的发展机会，而萧条的经济环境会抑制组织的发展。在如今经济全球化的环境下，全世界范围的组织相互竞争，相互依赖。组织需要根据经济环境的变化进行变革，以充分利用经济全球化带来的机遇。

（2）科学技术的变化。在农业经济向工业经济乃至知识经济的过渡中，技术变革的速度越来越快，组织自动化、信息化的程度越来越高，新技术、新材料、新工艺和新方法的运用，都对社会生产方式和生活方式产生了重大影响。中小组织能够在较短的时间里掌握或利用先进技术，通过计算机辅助组织的生产制造，节省大量的人力物力。例如，自动化水平较高的组织只需要安排少量的人员进行监控，这大大精简了组织人员。

（3）公众需求的变化。随着社会经济的发展，人们的工作、生活质量逐步提高，社会的价值观念、公众的需求水平以及生活方式也在不断改变。组织必须提升应变能力，在不断变化的需求中找到未来可能发展的方向，提供适宜的产品与服务，及时满足市场和公众的需求。

（4）政策的变化。国家政策法规和整个政治社会环境的变化对组织的生存及发展具有深刻的影响，政府重大方针的颁布、宏观调控措施的改变、税收制度的调整、社会对组织责任的规范等，要求组织的目标不单是获得经济利益的最大化，这也需要组织进行相应的变革。

（5）资源的变化。包括人力资源、自然资源、资金资源、原材料资源等多维度资源变化带来的影响。传统组织采取的是“权利—服从”式管理，但随着人权运动的发展、劳动力素质的提高，社会对人力资源的认识不断深化，组织必须寻找符合现代员工特点的新的管理制度和方法。

上述五种变化是组织变革的外部根源。一个组织要想生存和发展，就必须与外部环境取得平衡。组织对外部环境是无法控制的，但它可以从组织内部进行变革，以适应外部环境。

2. 内部环境因素

组织内部出现下列情况时，就需要考虑对组织进行变革。

（1）决策失灵。组织决策无法充分利用内外部资源，不能充分发挥组织各部门职能，降低了组织效率；决策过于迟缓，以致无法把握良好机会，阻碍了组织的发展；决策经常出现错误，给组织带来了灾难性后果。

（2）沟通阻塞。组织内意见沟通不良，信息传递存在时滞，信息渠道不畅，上下级间有效的意见沟通往往不能顺利开展，或者沟通链过长，信息常常出现缺失，阻碍了组织决策的制定与实施，导致产生活动失调、人事纠纷等严重后果。

（3）机能失效。组织的主要管理机能效率过低甚至不能发挥效率和作用，不必要的部门设置过多，管理层级设置复杂，造成了资源的浪费、责任分工不明确，导致组织业绩下降、市场占有率降低、消耗和浪费严重等，使组织目标无法实现。

（4）缺乏创新。组织墨守成规，因循守旧，难以产生创新观念、创新制度、创新方法，不能适应现代科学的管理方法与制度，将更加快速高效的工作方式运用到组织中，以致组织目标实现的速度与效率大大降低。

（5）成员发展机会缺乏。组织成员的工作态度、工作预期、个人价值观念等方面发生改变，与组织文化相冲突。陈旧的组织管理方式或制度对个人发展的限制、组织中严明的等级制度下的不平等、对自己工作未得到组织认可的不满，以及对单一枯燥的工作方式的厌倦等，都可能导致组织成员消极怠工甚至跳槽，以致组织目标不能按计划完成。

（6）组织成长的需要。现有结构和制度下，组织只能维持现状，收益处于较低水平，甚至未达到组织目标要求，要想得到进一步的发展，必须通过调整和完善组织内部结构等才能实现。

综上所述，无论是外部环境的变化，还是组织内部运作效能的降低，都会导致组织系统的失衡，一旦出现上述情况，必须对组织体系展开分析，找出问题所在，以确定从组织的哪些方面展开变革。当今社会，组织变革已经成为组织生存的迫切需要。所有组织都希望通过变革找到灵活和快速应对内外环境不断变化的对策，从而减少市场波动和市场竞争带来的潜在威胁。

任何工厂、企业、医院、学校、政府机构和其他各种组织都在为适应环境而不断调整、变革，因为任何组织都不可能完全控制外部环境，只有不断调整和完善组织结构，才能使组织在复杂多变的外部环境和内部环境下得到发展。

第二节　组织变革的过程

研究组织变革的过程，认识其中的规律，变革推动者才能在尽可能少的决策失误下制定适宜的程序、策略和方法来实施和管理变革，确保组织变革沿着正确的轨道运行。因此，长期以来，国内外学者对组织变革过程进行了大量研究，提出了不同的组织变革模型，这里主要介绍四个具有代表性的模型。

一、勒温三步骤模型

库特·勒温（Kurt Lewin，1951）将组织变革的过程概括为解冻（unfreezing）、变革（moving）、再冻结（refreezing）三个阶段，即解冻现状、变革到新的状态、将新状态重新冻结使之持久。该模型用以解释和指导如何发动、管理和稳定组织变革过程（见图 11－1）。

图 11－1　库特·勒温的三步骤变革模型

资料来源：［美］斯蒂芬·P. 罗宾斯、蒂莫西·A. 贾奇，《组织行为学》，孙建敏等译，中国人民大学出版社 2016 年版，第 472 页。

1. 解冻阶段

解冻是人们认识到变革需要的过程。解冻期，着重发现和分析原有态度、行为和组织环境所存在的缺陷和问题，激发变革的动机和紧迫感，有目的、有意识、有限度、可控制地破除组织现有的稳定性，使个人或群体理解变革的必要性，事实上，这是激起他们对现状不满，获得变革的动机。

组织现状被看作一种均衡状态。变革要打破原有的均衡，改变个体的习惯和传统，就要克服来自个体和群体的抵制，帮助员工创造某种心理安全感，消除失败的忧虑和变革的心理障碍，鼓励各部门成员接受并积极投入变革运动中，这是解冻过程存在的必要性。例如，为了真正掌握员工对组织现状的不满，组织需要通过有效的建言机制，鼓励员工大胆指出目前工作的不足，让员工充分自由地表达他们的意见与不满，提高员工对组织的忠诚度。解冻可以帮助组织正视现状，认识到变革的必要性，最终接受变革。

增加变革的动力或减弱变革的阻力，解冻便会发生。具体来说，这一过程可以通过三种途径来实现（见图 11－2）。

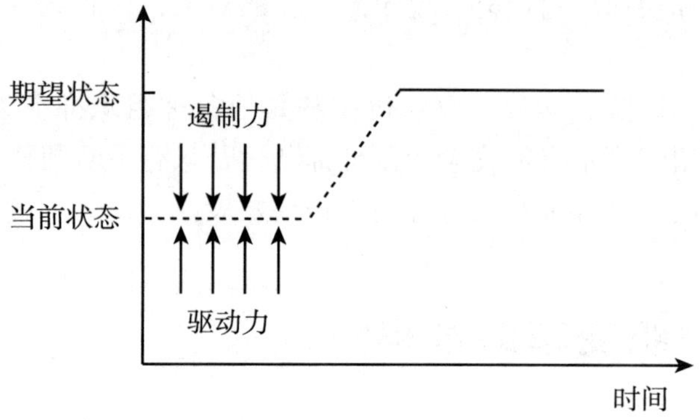

图 11－2　勒温三步模型中解冻的方法

资料来源：［美］斯蒂芬·P. 罗宾斯，《组织行为学精要》，郑晓明译，机械工业出版社 2016 年版，第 254 页。

第一种方法是加强组织行为脱离现状的“驱动力”，即增加变革的压力。例如，一些公司通过让员工与客户直接接触来激起变革的紧迫感，不满意的客户代表着一种紧迫的变革驱动力量，因为他们会对组织生存和成功带来不利影响。

第二种方法是减弱反抗变革的“遏制力”，消除变革的障碍。例如，为了应对恐怖主义袭击，美国联邦调查局（FBI）的领导者针对抵制所采取的第一个策略是以所有可能的方式向尽可能多的大众说明 FBI 必须变革、FBI 为什么要变革，以及新的总部会是什么样子。又如，企业管理者采用单独谈话等形式，倾听并了解每位雇员所关心和忧虑的事，通过有效的沟通，消除员工的疑虑，适当消除“遏制力”。另外，也可以把惩罚与不愿意变革联系起来，加速解冻的进程。

第三种方法就是将前两种方法结合起来应用，当变革的阻力非常大时，想要获得变革成功，管理者必须考虑采用减小阻力和增加动力同时展开的方法。

2. 变革阶段

变革阶段的主要任务是，根据组织变革的目标，按照所拟定变革方案的计划和要求，展开具体的组织变革活动，通过变革使组织成员形成新的态度、接受新的行为方式。

在变革阶段，认同与内在化起很大作用。认同与内在化促使成员模仿环境中新的行为模式，逐步学会新的行为，将新的行为模式内化并运用到组织中，综合运用认同与内在化的作用，能加速变革的进程。在此阶段，应注意采用角色示范、导师指导、专家演讲、群体培训等多种途径，调动员工参与变革的积极性，建立新行为模式的榜样，认真筛选所需的各种信息，从而促进各方面的变革活动。

一旦变革实现以后，如果想使变革真正成功，还必须在新的形势下，对变革的成果进行“再冻结”，使其能够持续进行下去。只有进行再冻结这一过程，才能防止变革在持续很短的时间后又回复到原有的状态。

3. 再冻结阶段

解冻和一次变革难以保证产生持续的变革效果。人都是墨守成规的，所以很容易就退回到过去的模式中去，因此，领导者需要通过对组织系统和团队的动态重组对新的行为进行再冻结。再冻结阶段是变革的强化阶段，在这个阶段下已经实现的变革趋于稳定，新的价值观念和行为方式得到保持与巩固，不致因时间的流逝而消失。强化的方式有两种：一种是连续性强化方式；另一种是断续性强化方式。连续性强化是指只要个体接受新的行为方式就予以强化；断续性强化是指按反应的次数或时间的间隔而给予强化。对于单独个体快速接受新的行为方式而言，连续性强化的效果较好；对于单一个体巩固与强化新的行为方式而言，断续性强化的效果较好。例如，FBI 也在通过新的系统和结构使变革制度化，新的职业发展路径不仅适用于情报官员，也适用于犯罪调查机构；薪酬制度中的奖励不只体现在犯罪调查方面，还同时给予在情报工作上表现出色的员工；同时，FBI 也在逐步开发情报信息系统，这样其各机构之间以及 FBI 与其他机构之间就可以快速地分享信息。

再冻结的目的就是通过平衡变革的驱动力和遏制力，使新的组织状态保持稳定。只有组织中的持续性力量代替暂时性力量，才能为组织变革提供保障。具体来说，薪酬长期性的上调或者减少工作时长都能够增强员工对组织的忠诚度。为了进一步强化新的状态，组织还需要建立新的机制来对组织中正式的制度进行修正和改善，假以时日，工作群体自然会形成新的规范来保持这种新的均衡。

库特·勒温的三步骤模型奠定了组织变革理论研究的基础，这一经典模型后来被许多组织变革学家继承和发展。三步模型强调通过解冻现有状态打破均衡状态，通过变革达到一种期望的状况，即组织的制度和结构与期望的行为相匹配，然后重新冻结这种状态，巩固变革成果，将变革后的状态稳固下来。如果缺乏最后一步，员工会试图重新退回到之前的均衡状态，变革的成果就会消失。

二、科特的八步计划模型

哈佛大学商学院教授约翰·科特（John Kotter，1995）在库特·勒温三步模型的基础上，为组织变革创立了一个更加详细的模型。科特总结了组织管理者在发动变革时最常见的失败因素，包括没能创造一种需要变革的紧迫感、没能在变革过程中发展变革联盟、没能向组织成员传达组织的愿景、没有及时处理变革中可能存在的障碍、没有为组织成员建立短期内可实现的目标、没有考虑到组织文化对组织变革的影响，以及过早地宣布变革成功等。

科特认为成功的组织变革是一个复杂的过程，为此他建立了以下八个连续的步骤来克服组织变革中的问题。

步骤一：创造紧迫感。这是组织变革的第一步，通过一个合理的理由向组织成员说明组织进行变革的必要性和重要性，在组织中形成一种紧迫感。

步骤二：建立指导团队。组织通过建立一个强大的有引导能力的团队，将一些可靠的、有一定技能和权威的组织成员召集在一起，指导组织进行变革。

步骤三：提出变革愿景。在建立指导团队后，组织应为变革设计和制定一个明确的目标和愿景，以此来引导组织变革的方向，激励组织成员积极进行变革。

步骤四：沟通。在组织成员间沟通传递组织变革的目标和愿景，帮助成员理解和接受变革战略，并尽可能快速地展开变革。

步骤五：授权各级成员采取行动。通过向组织各级成员授权，扫除变革中的障碍，鼓励成员用创新的思维和方法解决变革中的问题，为实现组织愿景采取行动。

步骤六：创造短期成就。制订能够在短期内实现的计划，通过在短期内取得的成功激励组织成员，增强他们的信心，推进组织愿景的实现。

步骤七：巩固成果，重新评估。在取得短期的成功之后，组织应趁热打铁巩固成果，重新评估变革，调整和完善变革中不合理的制度结构和政策，按步骤、有计划地推进组织变革的进程。

步骤八：展示行动与组织成功间的联系。组织通过展示新行为和组织变革成功之间的联系来强化组织变革进程。

科特的八步计划模型中，前四个步骤推演了勒温三步模型中“解冻”的过程，第五步到第七步对应了勒温三步模型中“变革”的过程，第八步则是为了实现勒温三步模型中“再冻结”的过程。因此，科特模型为组织变革者提供了更加详细的指导原则。

三、科尔曼的变革模型

20 世纪 80 年代后期，科尔曼（Kilmann，1986）提出了一个较全面的变革模型。这个模型由以下五个步骤组成。

（1）项目启动。指获得组织上层领导的支持。

（2）诊断问题。指对组织所面临的问题及机遇作彻底的分析，这将是今后行动的对象。

（3）制定对策。对策从五个关键途径入手，即文化途径、管理技巧途径、团队建立途径、战略结构途径和薪酬系统途径，对组织活动进行变革，具体包括培训、问题解决、对现有做法及过程的评论等。

（4）执行对策。指认真严格地执行组织制定的对策。

（5）结果评价。指对组织变革的效果进行评估。

四、坡拉斯和罗伯森的组织变革模式

20 世纪 90 年代初期，J. I. 坡拉斯（J. I. Porras）和 P. J. 罗伯森（P. J. Robertson）提出的组织变革模式的基本假设是：组织发展活动将改变工作设置（work setting）的特点，从而对个体的行为产生影响，并最终导致个体与组织的改善。该模式十分强调工作设置的作用，工作设置由组织安排、社会因素、物质设置和技术四个因素构成（见图 11－3）。

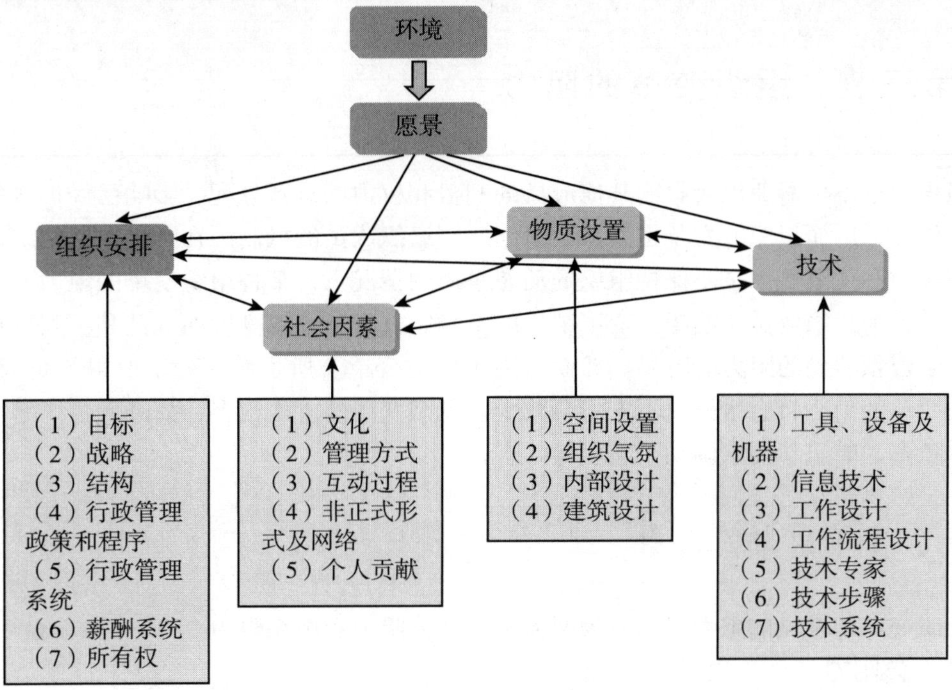

图 11－3　组织工作设置因素

资料来源：顾琴轩，《组织行为学》，上海人民出版社 2015 年版，第 383 页。

坡拉斯和罗伯森认为，在一个组织变革中，工作设置将影响组织成员的认知，包括对组织的希望、要求，以及成员行为的激励动机，进而影响成员的工作行为表现，并由此决定组织的绩效和个人的发展（见图 11－4）。

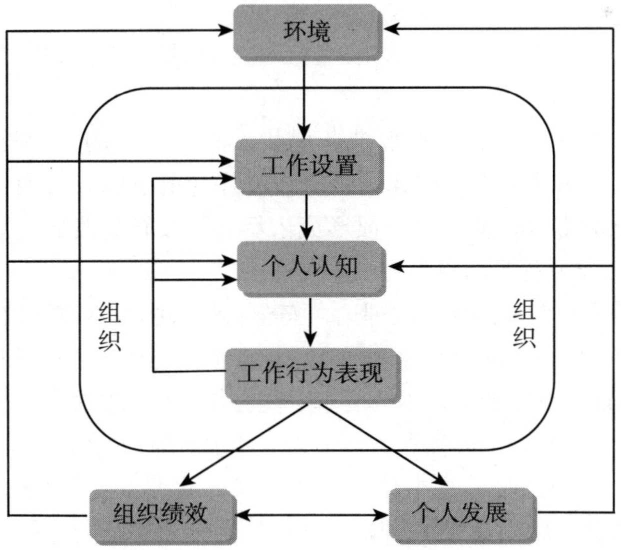

图 11－4　变革中的组织框架

资料来源：顾琴轩，《组织行为学》，上海人民出版社 2015 年版，第 384 页。

第三节　组织变革的阻力

组织变革不可避免地会影响其他成员的利益和权力的重新分配，影响已经形成的态度及习惯做法，因而组织的变革也必然会引起一些组织成员的抵制。在既要保持组织的稳定性、持续性和变革性，又要保持组织的动态平衡的情况下，某种组织变革的阻力不仅是自然的，而且为组织成员所期望。变革结果的不确定性常常导致高度的混乱和不安，特别是在遇到未曾预料到的阻力的时候。然而，当人们对变革有所了解、变革取得初步成效时，人们对变革的信心将会增强、不安将会减少。抵制变革的方式很多，如降低生产率、工作不认真负责、旷工、要求调动、离职等。

一、变革阻力的来源

组织变革中常见的阻力可以分为两大类：个体阻力和组织阻力。

1. 个体阻力

个体对组织变革的态度与其个性的关系十分密切。一般而言，具有冒险精神和创新思维、有较强适应能力的人通常拥有强烈的变革意识；而思想保守、追求稳定、没有强烈成就欲望的人对变革的容忍度较低，往往会对变革活动产生抵触心理。组织中往往存在自主性较差的成员，他们在变革过程中会选择追随群体并采取与群体一致的态度。除此之外，组织变革中最大的抵制者通常是利益受损者，由于变革不可避免地会对目前的均衡状态产生影响，损害了这部分群体的既得利益，他们可能会散布谣言、制造混乱，甚至实施其他强硬措施抵制变革。

个人层面的阻力主要来源于基本的个体特征，如知觉、人格和需要，具体可以分为以下五个方面。

（1）习惯。大多数情况下，人喜欢维持现状，面对生活的复杂性，人习惯于通过过去的工作和生活方式去解决问题，作出习惯性或程序化的反应。习惯一旦形成，就会对人的行为产生潜移默化的影响，使人对习惯形成依赖并不愿轻易改变。因此，在变革中个体行为的“惯性”便会成为首要的阻力源。

（2）安全感。根据马斯洛需要层次理论，安全感是人的基本需要之一，是人渴望稳定、安全的心理需求。安全感通常涉及生命、财产、社会关系等各个方面。在变革过程中，有较高安全需要的人很可能会抵制变革，因为变革可能会使他们面临失业的威胁、找寻新工作的压力，以及医疗保险与养老保险等福利的丧失，这些都对他们的安全感产生了威胁。

（3）经济因素。稳定的收入是个体生活的保障，也是员工十分关注的问题。组织成员如果认为组织变革会威胁到其经济利益，就会抵制组织变革的进行。例如，一些担心在企业兼并或重组之后经济收入会降低的组织成员，会选择抵制组织变革。

（4）对未知的恐惧。变革是从一个已知的、确定的状态转向一个未知的、不确定的状态的过程，未来的不确定性使组织成员感到焦虑与恐惧，害怕承担风险，特别是对抗风险能力或意识较弱的成员。

（5）选择性信息加工。人对外部环境的感知、价值观等一旦形成就很难再被改变，为了继续维持自身感知和价值观念，个体往往会对信息进行选择性地加工——只听自己想听的，忽视与自身观念有冲突的信息。

2. 组织阻力

在组织层面上产生变革阻力的因素有很多，不仅有因组织结构变动带来的阻力，还有因人际关系调整带来的阻力。一方面，由于组织变革在组织内各部门、各个群体间进行利益的重新分配，那些原本具有较高地位和较大权力的部门和群体必定会将变革视为一种威胁，为维护自身利益，他们可能会采取一系列的抵制措施。另一方面，在长期的工作中，成员与成员之间、成员与管理层之间，以及成员与组织之间已经形成了某种非正式的契约，一旦实行变革，就意味着将打破这种平衡状态，对组织中已确立的工作方式和关系的改变必然会引起成员的不满。

具体来看，组织层面的阻力主要包括以下六个方面。

（1）组织结构惰性。从认识论的角度分析，组织结构具有相对稳定性和持续性，一旦建立，在一段时间内便不会发生太大的改变。组织的成立形成了维持其稳定运行的机制，如组织的甄选过程和正规化的管理。当组织需要变革时，组织结构惰性就会产生阻力，以维持原有的稳定状态。

（2）关注有限的变革。组织是由一系列相互依赖的子系统组成的，对其中的一个子系统实施变革必然会直接或是间接地影响到其他的子系统。因此，组织内具体某个系统的变革很可能会因为更大的组织系统的问题而变得无效。例如，组织进行了技术改革，但因为没有相应地改变组织结构、工作模式等，导致技术改革对组织发展没有太大效果。

（3）群体惰性。任何一个群体都有具体的规范，群体规范要求成员遵循统一的行为要求。如果某一群体成员想要改变自己的行为，立即就会受到群体规范的约束，迫使其行为与其他组织成员的行为一致。

（4）对专业知识的威胁。专业人员的专业技术知识可能会因组织变革而受到威胁。例如，当将自动化生产线技术引进汽车制造行业中时，会受到传统技术工人的抵制，因为他们认为现代化的技术会使现有技术人员失业。

（5）对已有权力关系的威胁。组织变革往往会涉及权力的转移和决策权的变化。决策权的再次分配，使一部分成员获得比之前更大的权力，另一部分人则失去了之前拥有的权力，对已有的权力关系形成威胁。因此，那些可能会在变革中失去权力的成员会极力反对组织的变革。

（6）对已有资源分配的威胁。组织中控制着一定数量的资源的群体，通常把组织变革视为一种威胁。这部分成员认为，组织的变革会打破他们对现有资源稳定控制的状况，影响到他们从现有的资源分配中获利，因而反对组织进行变革。

二、变革阻力的克服

只有在得到大多数成员认可和支持的情况下，一个组织的变革才能得以进行，否则便会招致变革的失败。因此，广泛吸引和说服组织内更多成员参与变革，才能保证组织变革的顺利开展与进行，以取得预期结果。为克服变革阻力，增加组织中各个层次对组织变革的认同，组织可以采取以下七种策略。

1. 教育和沟通

对任何组织变革而言，教育和沟通都应当作为首先考虑的策略。组织通过与成员进行沟通，帮助他们了解组织进行变革的原因，以及可以从期望的组织变革成果中获得的改进与提升，统一组织成员对变革的认知，降低变革中的阻力。

教育和沟通减少了组织间信息缺失和沟通不畅的影响，使组织成员了解到全部事实，消除误解，同时也有助于组织成员认识到变革的必要性和重要性，增加成员对组织变革的认可与支持。但是，在涉及的成员过多的情况下，大量的沟通工作可能会花费大量时间，拖慢组织变革进程。

2. 参与

一般来说，参与变革进程有助于减少变革中的阻力，甚至消除阻力，因为个体往往不会抵制他们自身参与作出的变革决定。在组织进行变革前，应该在决策时尽可能听取成员的意见和建议，并认真考虑组织中的反对意见，制订更加全面的变革计划。

通过参与决策，组织成员会感到自己为应对组织变革承担了相应的责任，而不仅仅把自己看作他人决策的执行者，提升了组织成员参与变革的主动性和积极性，使变革阻力降低到最低。但是，由于抵抗者的存在，在决策制定时很可能产生劣质的决策，发现和纠正这类决策的过程会浪费组织的时间，影响组织变革进程。

3. 支持和承诺

变革推动者可以采取一系列支持性的措施帮助组织成员解决自身存在的问题，促进变革的顺利实施。例如，在组织成员因为组织变革而感到担忧和恐惧时，组织可以提供一些有助于成员调整心态的活动，如提供心理咨询、新技术培训、短期的带薪休假等。组织也可以通过对变革后成员工资和福利待遇等的承诺，消除他们的顾虑，使其安心继续工作。对中层管理者的研究表明，当管理者对变革给予较低承诺时，员工会更加抵制变革。

4. 谈判

当变革的阻力比较大，同时这种阻力主要集中于少数具有影响力的个人或部门时，可以通过谈判协商的方式，给予这部分群体和部门一定的报酬，来换取他们对组织变革的支持。但是，这种策略的成本可能会比较高，如果引起更多人提出要有条件地进行变革，组织付出的代价会更高。

5. 操纵和收买

操纵和收买是组织采取的一种隐蔽的克服阻力的策略。操纵是指暗地里施加影响力。例如，封锁对组织变革不利的信息，散布小道消息使成员接受变革，歪曲事实使变革显得更加有吸引力等。收买是一种既包含了操纵，又包含了参与的策略。组织通过赋予某些原本反对变革的领导者一些重要职位等的方式来收买他们，获得他们对变革的支持。相对而言，操纵和收买的策略成本较低，并可能会获得反对变革者的支持，但是，如果组织成员意识到自己被欺骗和被利用时，就会给组织带来名誉受损等新的问题。

6. 选择接受变革的个体

那些适应力比较强、风险承受能力较高的组织成员，能够广泛吸取经验，在变革后的新环境中快速调整自己，愿意冒险，态度积极，能够更好地应对组织变革。组织可以选择具有这些特征的组织成员来推动变革。

7. 强制

当其他策略难以克服变革中的阻力时，组织可以采取强制的方式，直接对变革反对者施以压力和威胁。通过强制的手段，组织能够快速、高效地消除变革进程中的阻力，但是，采用这种策略会使变革之后成员工作的进行和稳定变得更加困难，因此应谨慎采用。

21 世纪，各种变革正以迅雷不及掩耳之势发生，没有一个组织能够在不改变的情况下长期发展。企业发展得越成熟，其组织结构和组织文化就越“封闭”，从而组织变革的阻力也越大。因此，变革才是企业的本质。企业要想获得具有持续性的成长和竞争优势，就必须具有快速的应变能力。

竞争激烈的经济全球化环境和高速发展的新兴技术，既给组织带来了挑战，也提供了机遇。无论是那些在原先的竞争中处于劣势的组织，还是发展较为稳定的组织，技术变革和经济全球化都为其提供了跨越式发展的机遇。组织只有努力克服自身惰性，不断变革，摆脱对原有模式的依赖，才能把握机遇得以发展，在剧烈变化的环境中获得竞争优势。

案例讨论

东隆五金重组案

东隆五金是中国台湾最大的制锁厂，在1998 年公司总资产已达30 亿元，员工约1200人，因研发及制造水准达国际标准，前景本是一片光明。但 1998 年，因前股东及经营者掏空资产，东隆五金发生财务危机，在向法院申请重整时，已被掏空新台币 88 亿元，累计亏损 78 亿元，负债 81 亿元，总资产 48 亿元，负净值 32 亿元。从财务上看，这家公司已经不存在了。但从产业结构方面来看，东隆五金尚具备核心竞争优势：锁制品组合的产品研发、制造技术堪称亚洲第一。“东隆五金还有被救活的机会”，现任东隆五金副董事长陈伯昌分析。陈伯昌当时是汇丰投资的董事，汇丰则是东隆五金的债权银行之一，他花了整整一年的时间了解制锁产业后，开始了对东隆五金的重整计划。

第一阶段：组成专业团队。

陈伯昌在接手东隆五金之后，决定要让原先由家族经营的东隆五金转变由专业主导的团队。因此，他先组成了一个“专业团队”，邀请当时的中国台湾中钢董事长王钟渝担任董事、理律事务所律师林秀玲担任执行董事，成立心目中的“梦幻团队”。集合了经营（王钟渝）、法律（林淑玲）、财务（陈伯昌）以及生产（东隆原有管理团队）的经营团队，如此明星级的精英团队，的确对吸引人才、资金都有帮助。

第二阶段：稳定军心。

第一年的前 6 个月，陈伯昌并没有改革整顿的实际行为，他只是做了几项准备。陈伯昌首先开始接触员工，让员工接纳信任他。他花了 6 个月的时间住在嘉义工厂，和员工一起上班、吃饭、下班，和基层员工谈工作状况与生活状况，希望员工能够接纳他、信任他。虽然陈伯昌来自外商，却很尊重东隆五金原有的人才与企业文化，没有大量引进空降部队，让东隆五金的团队士气继续保留，后来成为重整的重要成功因素。

第三阶段：组织变革。

在赢得员工的信任并稳定军心后，陈伯昌才开始进行公司人事组织的大幅变革。东隆五金先前的6个工厂合并为2个，20多个部门缩编成13个部门，为了配合组织调整，对超过20个经理及以上主管职务作出调整，不适任以及有意退休的主管被鼓励离开公司。东隆五金提升内部管理效率后，毛利率上升，连新产品的研发都有了突破。

长期在家族领导下的专业经理们还是不习惯自己作决定，凡事还是希望老板“裁决”。为了改变“干部依上层意思做，没有自己意见”的文化，上层不断地灌输自主的概念，希望培养出独立自主的企业文化。

（资料来源：黄贺，《组织行为学：影响力的形成与发挥》，经济管理出版社2015年版，第314～316页。）

讨论题

1. 根据以上案例，分析该企业变革成功的原因。
2. 该企业的变革历程对组织变革具有哪些启示？

本章思考题

1. 什么是组织变革？组织变革可以分为哪些类型？
2. 在组织变革中，有人倾向于一步到位的“休克疗法”，有人倾向于渐进式改革，举例说明二者的优劣势，讨论其适用的边界条件。
3. 分析组织变革中的阻力来源并说明减少变革阻力的管理策略。
4. 为什么组织变革要发动和鼓舞尽可能多的员工参与？
5. 组织变革成功要具备哪些条件？

本章重要概念

组织变革　渐进型变革　激进型变革　勒温三步骤模型
科特八步计划模型　坡拉斯和罗伯森的组织变革模式　组织结构惰性

第十二章

组织发展

本章首先介绍了组织发展的内涵与特征，阐述了组织发展坚持的基本价值观以及组织发展过程；其次从技术与结构、个体与群体视角介绍了组织发展的技术方法；最后剖析了组织变革和发展中存在的关键问题。

【学习目标】

1. 掌握组织发展的内涵。
2. 理解组织发展的特征。
3. 了解组织发展的过程。
4. 掌握组织发展的技术。
5. 理解组织创新的过程。
6. 掌握学习型组织的内涵与特征。

【引导案例】

江淮汽车集团学习型组织实践

江淮汽车一直致力于建设学习型组织，因为其意识到一个企业无论引进多么现代化的管理方式或机器设备，如果执行这些制度或操作这些设备的人没有从内心想要去学习它，那么这些先进的制度和设备最终也不会发挥其应有的效益。江淮汽车是如何建设学习型组织的呢？

江淮汽车的领导者以身作则，不断学习，建设了属于自己的培训中心，建立了专门的教学大楼和实训大楼，制定了严格的培训制度。江淮汽车的学习型组织建设给江淮企业带来了连续9年年均50%多的销售额增长，增幅位居全国汽车行业前列，形成了"江淮现象"。江淮汽车有两条生产线：一条是江淮汽车产品生产线；另一条是江淮汽车员工教育生产线。江淮汽车人经常说，只有塑人品，才能出精品。也就是说，只有建设好江淮汽车员工教育生产线，才能保证江淮汽车产品生产线正常、高速运转。

江淮汽车员工的价值观是：系统运用江淮汽车的一切资源，让每一位进入江淮汽车的人能够有机会通过不断的学习，成就自我、超越自我。为此，江淮汽车为员工创建了三条成长路径：第一条是技术人员成长路径；第二条是管理人员成长路径；第三条是生产人员成长路径。每条成长路径都有相应的职务序列，每一个职务的晋升又都有相应的品格、知识和能力的要求，这为每一位员工提供了努力方向，明确了学习目标，创造了成长空间，激发了向上动力。江淮汽车还建立了一套完整的培训体系，帮助员工学习和成长。

（资料来源：夏洪胜、张世贤，《组织行为学》，经济管理出版社2014年版，第247～248页。）

第一节 组织发展概述

组织发展由最初一般意义上对组织某些部分或某些方面进行改进和变革，进而发展到对整个组织进行有计划的、持续的系统变革与开发，并形成了组织发展的理论与方法，成为一个独特的研究领域。

一、组织发展的内涵

组织发展（organizational development）是近几十年来组织行为学中发展起来的新领域。早期狭义的观点把组织发展等同于敏感性训练。较为广义的观点则将组织发展视为改善组织中人的因素的措施，这一点以美国全国训练实验室的观点最具有代表性，他们认为，组织发展是专门致力于组织中的人事改革，如处理成员的激励、权力的分配、知觉的感知、人际关系、群体内部和群体之间关系等的过程。

组织发展就是利用行为科学的知识，通过对组织“过程”进行有计划的干预，在整个组织范围内采用有计划的、自上而下的方式促进组织的效率提高和良好发展。组织发展是对变革的一种强化反应，是一种复杂的教育型战略，其目的是努力改变组织的信仰、观点、价值观和结构，以适应新技术、新市场、新挑战及快速变化的需要。

近年来，随着组织发展的内容在实践中不断丰富，组织发展的含义也随之有了发展，部分学者认为组织发展涉及资料搜索、问题分析、制定计划、实施计划、调整并评价计划等过程，涵盖组织整体体系中的活动。组织发展的目的在于：调整组织结构、组织战略、活动流程、制度与成员行为之间的关系，实现各要素更好地配合；通过头脑风暴法等方式集思广益，提出创造性的发展方案；促进组织的自我更新与自我完善能力。为更好地实现这些目的，组织应当将理论与实践相结合，运用行为科学的理论与方法，结合组织内外部实际情况展开活动，必要时要向外部专业机构人员咨询。

综上所述，组织发展是指根据组织内外环境的变化，运用行为科学的知识和技术，有计划地进行变革和发展组织的战略、结构、技术、人员和文化等，以提高组织有效性的过程。

我们可以从以下三个方面理解组织发展的内涵。

1. 组织发展是变革的过程

组织发展是一个运用行为科学的理论与方法，有计划、全方面地在组织内部实施变革的过程。通过对内部变革和外部变革实施的专业人员和机构的咨询，并在专业机构、人员及其他变革助力者的协助下，提高组织分析与解决问题的能力，增强组织对内外环境变化的应变能力。组织发展是组织内全体成员向预期目标共同努力而实施的有计划的、全方位的、高层管理者严密监控的过程，是在行为科学理论与方法的指导下，对组织进行的有计划的干预。通过组织发展，管理者期望提升组织效率，增强组织生命力与竞争力。

2. 组织发展是系统的过程

组织发展是一个系统性的过程，从资料的搜索开始，进行分析问题、规范行为、制订计划、实施计划、调整并评价计划，全面系统地协调组织结构、组织战略、组织文化、活动流程与人员等各要素之间的关系，通过提出并实施针对性地、创造性地问题解决方案，以再提升组织的自我更新与自我完善的能力。这个过程需要在行为科学、管理科学、心理学等其他学科的理论和方法的指导下，通过组织成员与变革推动者的合作来开展，以实现期望的目标。与传统组织改进活动方式不同的是，组织发展主要关注的是正式群体在组织中的作用，对象包括管理人员和基层人员；而传统的改进活动往往只强调部分管理人员的作用，忽略了基层人员在改进活动中的作用。全面的组织发展也包括对正式群体间的关系问题，以及对组织体系架构问题的解决。

3. 组织发展是实现组织变革的手段

组织发展与组织变革的关系十分密切，组织发展是组织变革成功实施的手段。与组织发展和组织变革二者都紧密关联的另一个概念是组织创新。组织创新是一种特殊的变革，是通过利用各学科领域的知识和方法，创造或增强产品、服务或者工作流程新理念的过程。创新活动意味着组织进行变革活动，但并非所有的组织变革和组织发展活动都一定带来了创新理念。随着全球化进程的发展以及新兴技术的不断涌现，组织遇到了前所未有的机遇与挑战，只有选择与组织战略相适应的方法与信息技术，才能促进组织向着目标方向更好更快地发展。

二、组织发展的特征

组织发展特别强调组织的自我更新能力。提高自我更新能力要求管理者觉察问题或者发现问题于萌芽状态，并及时解决问题，这样才能使组织持续发展，提高组织效率。组织发展具有以下几个显著的基本特征。

1. 组织发展是深度的变革，具有高度的价值导向

组织发展是组织深度的、长期的变革，是组织变革活动的延续。同时，组织为增强持续竞争力，必须采用与组织战略相适应的发展模型与方法计划并实施活动。另外，因组织发展不仅包括全体组织成员个体之间、个体与群体之间的关系，也涉及组织文化，这些因素的存在使组织发展具有高度明显的价值导向。组织发展强调协调配合与矛盾解决，重视自我监督，鼓励民主参与决策。

2. 组织发展是一个不断分析与改进的过程

组织发展是对组织内问题的不断挖掘、全面考虑、深度分析、行动干预、监测评估过程的不断重复，以实现组织内部良好的发展。这就要求组织的发展过程是研究分析与实践措施相结合的过程，其中一个重要基础就是组织内部不断的学习和知识的共享，将新知识、新技术运用到管理决策的制定中，更全面地分析与解决组织问题。

3. 组织发展是一个影响整体的过程

组织发展是在既定目标指引下，不断变化的动态过程。由于各组织成员行为方式相互影响，各部门间相互协调配合，不存在完全独立的个体或部门，因此，在对特定部门或特定方面进行组织变革时，必然会对相关联的其他部门或方面产生影响。成员与成员之间、成员与部门之间、部门与部门之间的这种相互联系、相互依存的关系，要求组织进行变革和发展时从整个组织系统出发，既要考虑到单独个体和部门的工作，又要协调其中关系。

4. 组织发展是对成员展开的有计划的教育

组织发展中人是影响发展变革进程方向与速度的关键因素。组织发展更新了组织的价值观，完善了组织的行为准则规范，强化了组织文化的影响，对员工技能的掌握、人际关系的处理提出了更高的要求。组织发展理论认为，通过对组织成员的再教育，能够帮助成员尽快摈弃旧的规范制度，建立新的行为规范准则，促进成员态度和价值观念的优化。

5. 组织发展具有明确的目标

组织发展活动是在组织具体的发展计划和目标的框架下展开的。工作目标的确立，使组织能够更有效地利用组织内外资源，最大限度地激发组织成员的潜力和工作动力，提高工作效率，强化成员的责任感与成就感。因此，组织可以通过对组织成员设定长期性学习计划和技能培训计划得以长远发展。

三、组织发展的价值观

组织发展重视成员和组织的成长、合作与参与过程以及质询精神。在组织发展中，变革推动者不仅指导发展进程，同时也十分重视合作。组织发展活动的基本价值观念可以概括为以下五个方面。

（1）对个人的尊重。个体被知觉为负责的、有良知的、关心他人的。因此，应该保持个人的尊严，对成员应以礼相待。

（2）信任与支持。主张建立新型良好且有效的组织，它具有这样的特征：充满信任，脚踏实地，开放，支持。

（3）权力平等。高效的组织不强调职权与控制的层级分化。

（4）公开对质。存在问题时，不把问题藏在背后或是压制下去，而是应该公开出来，让员工们发表意见。

（5）参与。变革使许多成员都受到影响，因此实行变革应征得他们的赞同。变革涉及的成员越多，就越要争取他们的参与，使变革成为全体成员的事，而不仅仅是少数变革代理人或管理者的事。

第二节 组织发展的过程

组织发展是指通过运用行为科学的理论概念和方法，对三个基本组成部分——结构（包括运行过程）、技术和员工（行为、态度）进行有计划的、系统性的变革，使之适应新形势的需要，以增强组织的经营效果。这种系统性的变革，既非在原有框架内小幅度的逐步演化，也不同于那种打破原状、采取全新措施、一步到位式的断然革新；

而是通过“组织发展格式化”建立最佳模型，由领导、员工和咨询专家共同参与，制订最佳方案，研究具体措施，共同付诸实施，从而在组织高效化的同时实现个人成长的最佳化。这样既不存在渐进型变革的久拖不决，又避免了激进型变革带来的阻力和破坏性。

现代组织是一个开放的、有机的和动态的系统，组织发展一般包括以下七个步骤。

（1）进入。某些信号的出现标志着组织变革专家需要开展工作。这些信号包括管理者的激励手段与措施未提高组织绩效；某些同样性质的问题多次发生；员工士气低下等。

（2）定约。明确组织变革顾问的工作，制定顾问与组织之间的基本原则、合作方式、责任，以及查看组织发展效果的方法。

（3）诊断。收集各方面的信息，对信息进行整理和分析，并据此绘制组织图表，编定组织手册，完成组织核查表。通过诊断，了解组织在领导、激励、沟通、决策等方面的特点，以及组织管理者的管理方式等。

（4）反馈。把收集的信息和分析的结论反馈给组织及其管理者，共同探讨研究问题所在。

（5）设计变革。根据找出的问题，设计和制定相应的改革方案和对策，并确定变革的目标，主要包括：管理人事的要求，如人员更换的需要、增长的需要、历史的增长和有计划的扩大等；改进工作的需要；管理人员储备，如现有能力储备、目前工作成绩的鉴定、潜在增长的估计等；为员工的发展提供机会等。

（6）干预。组织发展顾问与组织管理者协同工作，执行具体的干预措施，促成组织的进一步发展。

（7）评估。评价组织发展的措施是否有效，是否成功地解决了组织存在的问题。评估内容包括制度化的连续成绩鉴定、意见和态度调查等。

第三节　组织发展的技术方法

组织发展受全球化和信息技术的影响，组织寻求一种能在发展过程中促进自我改造和自我更新的再教育和训练的干预技术。组织变革推动者一般运用的组织发展干预技术包括两个方面：一是技术和结构方面的组织发展技术；二是个体和群体方面的组织发展技术。

一、技术和结构的发展技术

技术和结构方面的组织发展技术包括社会技术系统、工作设计和工作再设计三个方面。这三个方面分别通过协调技术系统与社会心理系统的相互影响、增加工作任务的多样性和完整性来促进组织发展。

1. 社会技术系统

社会技术系统是为了提高组织效益，在技术和社会两方面都相互配合的一种有计划的组织发展方法。社会技术系统强调应同时考虑技术和组织结构的变革与社会心理系统间相互的影响作用，这种方法的目标是不仅要对工作环境和管理制度进行改革，也要加强同级成员之间和上下级之间积极合作关系的建立，满足组织成员的各种需要，促使组织中技术和结构与社会中相互影响的各个方面达到最佳的配合。

2. 工作设计

工作设计主要指工作方法和效率改进措施，为员工提供最科学高效的操作方法、流程和时间。泰勒（Taylor）最早在制造业进行工作方法改进，通过与吉尔布雷斯夫妇合作，对工人的工作开展了动作时间研究，提出了科学高效的操作方法和时间控制。

3. 工作再设计

工作再设计是指通过工作本身的激励来提高生产效率和个体对工作的满意度。工作再设计是以人的因素为基础来考虑生产技术和组织结构问题的，不但改变了组织成员的工作态度，而且增加了组织生产的灵活性，提高了产量和质量。工作再设计包括工作扩大化、工作丰富化和工作轮换，其目的在于减少工作单调乏味、缺乏新鲜感、工作热情下降等问题，以此提高劳动效率。

二、个体和群体的发展技术

个体和群体方面的组织发展技术着重于组织成员和群体活动的整个过程。个体和群体的发展技术是指能提高组织成员心理素质和人际交往质量的专门程序和技术，主要包括以下六种。

1. 敏感性训练

敏感性训练（sensitivity training）也叫“T组训练”，是最常用的实验训练方法之一。这种训练是指通过非结构性的团体交互作用方式，来更好地认识自己，认识自己对他人、对组织的影响，以此来改善行为。

敏感性训练通过把组织成员集中在一个开放的环境下，在专业顾问的指导下，探讨自身以及相互之间的交互作用。该训练以提高受训者人际交往能力为目的，有三个最显著的特征：一是强调此时此地；二是强调过程；三是强调真实的人际关系。

敏感性训练的目的在于，组织成员通过参与训练，从第三方视角中更加客观地了解自身，了解其他成员如何评价自己，了解组织中人际间的相互作用，同时向组织传递自己的思想观念，在敏感性训练中组织成员能够学习和提升处理人际关系的方法和技巧，提高自身对个体间差异的宽容度，强化处理人际冲突的应变能力。

敏感性训练的具体做法是：由1~2名管理人员与10~15名参加训练的人员组成一个团体，训练时间为3天至2个星期。训练内容大体包括以下四点。第一，没有正式的讨论议程和领导，参加训练的人员自由交谈讨论，沟通彼此的看法和观念，以增进彼此之间的友谊和了解。第二，主持训练的管理人员可以提出自己的看法，以使受训练者受到启发。但对受训练者来说，主要是通过其他参加者的言语和行动受到启发和教育。第三，训练的重点是增进人际关系，取长补短，相互学习，以培养善于合作的能力。第四，要根据实际工作中存在的问题，有针对性地进行训练，以巩固学习效果。

2. 调查反馈

调查反馈（survey feedback）是组织确认成员自身态度，识别和评估成员个体间存在的认知差异并消除这些差异的一种工具。组织中的每一个人都可以参加调查反馈。通常组织或部门中的全体成员都要进行调查问卷的填写。问卷主要涉及成员对一些问题的看法与态度的调查，包括对组织决策结果、组织间沟通的效果、个体间和部门间的协调，以及对组织工作、上下级关系等满意度的调查。一般通过面对面交谈并提问的方式来确定各个问题的重要程度。

调查反馈方法包括以下三个步骤。

第一步，收集的数据必须能够提供员工感兴趣的有关事物的信息，如组织文化、领导风格和工作满意度等方面。我们可以采用面谈或调查问卷的方式，也可以两者一起使用来收集信息。这些信息很重要，所以要尽可能摒弃偏见，员工应该得到他们的回答会被保密的承诺。因此，这个过程通常是由外聘的咨询顾问来实施的。

第二步，需要把得到的结论、结果在召开小组讨论会议时反馈给员工。特别是解释基于调查信息所汇总得到的平均成绩的组成情况。对于组织的看法、领导力、已完成的工作等的印象也都建立起来。

第三步，通过沟通、决策等其他组织程序去制订计划以解决这些问题。当讨论被仔细地记录、制定出一个特定的计划并且有人负责实施这个计划时，这样讨论出来的结果才最有效。

采用调查反馈法后，成员对组织工作和管理层的满意程度都有所上升，对组织活动的参与意识也有所增强。但是，被调查者可能在填写问卷时隐瞒甚至违背自己真实的态度和想法，应付了事，使调查失去意义。因此，调查反馈的技术并不能保证组织成员行为的长久改变，该技术常常不单独使用，而是辅助于组织发展的其他干预技术。

3. 过程咨询

过程咨询（process consultation）是让外部咨询专家帮助组织管理者、员工改进组织流程——沟通、决策、解决冲突、团队互动和领导。过程咨询同敏感性训练有相似之处，这两种方法都强调处理好人际关系是提高绩效的重要步骤，并且这两种方法都要求人的参与。过程咨询更加具有导向性，同时需要注意的是，专家顾问只是辅导和帮助组织管理者提高识别问题的洞察力，并不直接解决问题，把握组织发展方向、对组织负责的仍是组织管理者。

4. 团队建设

团队建设（team building）通过组织成员在群体活动中的交流互动来提高团队成员之间的信任。在群体内部和群体之间都可以进行团队建设来改善成员间人际关系。成员通过团队建设改进他们的操作、计划，控制他们的工作并处理日常问题。良好的团队建设可以加强团体成员的交互作用，改变成员对团队工作的态度，提高成员对工作的投入、士气以及凝聚力，提高成员相互信任和接纳的程度，增强成员对组织的认同感，进而提高组织绩效。

5. 群际发展

群际发展（intergroup development）的目的是调整和改变工作群体之间存在的刻板固

定的态度和观念，以化解偏见。工作群体间往往会存在一些摩擦和冲突，这些摩擦和冲突会对组织运作产生破坏性影响，应得到组织的足够重视。解决两个工作群体间矛盾冲突的通常做法是，在各工作群组内部先进行讨论，找到对冲突工作群体不满的方面以及提出希望的改进要求，双方交换列出的清单、分析矛盾所在，再派出代表进行协商，寻求降低摩擦、化解矛盾的方法。

6. 赏识式探询

赏识式探询（appreciative inquiry）是一种重视组织能力和潜能的组织发展干预手段。这种技术是把组织中的人员分成许多小组，并按照简单的四个步骤来引导他们。

（1）发现。这个步骤包括确定组织的积极方面，即发现“组织本身”的主要优点。这通常是通过记录客户和其他组织中人们的积极反应而得到的。

（2）梦想。发现了组织的优点之后，通过展望“可能会成为什么样子”来开始梦想。通过对理论上理想组织的讨论，员工可以自由地展示他们理想中的希望与梦想。

（3）设计。这个步骤包括与不同的参与者讨论他们关于“未来应该是什么样子”的看法。根本的观点是：通过礼貌的倾听，能够理解其他人的思想，并对未来的趋势达成共识。

（4）实现。在对事物的理想状态进行共同讨论之后，组织成员准备着手实施计划来实现他们的理想。这就要求确立有关“未来会是什么样子”的具体目标和方向。

第四节　组织有效性的评价

组织有效性（organizational effectiveness）是指组织实现其目标的程度。在一个开放的系统中，组织有效性、战略管理、外部环境共同构成研究的核心部分。组织的高层管理者或 CEO 的主要职责是确定组织的目标、战略和设计，帮助组织适应变化的环境，更好地实现组织目标。组织发展的目标有以下两个方面：一是改进组织的效能；二是增进组织成员的满意程度。因此，这两个方面应当作为评价组织发展有效性的标准。

评价组织有效性时，不同的学者选择不同的标准。在相同的参照系下，指标的权重也会因组织类型的差异而不同。德洛茨（Deloitles，1989）通过大量的调查发现评价组织有效性的主要指标为：投资潜力、财务状况、管理人才、产品质量、吸引人才和奖励职工骨干的能力，以及资产管理技巧。

卡纳尔（Carnal，1990）用四象限图表示了一个较全面的指标体系，横轴表示有效性和效益，纵轴表示数量和质量。当我们试图对效益进行定量分析时，我们自然会通过如利润、成本等数据进行评判，而效益的质量分析则通过满意度、承诺和竞争力等级来说明（见图 12－1）。

当然，通过定性指标考察组织的有效性是存在困难的。举例来说，尽管组织适应性、组织文化等因素对组织发展具有深刻的影响，但改善这些指标是一项长期性任务，因此，对定性指标作出评价是相对不容易的。

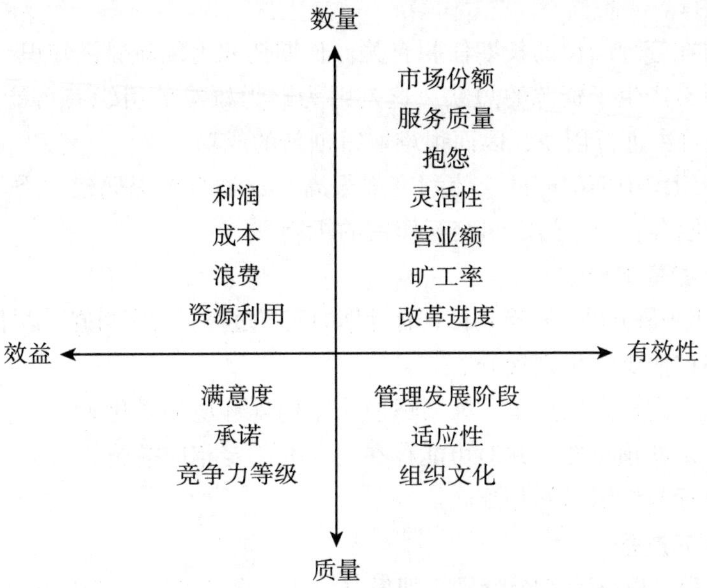

图 12－1　组织有效性跟踪指标

资料来源：张德，《组织行为学》，高等教育出版社 2008 年版，第 252 页。

第五节　组织变革和发展中的关键问题

在了解组织变革和发展趋势后，仍存在一些关键性问题需要组织管理者时刻关注。国内外学者从不同的角度对决定组织变革成败的关键性问题进行了研究，其中最为关键的就是激发组织创新和创建学习型组织。

一、激发组织创新

缺乏创新就会缺乏生命力和活力，现代组织已经意识到创新的重要性，并把创新视为提升竞争力的一个重要手段。在市场竞争日趋激烈的今天，唯有不断地在组织的结构、技术、人员以及文化上进行创新，组织才能够生存和持续发展。

1. 创新的内涵

创新（innovation）是创造新的理念并将其付诸实践的过程，是指用以发明或改进一项产品、工艺或服务的新想法或新思路。为了长期的生存和发展，组织及其管理者必须不断创新，以适应新的形势。组织中的创新不仅包括很小的改进，也包括重大的突破，如饼干生产线的升级，或是汽车公司新能源汽车的研发。

2. 创新的来源

（1）有机的组织结构利于创新。因为具备有机结构的组织内部纵向层级较少，正规化和集权程度均较低，所以其具有较大的灵活性、较强的适应性和相互补充受益的能力，有利于创新的进行。

（2）创新与在管理岗位的长期任职有关。长期任职为创新提供知识、经验和机会。

（3）创新通常产生于资源的短缺。这是因为财力雄厚的组织有可能更愿意花钱去购买创新，而不是自主进行创新，因而很难取得创新的成功。

（4）创新型组织中部门间的交流程度都很高。这类组织提倡建立委员会、任务小组、矩阵小组以及其他有利于部门之间交互作用的机制。

3. 组织创新的基本原则

组织创新是组织展开的一项有目标、有计划的变革过程。它应当遵循以下四项基本原则。

（1）须严格按照组织规划展开。

（2）既要符合内部发展要求，又要适应未来内外环境的变化。

（3）具有一定的预见性，并对可能存在的改变制定相应措施。

（4）个体目标与组织目标相配合。

4. 组织创新的过程

组织创新过程可以分为五个阶段，即设立议程、制定进程、产生想法、检验和实施想法、评估结果。

（1）设计议程。创新过程的第一个阶段是设立创新的议程。这一阶段需要制定描述组织整体方向和总目标的文件。组织高层管理者的支持在这一阶段具有重要作用，因为只有高管对创新高度支持，才可能在整个组织系统中推动创新。

（2）制定进程。一旦组织的使命被设立，即可准备制定创新的进程。这一阶段可能包括把特定的、广泛的目标细化为更具体的任务，并聚集资源以完成这一任务；也可能包括评估组织的外部和内部环境，寻找任何可能支持或阻碍创新活动的事物。为了制定创新的进程，大多数组织要求有效地使用创新管理所需的技能，同时充分利用组织的人力和财务资源。

（3）产生想法。这一阶段包括提出新的想法并进行检验。在此阶段，个人和小型团队的创新活动进入人们的视野。例如，一个拥有技能和动力去积极进行创新活动的员工，当他尝试在并不支持创新及难以获得必要资源的组织中实施新想法时，积极性会受挫；相反，高度支持创新的组织会对可能不太具有创造力的员工的创新行为给予支持。

（4）检验和实施想法。这是贯彻实施阶段，需要组织相关职能部门的共同参与。例如，对一个样品可能要进行开发、检测及市场研究。组织的许多职能部门会参与进来，在这一阶段，任务领域的资源非常重要。除非投入足够的资金、人员、物资和信息，否则该想法难以为继。同时，组织进行创新管理的能力也是非常重要的，因为好的想法要保留下来，必须得到整个组织的培养和支持。

（5）评估结果。创新过程的最后一个阶段是评估出现的新想法。对新想法的评估结果有三种：第一种是评估结果显示该想法一定会成功，则该想法会被接受并在未来付诸实施，创新过程至此结束；第二种是评价结果表明该想法一定会失败，则创新过程也就会被停止；第三种是评估显示新的想法有前景并对组织目标的完成有促进作用，但仍然存在一些问题，则创新过程又要从制定进程阶段再次开始进行。

二、创建学习型组织

长久以来，管理理论学者与实践领域专家都试图寻找一种新的方法，以使组织能够对不断变化的环境作出有效的反应，学习型组织的出现成为他们关注的重点。

1. 学习型组织的内涵与特征

学习型组织（learning organization）是一个不断适应环境、不断创新的组织。学习型组织最早由哈佛大学的阿吉瑞斯和舍恩于1970年提出。麻省理工学院学者彼得·M. 圣吉（Peter M. Senge）于1994年对这一理论进行了更全面的阐述和推广，他认为在外部环境发生重大改变时，组织应力求精简、持续学习、不断自我组织再造，以维持组织竞争力。正如个体需要终生学习一样，组织也需要不断学习，这是组织获得持续生存能力的基本需要。管理者应当激励和领导变革，创造真正的学习型组织，使组织的每个成员都能够做到以下五个方面：（1）放弃旧的思维方式；（2）成为自觉并敞开胸怀的人；（3）了解整个组织的运行；（4）了解和赞同行动计划；（5）共同协作以实现计划。

大多数组织展开的是单环学习（single-loop learning），当发现错误时，总是依靠过去的规则或现有的政策进行纠正。相反地，学习型组织运用的是双环学习（double-loop learning），即在发现错误时，学习型组织会对组织目标和组织政策等更深层的假设或规范提出质疑，根据错误对组织的目标、政策、标准等各方面进行修改和纠正。“双环学习”为个体针对不同问题提出不同的解决办法创造了条件，有利于组织获得突破性的发展。

在学习型组织中，成员能够摒弃旧的思维方式，彼此开诚布公，理解组织真正的运作方式，构造一个所有成员一致认同的计划或者愿景，然后齐心协力地去实现它。学习型组织的基本特征主要包括五个方面：（1）存在一个大家一致赞成的共同愿景；（2）组织成员能够摒弃其原有的思考方式，以及解决问题或执行工作的标准规程；（3）组织成员把组织的过程、活动、功能及其与环境的交互作用看成一个相互关联的系统的一部分；（4）组织成员能够打破横向或纵向的界限，彼此公开地进行交流，而无须顾虑会受到批评或者惩罚；（5）为了一起工作以达成组织的共同愿景，组织成员能够摒弃其个人利益、牺牲部门的利益以服从组织的整体目标。

学习型组织的支持者还将它看成解决传统组织中固有的三个基本问题的良药。这三个基本问题是：分工、竞争和反应性。首先，基于专业化的分工造成了组织的不同领域之间存在壁垒，各个领域常常发生冲突。其次，过分强调竞争往往导致协作关系遭到破坏。例如，为了显示谁更正确、谁更有学问或谁更有说服力，管理层中的成员可能会彼此竞争；在各个部门之间需要达成共识、通力合作时，它们却在彼此竞争。最后，反应性使管理者更加关注解决问题而不是开发创新。问题解决者总是尽力去避免发生某些事，而创造者却致力于给现有状态带来一些新事物。过分强调反应性不利于创新和获得持续进展，而使人们终日处于“消防救火”式的运转中。

事实上，学习型组织应当被看作一个理想模型、一个奋斗目标，而不是一种结构化活动的现实描述。学习型组织是建立在一系列组织行为学的概念之上的，强调冒险，拥有公开和适宜发展的组织文化，试图通过打破层级和部门分工的界限建立一种“无界组织”。学习型组织重视反对意见、建设性批评和其他各种形式的功能性冲突。另外，学习型组织还需要一位变革的领导者来实现其共同的愿景。

2. 学习型组织的创建

综合国内外学者的研究，创建学习型组织的途径包括以下三个步骤。

（1）制定组织战略。管理者必须使组织成员对于变革、创新和持续进步的信念明确化，即管理者需要明确表明关于变革和创新的战略思想和战略目标。

（2）重新设计组织结构。一些传统的组织结构会对组织变革与创新造成阻碍。构建扁平化组织结构，取消或者合并部门以及增加矩阵小组等方法，都可以使组织成员相互依赖程度加强，缩小其间界限。

（3）重新塑造组织文化。正如我们前面所提到的，学习型组织以冒险、公开和成长的组织文化为特征。组织文化应该通过其战略和行动来塑造，管理者应当对成员进行培训教育并带头示范，表明勇于试错是组织鼓励并支持的行动，鼓励各种形式意见的提出，促进创新想法与观念的提出，使组织具有持续变革和发展的能力。

组织发展是一个永无止境的过程，现代社会组织化程度越来越高，环境变化越来越快，技术进步和知识更新越来越频繁，人们的价值观和生活方式将更加多样化，这对组织灵活性、创造性、准确性的要求将大大提高。随着知识经济时代的到来，以稳定的管理层级制为特点的传统机械式组织结构转向有机式系统组织结构后，网络组织也初见端倪，组织成员的影响力有均等化的趋势，以权力为基础的监督管理方式逐渐淡出，通过建立统一的组织价值观提高组织凝聚力、协调员工行为的新的管理方式日益兴起。因此，在新的时代，建立个性自由和团队精神有机结合的民主、创新的组织文化，无疑是未来组织变革和发展的重要课题。

案例讨论

杭氧公司不同阶段的不同学习模式

杭州杭氧股份有限公司（以下简称“杭氧”）成立于1950年，是中国领先的空分设备制造商，面对国内外行业中激烈的竞争，杭氧依靠其持续的二次创新与组织学习努力保持着国内领先的地位，占据了中国大型空分设备市场近70%的份额。二次创新是指在技术引进的基础上进行据已有技术范式，沿既定技术轨迹发展的技术创新。杭氧的组织学习可分为以下四个阶段。

1. 危机阶段的过渡性学习

20世纪90年代初，随着中国经济的快速增长，市场对空分设备的需求也在日益加大。出于降低成本的考虑，一些国外行业巨头纷纷开始利用杭氧及其他国内空分制造商的生产能力合作生产，这些合作生产项目为杭氧等国内空分制造企业提供了一种比较直接的学习机会。技术与市场上的危机促进了杭氧的过渡性学习——为适应环境的重大变化而探索战略性转变和系统重构的可能，这种组织学习模式具有典型的“非线性”特征。面对技术范式的转变以及市场竞争的加剧，杭氧作出了一个具有挑战性的选择：通过自主技术探索与新兴技术引进相结合的方式掌握新一代空分技术。

2. 更新阶段的创造型学习

该阶段杭氧组织学习的主导模式是基于非成套、新兴技术引进的创造型学习，而不是成熟技术的成套引进。以第六代大中型空分设备中的核心技术填料塔为例，杭氧采取两条腿走路的方针，一方面自己组织力量进行研究，另一方面广泛与国内外填料生产厂家合作；同时，杭氧还与天津大学、上海化学工业研究所等国内高校、科研院所进行合作。

3. 消化吸收阶段的维持型学习

维持型学习是杭氧在消化吸收阶段组织学习的主导模式，其主要任务就是通过能力积累在保持稳定的前提下使已有系统更有效。在消化吸收阶段，杭氧成功地将其在前一阶段通过引进新兴技术初步掌握的第六代空分设备设计制造大型空分设备的技术能力又上了一个新台阶，不仅在规模上突破了一个等级，而且其主体技术指标达到了同类型空分设备的国际先进水平。

4. 改进创新阶段的发展型学习

在改进创新阶段，通过前两个阶段的引进、消化、吸收，企业具备了一定的研究与开发能力。发展型学习成为这一阶段企业组织学习的主导模式，通过加强企业自身的研究与开发，结合自己的国情，进行一定的产品功能改进，使企业的技术体系沿既定的技术轨迹有所发展。杭氧充分利用新的市场机会并进行产品系列多样化和相应的改进，以满足用户的多样化需求，进一步拓展国内市场，并尝试开发国际市场。

目前，杭氧股份具有年设计、生产大中型空分设备 40 套以上的能力，已经跻身于世界空分设备主要制造商的行列，其大中型空分设备已出口到 30 多个国家。与此同时，杭氧积极开拓气体市场业务，近年来已经陆续投资投产气体公司 18 家，累计投资额达 35 亿元以上。

（资料来源：陈春花、杨忠、曹洲涛等，《组织行为学》，机械工业出版社 2013 年版，第 348 ~ 349 页。）

讨论题

1. 杭氧为什么在不同的阶段进行不同的组织学习？
2. 结合以上案例，总结杭氧建设学习型组织的经验。

本章思考题

1. 什么是组织发展？其价值观是什么？它有哪些特征？分析组织发展与组织变革的区别和联系。
2. 组织发展的干预技术有哪些？
3. 如何理解组织发展的行动研究过程？
4. 如何衡量一个组织发展的有效性？
5. 组织中如何鼓励创新？如何创建一个学习型组织？

本章重要概念

组织发展	社会技术系统	敏感性训练	调查反馈	过程咨询
赏识式探询	组织有效性	组织创新	学习型组织	

参考文献

[1]［美］D. 赫尔雷格尔、R. W. 伍德曼：《组织行为学》，俞文钊、丁彪译，华东师范大学出版社 2001 年版。

[2]［美］Robert D. Nye：《三种心理学》，石林、袁坤译，中国轻工业出版社 2000 年版。

[3]［美］安德鲁·斯特尔曼、珍妮弗·格林著，段志岩，郑思遥译：《学习敏捷：构建高效团队》：人民邮电出版社 2017 年第一版。

[4]［美］安妮·玛丽·弗朗西斯科、巴里·艾伦·戈尔德：《国际组织行为学——理论、案例、操练》，顾琴轩译，上海人民出版社 2014 年版。

[5]［美］奥苏伯尔：《教育心理学——认知观点》，佘星南、宋钧译，人民教育出版社 1994 年版。

[6]［美］布拉泽、巴拉斯持：《NTL 组织发展与变革手册：原则、实践与展望》，王小红译，电子工业出版社 2018 年第 1 版。

[7] 陈春花、杨忠、曹洲涛等：《组织行为学》，机械工业出版社 2016 年版。

[8] 陈国权：《团队学习和学习型团队：概念、能力模型、测量及对团队绩效的影响》，载于《管理学报》2007 年第 4 卷第 5 期。

[9] 陈兴淋：《组织行为学》，清华大学出版社 2016 年版。

[10]［日］池田尚史、藤仓和明、井上史彰：《高效团队开发工具与方法》，人民邮电出版社 2015 年版。

[11] 段万春：《组织行为学》，北京大学出版社 2012 年版。

[12]［美］菲利普·赖斯：《压力与健康》，石林等译，中国轻工业出版社 2000 年版。

[13]［美］盖伊·拉姆斯登、唐纳德·拉姆斯登：《群体与团队沟通》，冯云霞、是文如、笪鸿安译，机械工业出版社 2001 年版。

[14]［法］古斯塔夫·勒庞：《群体心理研究》，刘芳译，上海社会科学院出版社 2018 年版。

[15] 顾琴轩：《组织行为学》，上海人民出版社 2015 年版。

[16] 关培兰：《组织行为学》，中国人民大学出版社 2015 年版。

[17] 郭本禹、修巧燕：《行为的调控——行为主义心理学（下）》，山东教育出版社 2009 年版。

[18]［美］海因斯：《管理沟通：策略与应用》，贾佳译，北京大学出版社 2015 年版。

［19］黄贺：《组织行为学：影响力的形成与发挥》，经济管理出版社 2015 年版。

［20］［美］加涅：《学习的条件和教学论》，皮连生译，华东师范大学出版社 2001 年版。

［21］姜忠喆等：《哈佛管理经典案例全集》，辽海出版社 2013 年版。

［22］［美］杰纳兹、多德、施奈德：《组织中的人际沟通》，孙相云、时启亮译，中国人民大学出版社 2016 年版。

［23］瞿群臻、甘胜军：《组织行为学》，清华大学出版社 2016 年版。

［24］［英］卡纳尔：《组织变革管理》，皇甫刚译，中国人民大学出版社 2015 年版。

［25］李剑锋：《组织行为学》，中国人民大学出版社 2010 年版。

［26］［美］里基 · W. 格里芬、格利高里 · 摩海德：《组织行为学》，唐宁玉、刘伟译，中国市场出版社 2010 年版。

［27］［美］理查德 · S. 沙夫：《心理治疗与咨询的理论及案例》，董建中译，中国轻工业出版社 2009 年第 4 版。

［28］刘建军：《领导学原理》，复旦大学出版社 2013 年版。

［29］刘敬孝、杨晓莹、连铃丽：《国外群体凝聚力研究评介》，载于《管理评论》2006 年第 3 期。

［30］［法］卢梭：《忏悔录》，范希衡译，人民文学出版社 1992 年版。

［31］［美］鲁森斯：《组织行为学》，王垒、姚翔、童佳瑾译，人民邮电出版社 2009 年版。

［32］马可一：《工作情景中的压力管理》，载于《外国经济与管理》2001 年第 10 期。

［33］［美］迈尔斯：《心理学》，黄希庭译，人民邮电出版社 2011 年版。

［34］［英］迈克尔 · 艾森克：《心理学：国际视野》，吕厚超译，北京大学出版社 2010 年第 1 版。

［35］［美］麦克莱恩：《组织发展学：原理与应用》，王晓晖译，广东经济出版社 2017 年版。

［36］［美］麦克沙恩、格里诺：《组织行为学》，汤超颖、郭理译，机械工业出版社 2015 年版。

［37］［英］梅雷迪思 · R. 贝尔宾：《管理团队：成败启示录》（原书第三版），袁征、李和庆、蔺红云译，机械工业出版社 2017 年版。

［38］［美］纳哈雯蒂：《领导学——领导的艺术与科学》，刘永强、程德俊译，中国人民大学出版社 2016 年版。

［39］聂敏里：《西方思想的起源：古希腊哲学》，中国人民大学出版社 2017 年版。

［40］［美］乔恩 · 戈登、迈克 · 史密斯：《构建卓越高效团队的 7C 法则》，凌复华译，中国人民大学出版社 2018 年版。

［41］［瑞士］荣格：《荣格的性格哲学》，李德荣译，九州出版社 2003 年版。

［42］盛振江：《基于协同效应的组织团队建设》，载于《科学管理研究》2011 年第 29 卷第 1 期。

[43] 石冠峰、林志扬:《团队建设研究的新思路:边界管理的视角》,载于《中国工业经济》2010年第1期。

[44] 舒晓兵:《工作压力与工作效率理论研究评述》,载于《南开管理评论》2002年第3期。

[45] [美] 斯蒂芬·P. 罗宾斯:《组织行为学精要》,郑晓明译,机械工业出版社2016年版。

[46] [美] 斯蒂芬·P. 罗宾斯、蒂莫西·A. 贾奇,《组织行为学》,孙建敏等译,中国人民大学出版社2016年版。

[47] 孙成志、刘明霞:《组织行为学》,东北财经大学出版社2013年版。

[48] [美] 汤姆·拉思、唐纳德·克利夫顿:《你的水桶有多满?》,方晓光译,中国青年出版社2013年版。

[49] [美] 威廉·A. 哈维兰等:《人类学:人类的挑战》,周云水译,电子工业出版社2018年版。

[50] [美] 威廉·大内:《Z理论》(珍藏版),朱雁斌译,机械工业出版社2013年版。

[51] 徐碧琳:《管理学原理》,机械工业出版社2012年版。

[52] 徐碧琳、陈颉:《组织行为与非正式组织研究》,经济科学出版社2009年版。

[53] 徐盛华:《组织行为学》,清华大学出版社2015年版。

[54] 杨国海:《组织行为学》,清华大学出版社2013年版。

[55] 杨忠:《组织行为学:中国文化视角》(第三版),南京大学出版社2013年版。

[56] [美] 尤克尔:《领导学》,朱舟等译,机械工业出版社2014年版。

[57] 袁贵仁:《价值观的理论与实践》,北京师范大学出版社2013年版。

[58] 张德:《组织行为学》,高等教育出版社2016年版。

[59] 张晓:《聚焦压力管理》,载于《中国人力资源开发》2004年第5期。

[60] 张晓东、朱占峰、朱敏:《规则管理与组织变革综述》,载于《工业技术经济》2012年第9期。

[61] 张新国、吕晶晶:《组织行为学》,上海财经大学出版社2014年版。

[62] 赵慧军、肖霞:《组织行为学》,教育科学出版社2011年版。

[63] 赵欣、赵西萍:《自我效能感与工作控制的匹配性模型:对Karasek工作压力模型的扩展》,载于《预测》2010年第29卷第1期。

[64] [美] 珍妮弗·M. 乔治、加雷思·R. 琼斯:《组织行为学》,于欣、章文光等译,北京大学出版社2010年版。

[65] A. H. Maslow. *Motivation and Personality*. New York: Harper & Row, 1954.

[66] Belbin R. M.. "Management Teams: Why They Succeed or Fail (3rd ed.)". *Human Resource Management*, 2007, 33 (3): 34 – 42.

[67] Burnes, Bernard. "Kurt Lewin and the Planned Approach to Change: A Re – appraisal". *Journal of Management Studies*, 2004, 41 (6): 977 – 1002.

[68] Dooley K. J.. "A Complex Adaptive Systems Model of Organization Change". *Non-*

linear *Dynamics Psychology & Life Sciences*, 1997, 1 (1): 69 -97.

[69] Dumaine B.. "Why Do We Work?" . *Fortune*, 1994, 130.

[70] Foster, R. N., and Kapla, S.. "Creative Destruction : Why Companies that are Built to Last Underperform the Market and How to Successfully Transform Them" . *Harvard Business Review*, 2001, 80 (5): 61.

[71] F. Herzberg, B. Mausner, and B. Snyderman. *The Motivation to Work.* New York: Wiley, 1959.

[72] Gopal K. Kanji and Parvesh K. Chopra. "Psychosocial System for Work Well - being: On Measuring Work Stress by Causal Pathway" . *Total Quality Management*, 2009, 20 (5): 563 -580.

[73] G. W. Allport. *Personality: A Psychological Interpretation.* New York: Holt, Rinehart & Winston, 1937.

[74] John Broadus Watson. *Behaviorism* (revised ed.) . New York: W. W. Norton, 1930.

[75] Kenneth W. Thomas, Ralph H. Kilmann.. "Developing a Forced - Choice Measure of Conflict - Handling Behavior: The 'Mode' Instrument" . *Educational and Psychological Measurement*, 1977, 37 (2): 309 -325.

[76] Kim S. Cameron, Robert E. Quinn. *Diagnosing and Changing Organizational Culture.* Jossey - Bass Press, 2006.

[77] K. Lewin. *Field Theory in Social Science.* New York: Harper & Row, 1951.

[78] Louis R. Pondy. "Organizational Conflict: Concepts and Models" . *Administrative Science Quarterly*, 1967, 12 (2): 296 -320.

[79] L. R. Pondy. "Organizational Conflict: Concepts and Models" . *Administrative Science Quarterly*, 1967, 302.

[80] Miguel David Rojas López, Maria Elena Valencia Corrales, Samuel David Rojas Valencia. *Human Resource Management and Organizational Behavior.* Springer International Publishing, 2017.

[81] M. Rokeach. *The Nature of Human Values.* New York: the Free Press, 1973.

[82] RM Stodgill. " Handbook of Leadership: A Survey of the Literature" . *Harvard Business Review*, 1974.

[83] R. J. House and J. M. Howell. "Personality and Charismatic Leadership" . *Leadership Quarterly* , 1992, 24 (3): 81 -108.

[84] R. J. House. "A Path - Goal Theory of Leader Effectiveness" . *Administrative Science Quarterly*, 1971, 19 (9): 321 -338.

[85] Schein. *Organizational Culture and Leadership.* New York: Wiley Press, 1992.

[86] Stogdill R. M.. "Personal Factors with Leadership: A Survey of the Literature" . *The Journal of Psycholgy*, 1947, 28 (3): 35 -71.

[87] S. E. Asch. *Effects of Group Pressure upon the Modification and Distortion of Judgments.*

Pittsburgh: Carnegie Press, 1951.

[88] William H. Whyte. *The Organization Man*. UK: Penguin Books Press, 1961.

[89] William J. Baumol. "Entrepreneurship: Productive, Unproductive, and Destructive". *Journal of Business Venturing*, 1996, 11 (1): 3 – 22.